高校转型发展系列教材

U0367916

互联网金融
原理与实务

张亚欣 编著

清华大学出版社
北 京

内 容 简 介

本书阐明互联网金融的基本原理，结合国内外典型案例，介绍了互联网金融主要业态的运营、操作等实务；在互联网金融规范发展的大背景下，从化解互联网金融风险的角度出发，阐述各业态的风险以及防范措施，并对互联网金融的监管模式进行了探索。

本书内容翔实，架构清晰，体例丰富，每章均设置了案例导读、专栏、思考题、实训题、拓展阅读等，便于读者更好地理解和掌握所学内容，扩大知识面。

本书切合当前高等院校开设互联网金融新专业与新课程的需要，可作为经济和管理类各专业的本科生教材，也可作为互联网金融行业从业人员及其他有关人员的参考用书。

图书在版编目(CIP)数据

互联网金融原理与实务 / 张亚欣编著 . —北京：清华大学出版社，2021.8(2023.7重印)

高校转型发展系列教材

ISBN 978-7-302-58823-8

Ⅰ.①互… Ⅱ.①张… Ⅲ.①互联网络－应用－金融 Ⅳ.① F830.49

中国版本图书馆 CIP 数据核字 (2021) 第 159315 号

责任编辑：施 猛
封面设计：常雪影
版式设计：方加青
责任校对：马遥遥
责任印制：曹婉颖

出版发行：清华大学出版社
    网 址：http://www.tup.com.cn，http://www.wqbook.com
    地 址：北京清华大学学研大厦 A 座   邮 编：100084
    社 总 机：010-83470000   邮 购：010-62786544
    投稿与读者服务：010-62776969，c-service@tup.tsinghua.edu.cn
    质 量 反 馈：010-62772015，zhiliang@tup.tsinghua.edu.cn
印 装 者：三河市科茂嘉荣印务有限公司
经 销：全国新华书店
开 本：185mm×260mm 印 张：15 字 数：356 千字
版 次：2021 年 9 月第 1 版 印 次：2023 年 7 月第 3 次印刷
定 价：49.00 元

产品编号：074472-01

高校转型发展系列教材 | 编委会

前 言

互联网金融是互联网与金融的深度融合，是传统金融机构和互联网企业利用互联网技术和信息通信技术实现资金融通、支付、投资和信息中介服务的新型金融业务模式。

2013年被称为"互联网金融元年"，由于互联网金融有着低于传统金融机构的准入门槛，导致大量企业涌入互联网金融领域，第三方支付、网络借贷、众筹融资等新业态不断出现并迅猛发展，传统金融业务也加速推进互联网化。凭借自身成本低、效率高、覆盖广的优势，互联网金融逐渐渗透到社会生产的各个领域，深刻影响与改变着人们的生活方式。但由于金融创新层出不穷和监管缺失，早期的互联网金融呈现野蛮生长态势，机遇与风险并存。随着2015年7月中国人民银行等十部委发布的《关于促进互联网金融健康发展的指导意见》(以下简称《指导意见》)和各部委监管细则的相继出台，互联网金融迎来了规范有序发展的新时代。

2014年到2018年，互联网金融连续5年被写入政府工作报告，从2014年首次提到"促进互联网金融发展"到2016年的"规范发展"，再到2017年的"高度警惕互联网金融风险"，直到2018年的"健全互联网金融监管"，从措辞上我们可以看出政府对行业发展的态度，也反映了互联网金融行业5年来从高速发展到规范整治的历程。2020年是互联网金融整治的收官之年，P2P平台的全部清零显示了未来监管层要彻底化解互联网金融风险的决心。

在互联网金融规范发展的大背景下，作者编写了本书。本书既符合当前高等院校开设互联网金融新专业与新课程的需要，同时也能对互联网金融人才培养和行业规范发展起到一定的积极作用。

参照《指导意见》以及我国互联网金融发展的特点，本书将互联网金融业态归纳为两大类：一类是新兴互联网金融业态，包括第三方支付、网络借贷、众筹融资；另一类是传统金融的互联网化，包括互联网银行、互联网证券、互联网保险、互联网基金、互联网信托和互联网消费金融等。按此思路，全书共分为七章：第一章是互联网金融概述；第二章至第四章介绍了新兴互联网金融业态；第五章至第六章介绍了传统金融业务的互联网转型；第七章介绍了互联网金融监管。这些内容基本上涵盖互联网金融的主要业态模式与发展特点，形成了较为完整的体系架构。

作者在写作本书过程中，吸收了最新互联网金融理论研究和实践成果，以体现本书的前沿性。作者从 2018 年着手著书，到 2021 年初最后完成书稿，期间因政策变化等情况多次进行了修改完善，但由于互联网金融是一种新兴事物，处于不断发展和创新之中，加之本人的水平有限，本书难免存在一些不足之处，敬请广大读者批评指正。反馈邮箱：wkservice@vip.163.com。

作者
2021 年 2 月

目 录

第六章 传统金融的互联网转型（下）

第七章 互联网金融监管

参考文献

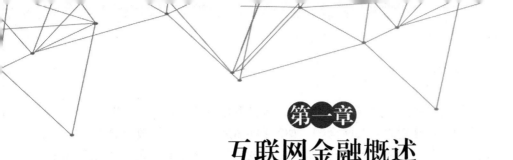

第一章
互联网金融概述

规范是互联网金融发展的主基调

近年来，在大数据、云计算、移动互联网等技术的推动下，互联网金融快速发展，在提高金融服务效率、降低交易成本、满足多元化投融资需求、提升金融服务普惠性和扩大覆盖面等方面发挥了积极作用。

互联网金融本质上仍是金融，其优势在于技术创新，注重运用新技术提升金融服务实体经济的效率。但互联网金融没有改变金融风险隐蔽性、传染性、突发性和较强的负外部性的特征。互联网金融从业机构缺乏风险的洗礼，风险意识、合规意识、消费者权益保护意识淡薄，反洗钱、反恐怖融资制度与技术支持系统缺失，有些机构甚至打着"互联网金融"的幌子进行非法集资、金融诈骗等违法犯罪活动，对行业声誉和社会形象造成了很大的负面影响，引起了社会各界的高度关注，规范互联网金融发展已经成为社会各界的广泛共识。

2016年以来，互联网金融领域特别是P2P网贷行业受到重拳监管。展望未来，随着互联网金融风险专项整治收官，长效监管机制建设扎实推进，互联网金融行业的规范发展理念更加牢固，主流金融机构、新型业态主体、专业服务机构等各类市场主体良性竞合、共生共荣的互联网金融生态圈和产业链将加快健全。

资料来源：http://www.pbc.gov.cn/goutongjiaoliu/113456/113469/3038141/index.html.

第一节　认识互联网金融

▍一、互联网金融的概念

对互联网金融概念的界定，目前国内外尚未形成统一的观点。

在国外，没有明确的互联网金融概念，同类概念称为数字金融(digital finance)，它包括互联网支付、移动支付、网上银行、网上贷款、网上保险、网上基金等金融服务。

国内对互联网金融的解读也有分歧，主要有两种观点：一种观点认为，互联网企业借助互联网技术开展的金融服务，才能称之为互联网金融；而传统金融机构运用互联网技术开展金融业务的，则应称之为金融互联网。例如，2012年，马云将互联网金融和金融互联网进行了区分，前者是互联网机构用互联网的思想和技术来做金融，让金融回归服务本质，后者是金融行业的互联网化。另一种观点认为，凡是利用互联网技术，运用互联网金融平台开展金融业务的都可称之为互联网金融。如2014年6月，中国人民银行原副行长，清华大学五道口金融学院院长吴晓灵出席第一届新金融联盟峰会所做的主题为"从互联网金融看新金融的发展空间"的演讲提到："互联网金融是利用互联网技术和移动通信技术为客户提供服务的新型金融业务模式，既包括传统金融机构利用互联网开展的金融业务，也包括互联网企业利用互联网技术开展的跨界金融业务。"

2014年4月，中国人民银行发布的《中国金融稳定报告(2014)》指出："互联网金融是借助于互联网技术和移动通信技术实现资金融通、支付和信息中介功能的新兴金融模式。"这是官方报告首次对互联网金融的概念进行描述。同时，该报告还提出了广义和狭义的互联网金融概念，其中，前者既包括金融机构通过互联网开展的金融业务，也包括作为非金融机构的互联网企业从事的金融业务；后者仅指互联网企业开展的基于互联网技术的金融业务。

2015年7月18日，中国人民银行等十部委发布的《关于促进互联网金融健康发展的指导意见》(下文简称《指导意见》)指出："互联网金融是传统金融机构与互联网企业利用互联网技术和信息通信技术实现资金融通、支付、投资和信息中介服务的新型金融业务模式。"互联网金融的主要业态包括互联网支付、网络借贷、股权众筹融资、互联网基金销售、互联网保险、互联网信托和互联网消费金融等。

本书采纳官方的定义，即互联网金融是利用互联网技术和信息通信技术实现资金融通、支付、投资和信息中介服务的新型金融业务模式。它包括两部分：一是金融机构通过互联网开展的金融业务，如互联网银行、互联网证券和互联网保险等，这属于传统金融的互联网转型；二是互联网企业从事的金融业务，即互联网金融新型业态，如第三方支付、网络借贷、众筹融资等。

总之，互联网之于金融，不是颠覆而是融合。互联网金融本质上仍属于金融，它并没有改变金融本身的功能和使命，其核心功能仍是资源配置、支付清算、管理风险和价格发现等，根本使命仍是服务实体经济和为客户创造价值，而以互联网(特别是云计算、大数据、搜索引擎、社交网络和移动支付等)为代表的现代信息通信技术是互联网金融的技术基础。

▌二、互联网金融的特征

互联网金融是一种创新型金融形式，具有不同于传统金融的特征。同时，随着互联网技术的不断发展，及其对金融的不断渗透，互联网金融的新模式层出不穷，业务范围不断扩大，表现出发展的动态性和阶段性。

(一)互联网金融是一种创新型金融服务模式

1. 支付结算工具的创新

第三方支付是我国互联网金融发展最早、最为成熟的模式。第三方支付是伴随着电子商务的发展而发展起来的，最初是为了解决电子商务企业与各银行间结算，以及消费者与卖家间支付存在的问题。随着电子商务的快速增长，互联网企业获得了海量数据，借助大数据和云计算技术分析和挖掘这些数据隐藏的金融需求，逐渐向转账支付、小额信贷、供应链金融、理财产品销售等传统金融领域渗透和扩张。随着互联网技术和移动互联网技术的发展，支付结算工具从银行柜台发展到计算机，再延伸到移动终端。在这个工具创新过程中，伴随着交易成本的降低，以及支付结算效率的提升，增强了金融服务实体经济的能力，极大地促进了第三方支付的发展。

2. 投融资模式的创新

互联网金融通过互联网平台将资金需求方和资金供给方连接起来，实现金融"脱媒化"，即摆脱传统的金融中介而进行资金融通。互联网金融通过应用大数据、云计算等技术，具备了快速处理海量信息的能力，能够更快捷地获取资金供求双方的信息，实现更有效的资金期限匹配和风险匹配，提高资源配置效率。

（二）互联网金融是一种普惠金融

普惠金融也称包容性金融，其核心是为社会各个阶层和群体提供有效和全方位的金融服务，尤其是那些被传统金融所忽视的农村地区、城乡贫困群体以及小微企业。互联网金融是普惠金融理念下具有代表性的金融创新，是"开放、平等、协作、快速、分享"的互联网精神与传统金融服务业相结合产生的一个新兴领域，体现金融的民主化进程。

从金融服务主体角度看，互联网金融的普惠性表现在增加了金融服务提供者的数量，打破了传统金融体系的垄断，使越来越多的电子商务平台和互联网企业进入金融行业，增加了市场竞争主体，提升了市场竞争程度。

从金融服务客体角度看，互联网金融的普惠性主要表现为金融服务的多样性、金融服务对象的广泛性、金融交易地理范围的拓展等方面。

1. 金融服务的多样性

随着互联网技术和移动互联网技术的发展，及其对传统经济活动的渗透和颠覆，涌现出越来越多的新型产品和新兴行业。例如，支付结算与互联网结合产生支付宝、财付通等第三方网络支付平台；货币基金与互联网结合产生了余额宝等各类"宝宝"产品；民间借贷与互联网结合产生了人人贷等P2P网络借贷平台。凡此种种金融产品和服务均是借助互联网技术而产生的，也借助互联网平台而进行传播。

2. 金融服务对象的广泛性

互联网金融服务对象涵盖被传统金融所排斥的众多中小微企业和小额投资者。互联网金融以计算机网络、网络平台为载体，通过分布式协作，为用户提供低成本、高效率、高便捷性的金融产品和服务，覆盖传统金融业服务不到的范围。

3. 金融交易地理范围的拓展

互联网金融通过互联网基础设施的普遍覆盖性，使金融交易覆盖的地理范围大大扩展。传统金融机构网点虽然很多，但还无法达到覆盖每个村、镇的数量。移动互联网技术的成熟和终端设备的普及极大地拓展了互联网金融服务的地理边界，无线信号覆盖之处皆可开展互联网金融业务。

专栏1-1

普惠金融

普惠金融是指立足机会平等要求和商业可持续原则，通过加大政策引导扶持力度、加强金融体系建设、健全金融基础设施，以可负担的成本为有金融服务需求的社会各阶层和群体提供适当的、有效的金融服务。农民、小微企业、城镇低收入人群和残疾人、老年人等其他特殊群体是普惠金融服务对象。普惠金融是能够有效、全方位地为社会各个阶层和群体提供服务的金融体系，实际上就是让老百姓享受更多的金融服务，更好地支持实体经济发展。

普惠金融源于英文"inclusive financial system"，始用于联合国2005年宣传小额信贷年，后被联合国和世界银行大力推行。2013年11月12日，党的十八届三中全会明确提出发展普惠金融。2015年《政府工作报告》提出，要大力发展普惠金融，让所有市场主体都能分享金融服务的雨露甘霖。

《推进普惠金融发展规划(2016—2020年)》(国发〔2015〕74号)指出："促进互联网金融组织规范健康发展，加快制定行业准入标准和从业行为规范，建立信息披露制度，提高普惠金融服务水平，降低市场风险和道德风险。"

资料来源："普惠金融"的含义及解析[J/OL]. (2016-02-12)[2021-06-08]. https://www.qikanchina.net/thesis/detail/1653413.

（三）互联网金融更加注重用户体验

1. 互联网金融提高了金融运行效率

在互联网金融模式下，客户能够突破时间和地域的约束，使金融服务更直接。随着平板电脑、手机的普及，其随时上网、携带方便、易于操作的特点，使客户可以随时随地享用互联网金融提供的金融服务。

2. 互联网金融降低了交易成本

无论是传统金融机构通过互联网、移动互联网等开展金融业务，还是互联网企业通过自身已有的平台开展金融业务，都是将一部分或全部业务放在网络上进行，降低了金融服务的成本。

3. 互联网金融突显需求推动的金融创新

在传统金融模式下，金融创新的主体是金融机构自身，产品与服务的创新模式单一化、同质化、标准化，这是一种明显的供给型金融创新。在互联网金融模式下，来自用户、消费者的个性化、细分化、非标准化的金融需求成为金融创新的新动力，互联网金融企业根据消费者的消费习惯、风险偏好、信用情况、支付能力等来设计开发个性化金融产品和服务，消费者选择的范围更加广泛。

（四）互联网金融具有特殊风险

互联网金融的本质仍是金融，具有与传统金融业相同的金融服务功能，因而也具有传统金融所面临的一般风险，如信用风险、流动性风险、操作风险、市场风险等。同时，互联网特性决定了互联网金融的风险因素更加复杂、多变，具有一些特殊的风险。

1. 技术风险

互联网金融体现了金融业与互联网技术的高度耦合。因此，技术风险与互联网金融可谓相生相伴。技术风险也称网络安全风险，是指互联网平台或服务器存在系统漏洞、缺陷或者受到黑客攻击等导致系统无法正常运营及客户信息泄露的风险。互联网金融作为一种线上交易方式，信息交换和资金处置都是在网络上完成的，其本身置于网络环境中，时刻都面临网络安全风险。

2. 法律及合规风险

法律风险主要体现为互联网金融的创新性与现行法律制度的滞后性冲突造成的风险。我国金融方面的法律法规的规制对象主要是传统金融领域，由于难以涵盖发展很快的互联网金融的众多方面，互联网金融企业的业务活动极易游走于法律盲区和监管漏洞之间，甚至可能触及非法集资、非法经营等"底线"。

随着近年来互联网金融风险专项整治进入攻坚阶段，监管政策和自律规则逐步落地，一些互联网从业机构面临合规风险，如擅自扩大经营范围，或在未取得牌照或资质的情况下违规开展业务等。

▌ 三、互联网金融与传统金融的比较

（一）互联网金融的本质与传统金融相同

传统金融主要是指具备存款、贷款和结算三大传统业务的金融活动。作为一种金融创新，互联网金融改变的只是金融业务技术和经营模式，并没有改变金融的本质和功能。

互联网金融的产生和发展对传统金融的影响更多是补充而不是颠覆或者替代。互联网金融只是在传统金融体系中发展较慢或不足的领域中找到了创新空间，填补了传统金融难以覆盖的业务空白领域。相对于传统金融而言，互联网金融在降低交易成本、缓解信息不对称、提升资源配置效率和金融服务质量等方面具有显著优势。在互联网金融中，交易可能性边界大大拓展，交易成本和信息不对称程度大幅下降，与此同时，互联网金融的民主化、普惠化特征又有助于满足中小微企业、中低收入阶层和农民的金融需求，这些有效地补充了传统金融模式的不足。

（二）互联网金融与传统金融的区别

互联网金融与传统金融的区别主要体现在定位、驱动因素、经营模式、治理机制、竞争优势5个方面。

1. 定位不同

互联网金融主要聚焦于传统金融业服务不到或者重视不够的长尾客户，利用信息技术革命带来的规模效应和较低的边际成本，使长尾客户在小额交易、细分市场等领域能够获得有效的金融服务。目前互联网金融与传统金融业的客户交叉还比较少，但是未来相向而行、交叉渗透一定会逐渐增加。

2. 驱动因素不同

传统金融业是过程驱动的，注重与客户面对面的直接沟通，在此过程中收集信息、管

控风险、交付服务；互联网金融是数据驱动需求，客户的各种结构化信息都可以成为营销的信息来源和风控的依据。

3. 经营模式不同

传统金融机构与互联网金融机构都在积极地运用互联网技术，但模式设计有所差别。前者具有深厚的实体服务基础，从线下向线上拓展，努力把原有的基础更充分地利用起来，提升服务的便捷度；而互联网金融多数是以线上服务为主，同时注重从线上向线下拓展，利用便捷的服务手段，把业务做深和做实。

4. 治理机制不同

传统金融机构受到较为严格的监管，需要担保抵押登记、贷后管理等；而互联网金融企业的市场化程度更高，通过制定透明的规则，建立公众监督机制来赢得用户信任，不需要担保和抵押。这种机制的治理成本较低，但缺乏统一的监管体系和规范的业务标准。

5. 竞争优势不同

传统金融机构具有资金、资本、风险管理、客户与网点方面的显著优势；互联网金融机构具有获客渠道不同、客户体验好、业务推广快、边际成本低以及规模效益显著等优势。

随着互联网技术的发展和金融市场客户多样诉求的推动，互联网金融逐渐挑战传统的银行业务，优势日益显现，对传统银行的支付领域、小额贷款领域和中间业务领域均产生冲击。不过，相较于互联网金融的创新发展，传统银行有丰富的产品和从业经验，有完善的风险管理体系，也积累了一批优秀人才，这些都是互联网金融机构短时间内难以达到的优势。

专栏1-2

互联网金融的十大哲学

(1) 开放(openness)。互联网和互联网金融不仅改变了金融业的形态和金融机构获取信息的方式，而且潜移默化地改变了这个社会的运行规则，从而以更有效的方式塑造一种以个人决策为基础的、透明的、开放的社会形态，它使社会在良性发展的基础上进行边际改善(即帕累托改善)。

(2) 共享(share)。在互联网金融时代，信息的传递和扩散更加便捷，信息的生产成本更为低廉，信息的利用渠道和方式也越来越多元化，从而更有可能实现信息共享。

(3) 合作(cooperation)。互联网和互联网金融促进了人们之间的合作。互联网的出现降低了人们交流信息和寻找合作对象的成本，使人们之间更容易实现合作。

(4) 整合(integration)。互联网已经渗透到所有的产业形态，正在以极快的速度推动不同业态之间的融汇、互补和整合。

(5) 信任(trust)。随着互联网的发展和信任机制的不断完善，互联网金融有可能比传统金融更能增加用户信任度，从而降低道德风险。

(6) 共同体(community)。互联网的最大功能是创建了网络上的各个"共同体"，虚拟化的社区或共同体的构建是互联网金融兴起和发展的社会结构基础。

(7) 云(cloud)。"云"是互联网时代的基本象征符号，也是互联网金融的核心哲学。

云计算、大数据已经解构了整个世界的运行秩序和方式，同时也在构建新的运行秩序和方式，成为我们发现世界和建构行为的基础。

(8) 普惠(inclusiveness)。互联网金融的核心哲学之一是"普惠"，互联网金融的发展对于构建普惠金融体系是非常有益的，互联网金融使得普惠金融体系的构建具备了新的可能性和新的途径。

(9) 解构(decontruction)。互联网金融的核心思想之一是通过互联网技术对传统金融业的商业模式和运作机制进行重构或者解构。

(10) 创新(innovation)。互联网金融的核心特征是无处不在、无时不有的创新，可以说，在互联网时代，金融创新是全天候的、全方位的创新。这种创新主要体现在互联网金融通过迅速的时空转换，实现金融产品创新、金融业务流程创新和金融机构创新。

资料来源：王曙光. 互联网金融的哲学[J]. 中共中央党校学报，2013(6).

第二节　互联网金融主要业态

《指导意见》明确了互联网金融的主要业态，包括互联网支付、网络借贷、股权众筹融资、互联网基金销售、互联网保险、互联网信托和互联网消费金融等，同时明确了各业态的监管职责分工，落实了监管责任。参照《指导意见》以及我国互联网金融发展的特点，本书将互联网金融业态归纳为两大类：一类是互联网金融新兴业态，包括第三方支付、网络借贷、众筹融资；另一类是传统金融的互联网化，包括互联网银行、互联网证券、互联网保险、互联网基金、互联网信托和互联网消费金融等。

一、互联网金融新兴业态

（一）第三方支付

狭义上的第三方支付是指具备一定实力和信誉保障的非银行机构，借助通信、计算机和信息安全技术，采用与各大银行签约的方式，在用户与银行支付结算系统间建立连接的电子支付模式。

根据中国人民银行2010年在《非金融机构支付服务管理办法》中给出的非金融机构支付服务的定义，从广义上讲，第三方支付是指非金融机构作为收、付款人的支付中介所提供的网络支付、预付卡、银行卡收单以及中国人民银行确定的其他支付服务。在这里，第三方支付已不仅仅局限于最初的互联网支付，而是成为线上线下全面覆盖、应用场景更为丰富的综合支付工具。

从发展路径与用户积累途径来看，目前市场上第三方支付公司的运营模式可以归为两大类。

1. 独立的第三方支付模式

独立的第三方支付模式是指第三方支付平台完全独立于电子商务网站，不具有担保功能，仅仅为用户提供支付产品和支付系统解决方案，以快钱、汇付天下、拉卡拉等为典型代表。

2. 具有担保功能的第三方支付模式

这种支付模式是以支付宝、财付通为首的依托于自有B2C、C2C电子商务网站，能够提供担保功能的第三方支付模式。货款暂由平台托管并由平台通知卖家货款到达、进行发货。在此类支付模式中，买方在电商网站选购商品后，使用第三方平台提供的账户支付货款，待买方检验物品、进行确认后，就可以通知平台付款给卖方，这时第三方支付平台再将款项转至卖方账户。

第三方支付的兴起，不可避免地给银行在结算费率及相应的电子货币领域带来挑战。第三方支付平台与商业银行的关系由最初的完全合作逐步转向竞争与合作并存。随着第三方支付平台走向支付流程的前端，并逐步涉及基金、保险等个人理财等金融业务，银行的中间业务正在被其不断蚕食。

另外，第三方支付公司利用其系统中积累的客户的采购、支付、结算等完整信息，可以非常低的成本联合相关金融机构为其客户提供优质、便捷的信贷等金融服务。同时，支付公司也开始渗透到信用卡和消费信贷领域。第三方支付机构与商业银行的业务重叠范围不断扩大，逐渐与商业银行形成了一定的竞争关系。

互联网支付业务由中国人民银行负责监管。

(二) 网络借贷

网络借贷包括个体网络借贷和网络小额贷款。个体网络借贷是指个体和个体之间通过互联网平台实现的直接借贷。网络小额贷款是指互联网企业通过其控制的小额贷款公司，利用互联网向客户提供的小额贷款。

具体来说，个体网络借贷，是指P2P网络借贷(peer-to-peer lending)，即点对点信贷，或称个人对个人信贷，是指通过P2P公司搭建的第三方互联网平台匹配资金借贷双方，是一种"个人对个人"的直接信贷模式。由具有资质的网站(第三方公司)作为中介平台，借款人在平台发放借款标的，投资者进行竞标向借款人放贷。

《指导意见》规定，在个体网络借贷平台上发生的直接借贷行为属于民间借贷范畴，受《中华人民共和国民法典》等法律法规以及最高人民法院相关司法解释规范。需注意，P2P平台已于2020年清零。

网络小额贷款的模式主要有3种，即平台金融模式、供应链金融模式和消费金融模式。平台金融模式是指互联网企业基于电子商务平台提供资金融通的金融服务，以阿里小额贷款为典型代表。供应链金融模式是指供应链中的核心企业利用所处产业链上下游，充分整合供应链资源和客户资源而为其他参与方提供融资渠道的金融模式，以苏宁云商、京东金融为典型代表。消费金融模式是指一些互联网公司凭借庞大用户数据、流量、资金等优势，借助网络小额贷款的牌照优势从事消费分期或现金贷等互联网消费金融业务。

《指导意见》指出，网络小额贷款应遵守现有小额贷款公司监管规定，发挥网络贷款优势，努力降低客户融资成本。网络借贷业务由银监会(现银保监会)负责监管。

(三) 众筹融资

众筹融资是指通过互联网方式发布筹款项目并募集资金。相对于传统的融资方式，众筹更为开放，能否获得资金也不再以项目的商业价值作为唯一标准。只要是有创意的项目，都可以通过众筹方式获得项目启动的第一笔资金，为更多小本经营或创作者提供了无限的可能。

按回报方式，众筹的模式可以分为产品众筹、公益众筹、股权众筹、债权众筹等。

1. 产品众筹

产品众筹是指以产品或服务作为筹资标的并获得回报的一种众筹融资模式。在通常情况下，它由项目发起人将尚处研发过程中的产品或服务的创意发布在众筹平台上，在大众投资者的支持下，完成创意商品化的过程。融资人对处于研发阶段的项目以及相关服务进行众筹融资，让投资者对该产品进行投资，以获得该产品或服务。

2. 公益众筹

公益众筹是指公益机构或个人通过互联网众筹平台发起的公益筹款项目，本质上是一种捐赠式众筹，对支持人来说没有回报或只有象征性的回报。

3. 股权众筹

股权众筹是指基于互联网渠道而进行的股权众筹融资模式。这种模式把融资企业放到众筹平台上，并按出资多少出让一定比例的股权，以实现资金的融通。

《指导意见》规定，股权众筹融资必须通过股权众筹融资中介机构平台(互联网网站或其他类似的电子媒介)进行；股权众筹融资方应为小微企业，应通过股权众筹融资中介机构向投资人如实披露企业的商业模式、经营管理、财务、资金使用等关键信息，不得误导或欺诈投资者。投资者应当充分了解股权众筹融资活动风险，具备相应的风险承受能力，进行小额投资。股权众筹融资业务由证监会负责监管。

4. 债权众筹

债权众筹是指投资者对项目或公司进行投资，获得其一定比例的债权，未来获取利息收益并收回本金。

二、传统金融的互联网化

(一) 互联网银行

互联网金融的兴起为传统商业银行带来了许多新的机遇、挑战和启发。众多商业银行都开始重新规划战略，利用其独有的金融基础设施优势和业务牌照资源，借助互联网银行这一金融创新模式进行业务拓展。新兴的互联网公司也借助技术优势积极发展银行业务，纯互联网银行开始出现。

根据互联网银行与传统银行的关系，可以将其划分为网上银行、手机银行(移动银行)、直销银行和纯网络银行4种模式。前3种是传统商业银行线下业务向线上的迁移，仍然是传统银行的一部分，是对物理网点的补充；而纯网络银行是完全与传统机构分离的独立法人，仅以互联网作为交易媒介，它不需要设置物理网点，主要依靠网络、通信、云计算和大数据等技术，将传统银行服务搬到互联网上。

互联网银行使传统银行业拓展了原有服务渠道，提升了业务处理的信息化、流程化、智能化水平，并大大降低了服务成本；提升了客户体验兴趣，改善了融资效率，丰富了"以客户为中心"的创新内涵，大力推动了互联网金融的产品创新。

（二）互联网证券

互联网证券是证券业以互联网等信息网络为媒介，为客户提供的一种全新的商业服务模式。互联网证券将证券业务搬到网上，包括市场资讯发布、产品营销、证券发行、证券交易和投资咨询等多种服务。

国内互联网证券的运营模式包括以下3种。

1. 自营网络平台模式

该模式可以为客户提供更全面、多渠道、人性化的服务，其功能包括营销、客服、交易、管理等，优点是平台的设计更符合证券公司的需求，证券公司也可以对交易的所有流程进行控制，同时有利于树立品牌优势。

2. 独立的第三方网站模式

独立的第三方网站模式是指网上服务公司、资讯公司和软件系统开发商等负责开设网络站点，为客户提供资讯服务，证券公司则在后台为客户提供网上证券交易服务。目前国内典型的第三方网站有同花顺、大智慧、东方财富等。

3. 进驻电商平台模式

证券公司开展互联网金融业务面临的主要问题是客户流量有限，品牌认知度比较低，而进驻电商平台，可以利用电商平台庞大的用户群，解决流量问题，提高公司产品的浏览量，拓宽证券公司产品、服务和营销渠道。

（三）互联网保险

2015年，保监会出台的《互联网保险业务监管暂行办法》中对互联网保险的定义是："互联网保险是指保险机构依托互联网和移动通信等技术，通过自营网络平台、第三方网络平台等订立保险合同、提供保险服务的业务。"简言之，就是将传统的保险业务和网络技术结合起来。

国内互联网保险的运营模式主要分为以下4种。

1. 官网直销模式

官网直销模式是指保险公司通过建立自己的官方网站，进行产品直销、提供保险服务。

2. 第三方电子商务平台模式

保险公司利用电子商务网站销售保险产品，比如淘宝、京东、苏宁易购都提供了保险销售平台。

3. 专业中介代理模式

专业中介代理模式是指由保险经纪或代理公司搭建自己的网络销售平台，代理销售多家保险企业的产品并提供相关服务，如优保网、慧择网等。

4. 纯互联网保险模式

纯互联网保险模式是指没有物理网点，完全通过互联网进行销售和理赔的模式，如众安在线。

《指导意见》规定，保险公司开展互联网保险业务，应遵循安全性、保密性和稳定性原则，加强风险管理，完善内控系统，确保交易安全、信息安全和资金安全。

互联网保险业务由保监会(现银保监会)负责监管。

(四) 互联网基金

互联网基金就是利用互联网的云计算、大数据、社交网络等技术，对传统的基金交易过程进行变革。互联网减少了基金市场的信息不对称，使得基金交易更为高效率、低成本的同时，也降低了基金的购买门槛。

《指导意见》规定，基金销售机构与其他机构通过互联网合作销售基金等理财产品的，要切实履行风险披露义务，不得通过违规承诺收益方式吸引客户；基金管理人应当采取有效措施防范资产配置中的期限错配和流动性风险等。

互联网基金销售业务由证监会负责监管。

(五) 互联网信托

互联网信托是将信托活动进行互联网化，即在网上运作信托业务，比如通过网络签订合同、查询信托信息、转让信托产品等。

《指导意见》规定，信托公司通过互联网进行产品销售及开展其他信托业务的，要遵守合格投资者等监管规定，审慎甄别客户身份和评估客户风险承受能力，不能将产品销售给与风险承受能力不相匹配的客户。

互联网信托业务由银监会(现银保监会)负责监管。

(六) 互联网消费金融

互联网消费金融将传统的消费金融实现线上化，通过"线下+线上"的方式来为居民个人提供以消费为目的的贷款，这是传统的消费金融在互联网金融大背景下的又一实践创新。

《指导意见》规定，消费金融公司通过互联网开展业务的，要严格遵循监管规定，加强风险管理，确保交易合法合规，并保守客户信息。

互联网消费金融业务由银监会(现银保监会)负责监管。

第三节　我国互联网金融发展概况

互联网与金融的结合源于欧美发达国家，20世纪90年代，互联网技术的高速发展渗入了金融业，欧美的金融企业开始广泛利用现代信息技术开展金融业务。步入21世纪，伴随着金融创新，大量新型的互联网金融企业逐渐出现并取得了较快发展。从互联网金融模式来看，欧美发达国家的互联网金融可以用4个模式概括：新型的互联网融资模式(如P2P网络借贷、众筹等)，互联网服务方式(如第三方支付、移动支付等)，虚拟货币(如比特币和Facebook提供的虚拟货币等)，互联网在传统金融业的应用。在我国，由于大量的金融需求得不到满足，为互联网金融的快速发展提供了强大的动力。与我国蓬勃发展的互联网金融相比，互联网金融对欧美发达国家传统融资体系和金融服务方式的冲击并不大。本节立足国内，分析互联网金融发展现状、面临的挑战及其发展趋势。

一、我国互联网金融的发展历程

纵观我国的互联网金融发展历程，大致可将其分为以下4个阶段。

（一）萌芽阶段（2005年以前）

在2005年之前，互联网金融主要体现在为金融机构提供网络技术服务，银行业开始建立网上银行。早在1997年，招商银行就开通了自己的网站，金融电子服务从此进入了"一网通"时代。1998年，"一网通"推出"网上企业银行"，为互联网时代银企关系进一步向纵深发展构筑了全新的高科技平台。

2003年和2004年，淘宝网和支付宝相继出现，淘宝为了解决电子商务中支付形式单一、买卖双方不信任等问题，推出支付宝的"担保交易"，电子商务在国内作为全新的商业运作模式应运而生，象征着国内全面进入电子化时代。银行等传统金融机构为了在未来的竞争中胜出，开始探索金融创新，转变传统的经营观念、支付方式和运营模式，以迎合金融业网络化的发展趋势。

自此，网上转账、网上开设证券账户、互联网保险等互联网金融业务也相继出现，预示着互联网金融时代全面到来。

（二）起步阶段（2005—2012年）

随着支付宝等第三方支付平台的产生，互联网金融逐渐从技术领域深入到业务领域，第三方支付、网络借贷、众筹等互联网新兴业态相继出现。

2007年，互联网金融的一个标志性业务形态——P2P网贷产生，中国第一家P2P网络借贷平台"拍拍贷"成立。2011年5月18日，中国人民银行正式发放第三方支付牌照，共向27家第三方支付公司发放了支付牌照，这标志着互联网与金融结合的开始。同时，众筹也从国外引入到国内，不断与我国经济情况与法律相结合，逐渐被人们所接受。2012年，平安陆金所推出P2P网贷业务，网贷平台迅速发展，互联网金融进入一个新的发展阶段。

（三）高速发展阶段（2013—2015年）

2013年被称为"互联网金融元年"，2013—2015年，由于互联网金融有着低于传统金融机构的门槛，导致大量企业涌入互联网金融领域。第三方支付发展也逐渐成熟，P2P网贷平台爆发式增长，众筹被运用到不同的领域中去，首家互联网保险、首家互联网银行相继获批成立。此外，信托、券商、基金等金融机构也开始布局互联网金融，为客户提供更便捷的一站式金融服务。互联网金融开启了高速发展模式。

2013年6月，支付宝联手天弘基金，推出余额宝服务，推动互联网基金模式铺开。随后12306网站正式支持支付宝购票，全国各家便利店也支持支付宝条形码支付。以宝宝类理财为起点，P2P、第三方支付、众筹、消费金融等各类互联网金融业态均实现跨越式发展。

2013年9月，由蚂蚁金服、腾讯、中国平安等企业发起设立了国内首家互联网保险公司——"众安保险"。在这一年中，互联网巨头纷纷借势推出互联网理财业务。例如，7月，新浪发布"微银行"，涉足理财市场；8月，微信推出微信支付；10月，百度金融理财平台上线；12月，网易的"网易理财"正式上线。

2014年延续上一年的风口之势，互联网金融首次登上了政府工作报告，报告中提到"促进互联网金融健康发展，完善金融监管协调机制"，政府鼓励互联网金融发展的意图十分明显。2014年1月，微信理财通公开测试，随后推出微信红包业务；4月，百度钱包上线，同步推出国内首个互联网数据指数——"百发100指数"；9月，小米投资积木盒子，正式进军P2P领域；12月，中国首家互联网银行——"微众银行"经监管机构批准开业，总部位于深圳。2014年也是众筹的发展元年，11月召开的国务院常务会议首次提出"要建立资本市场小额再融资快速机制，开展股权众筹融资试点"，为众筹行业的发展提供了政策支持。

2015年，政府工作报告提出了"大众创业、万众创新"的号召，驱动了互联网金融创新的步伐。2015年1月，央行印发《关于做好个人征信业务准备工作的通知》，互联网巨头纷纷抢滩个人征信市场，芝麻信用、腾讯征信、前海征信、鹏元征信、拉卡拉信用等8家民营征信机构正式成为央行"开闸"后首批获准开展个人征信业务的机构。春节期间，微信开创春晚红包"摇一摇"，10.1亿次收发创下社交金融新纪录。4月，蚂蚁小贷旗下个人信贷产品"花呗"宣布正式上线；6月，浙江网商银行宣布正式开业。

2015年7月18日，中国人民银行等十部委联合印发了《关于促进互联网金融健康发展的指导意见》，该指导意见不仅明确了互联网金融的定义及七大业态，而且从金融业健康发展全局出发，提出了健全制度、规范互联网金融市场秩序的具体要求。

(四) 规范发展阶段 (2016 年至今)

在互联网金融快速发展的同时，风险也不断聚集。P2P平台风险累计爆发，尤其是总成交量超过740亿元的"e租宝"平台涉嫌非法集资等问题被警方调查，引发行业震动。随后P2P跑路等恶性事件频频发生，校园贷也引起了社会关注。

2016年4月，教育部办公厅和中国银监会办公厅联手发布《关于加强校园不良网络借贷风险防范和教育引导工作的通知》，要求加强不良网络借贷监管，加强学生消费观教育，加强金融、网络安全知识普及，加强学生资助信贷服务。

2016年10月起，互联网金融风险专项整治开始。随后，监管政策密集出台，如《互联网金融风险专项整治工作实施方案》《非银行支付机构风险专项整治工作实施方案》《通过互联网开展资产管理及跨界从事金融业务风险专项整治工作实施方案》《P2P网络借贷风险专项整治工作实施方案》《股权众筹风险专项整治工作实施方案》《互联网保险风险专项整治工作实施方案》《关于进一步加强校园网贷整治工作的通知》《网络借贷信息中介备案登记管理指引》《网络借贷资金存管业务指引》等，旨在终结互联网金融的野蛮生长状态，使行业放缓疯狂扩张的步伐，以实现规范发展。互联网金融风险专项整治使机构数量减少、规模缩小、增速降低，网贷行业尤其明显，P2P网贷平台正常运营数量由2016年第三季度末的2400余家，减少到2018年第二季度末的1500余家。

2014—2018年，互联网金融连续5年被写入政府工作报告，从2014年首次提到"促进互联网金融发展"到2016年的"规范发展"，再到2017年的"高度警惕互联网金融风险"，直到2018年的"健全互联网金融监管"，从措辞上我们可以看出政府对行业发展的态度，也反映了互联网金融行业5年来从高速发展到规范整治的历程。

二、我国互联网金融的发展现状

（一）行业总体发展情况

近年来，在相关政策支持以及有关机构的监管约束下，我国互联网金融行业的发展呈现合规化趋势。

在第三方支付领域，自2017年第一季度至2018年第三季度，我国第三方综合支付交易规模虽然保持增长势头，但增长速度显著放缓。具体而言，2018年前三季度环比增长率分别为3.2%、−0.71%、7.99%，可见我国第三方综合支付交易规模逐步扩大，进一步说明我国第三方支付市场趋于成熟。线下网络支付使用习惯持续巩固，网民在线下消费时使用移动支付的比例由2017年底的65.5%提升至67.2%。居民收入和就业的持续改善推动消费继续扩张，三、四线城市互联网红利促进新一轮在线购物热潮。在第三方移动支付市场中，支付宝和腾讯金融成为移动支付领域的两大巨头，所占市场份额合计超过九成。在跨境支付方面，支付宝和微信支付已在40个以上国家和地区接入。在境外本土化支付方面，我国企业已在亚洲9个国家和地区运营本土化数字钱包产品。

在众筹融资领域，2018年底，我国共有159家正常运营的众筹平台，相比2017年的169家减少了10家。仅2018年12月，全国就有6家众筹平台选择转型，1家众筹平台下线。对众筹平台进行分类统计，2018年我国共有55家股权型众筹平台、51家权益型众筹平台、23家物权型众筹平台、22家综合型众筹平台和8家公益型众筹平台。

在互联网理财领域，不同于前些年的高速发展，2018年互联网理财指数出现了自2013年创建以来的首次下滑，同比降幅达23.45%。财富管理市场总规模由2017年的130万亿元增长至2018年的132万亿元，但增长幅度与之前相比仍存在显著差距。具体而言，互联网信托规模同比缩减2万亿元，互联网券商资管规模同比缩减1.2万亿元，互联网基金专户规模缩减2.7万亿元；而公募基金、私募基金和保险较2017年呈现增长趋势，增加规模分别为1.5万亿元、0.7万亿元和2.4万亿元；互联网银行理财业务规模无显著变化。

在互联网消费金融领域，在我国居民消费水平不断提升和普惠金融持续深入的背景下，消费金融业务也获得巨大的发展空间，并在普惠金融发展中发挥着强有力的支撑作用。截至2018年10月，消费金融领域市场规模已达到84 537亿元的高水平，占境内贷款比重增长至6.3%。

在国内网贷行业整改不断推进的背景下，不合规平台陆续选择良性出清，退出网络借贷领域，国内资本市场逐步趋于理性。而不少互联网金融行业细分领域的龙头企业仍然选择在境外IPO，仅2018年就有7家互联网金融企业成功上市，分别是小赢科技、泛华金融、点牛金融、品钛、微贷网、360金融和51信用卡。据艾瑞咨询的研究数据可知，截至2018年12月14日，我国共有64家互联网金融公司正式上市，其中有26家选择在我国香港交易所上市，27家选择在美国纽约证券交易所或纳斯达克证券交易所上市，有11家选择在国内上市。

互联网金融平台扎堆在境外上市的原因：一方面，美国市场正处于高位，热度不减；另一方面，国内平台的创始人与早期投资人早已做好上市的所有准备，但国内针对资本市场的监管日趋严格，企业往往出于对未来经营成本的担忧而选择境外上市。

（二）行业发展面临的挑战

1. 金融网络及信息安全仍然是行业发展过程中的痛点

金融安全和信息安全是互联网金融行业长足发展的基石，虽然在发展过程中，政府部门和行业协会对此问题高度重视，然而由于互联网金融领域发展模式众多，从业者的安全意识水平参差不齐，许多平台在企业网络安全系统、金融安全管理机制建设、用户信息的保密方面仍然存在不足，极易带来系统故障，从而直接引发业务中断，平台漏洞被利用引发金融风险，违规使用敏感信息导致数据滥用，使金融消费者权益受到不法侵害。

2. 互联网金融"伪创新"、假宣传，给监管带来挑战

近年来，各种互联网金融"伪创新"层出不穷，以虚拟币传销、非法集资传销、商城返利传销等为名头的互联网传销频繁出现，互联网外汇、期权、期货、贵金属、大宗商品、基金、证券、虚拟币等交易平台种类多样。此类产品经过多个通道，最终投资者难以认证，很多是没有经过合规备案的交易形式。这些"伪创新"带来较大危害，扰乱金融秩序，影响社会稳定。此外，许多非法金融平台利用监管漏洞，夸大广告宣传，非法开展金融业务，形成了自己独特的推广方式和骗钱套路。这些都给行业发展带来巨大隐患。

3. 消费者权益保护需进一步加强

当前，在政府监管部门主导，行业协会积极协调，互联网金融企业有效参与的情况下，互联网金融领域的消费者权益保护正向多方参与共治的格局发展。但金融消费者权益保护仍需加强：一是互联网环境下法律关系复杂，互联网金融业务涉及各方的责任以及金融消费者应有基本权利的认定等尚缺乏统一、适用的法律法规；二是互联网金融具有跨地域、跨行业、涉及人数多等特点，金融消费者权益保护相关工作的统筹协调有待进一步加强；三是互联网金融覆盖范围广，客群多元化、多层次，有针对性的风险教育、投诉处理、纠纷调解处置、损害赔偿等方面的机制有待继续完善。

4. 法律制度、监管机制有待进一步完善

在法律制度方面，首先，现行法律法规大多以传统金融机构和金融业务为适用对象，在互联网金融领域的适用性有待进一步提升；其次，互联网金融领域反洗钱和反恐怖融资、个人信息保护、公司治理、内部审计等相关法律法规也有待进一步建立和完善。

在监管机制方面，首先，部分领域市场准入制度、常态化监管安排、中央地方监管分工有待进一步明确；其次，反不正当竞争、投资者适当性等行为监管规则尚未建立，互联网企业开展综合金融业务的监管规则有待进一步完善；最后，现行互联网金融监管模式与行业跨界混业经营、贯穿多层次市场体系等业务特征仍存在一定程度的不匹配，监管套利问题依然存在。

（三）行业发展趋势

1. 金融科技与传统金融深度合作成为必然趋势

互联网金融行业未来的发展趋势是采用金融科技携手传统金融机构的形式。传统金融机构的优势在于拥有相关业务的金融牌照和健全的网络体系，具备先天的获客优势；金融

科技公司的优势在于其强大的技术实力和数据资源，具备降低服务成本和优化风险控制的特点。

金融的本质是信用，有效合理的风险控制是金融的核心，金融科技亦是如此，技术赋能使金融机构更加主动、高效、精准地获取信用，帮助金融机构提升对风险的感知判断与处置能力，从而使互联网金融企业运营效率不断提升。借助金融科技手段，金融服务可以延伸到任何角落，这不仅有助于金融服务实现便利化，更有助于将金融资源合理分配到经济社会发展的薄弱环节和重点领域。

2. 强监管成为行业主旋律

多年的野蛮生长令整个互联网金融行业乱象丛生，2016年起监管强势介入，掀起了一场整治风暴。监管层对于互联网金融行业存在的种种问题保持"零容忍"，其监管路径与导向也愈发明确与清晰。随着互联网金融领域监管的不断深入，监管体系逐步完善，在全方位、多层次的政策引导下，互联网金融将逐步回归普惠金融本质，通过与技术融合，提升金融效率，降低服务成本，拓展普惠金融的深度与广度。

3. 坚持合规经营导向，有效化解存量风险

2017年以来，互联网金融领域特别是P2P网贷行业受到重拳监管，合规备案成为行业整顿的主线，强制性的备案降低了全行业存量风险。

金融业是一个特殊行业，存在高风险性、强关联性和内在脆弱性等特点，从近10年我国互联网金融快速发展的经验可以看出，在当前我国金融治理体系、社会信用体系不健全的情况下，线下各种非正规甚至非法金融活动，容易披上互联网金融的外衣，变成所谓的互联网金融创新，引发并积累金融风险。因此，应当采取审慎监管措施，抛弃过去对待互联网金融偏向于鼓励创新、害怕遏制创新的观点，要充分认识到"合规也是效益""合规也是生产力"，对于所有互联网金融模式均应坚持实行合规备案许可制。合规备案是行业风险把控的第一关，也是有效治理行业风险的基础。

4. 金融消费者教育任重道远

互联网金融本质上仍是金融，互联网金融投资与消费也应当遵循基本的经济规律。互联网金融领域发生的案例显示，追求高收益、盲从夸大宣传、对相关产品和服务疏于鉴别等，是互联网金融风险积累的第一步。近几年来，我国不断加强金融风险的提示教育，但各类互联网金融事件仍时有发生，并呈上升趋势，因此，金融消费者教育是一项长期的任务，事关行业发展，也关系到金融消费者的权益保护。政府监管部门、各互联网金融行业协会应当发挥金融消费者教育的主渠道作用，加强对互联网金融的正面舆论引导，及时开展行业培训、风险提示和金融消费者教育，强化从业人员职业素养和金融消费者风险意识，使互联网金融经营者和消费者都能正确理性地参与互联网金融活动。

本 章 小 结

1. 互联网金融是利用互联网技术和信息通信技术实现资金融通、支付、投资和信息中介服务的新型金融业务模式。它包括两部分：一是金融机构通过互联网开展的金融业务，这属

于传统金融的互联网转型；二是互联网企业从事的金融业务，即互联网金融新型业态。

2. 互联网金融是互联网技术与金融功能的有机结合，这种结合虽然没有改变互联网金融作为金融的本质，但是依托大数据、云计算、搜索引擎、社交网络等技术，在金融业态和服务体系方面有新的表现。互联网金融具有以下特征：它是一种创新性金融，主要表现在支付结算工具的创新和投融资模式的创新；它是一种普惠金融；它更加注重用户体验；它具有特殊风险。

3. 互联网金融改变的只是金融业务技术和经营模式，并没有改变金融的本质和功能。互联网金融与传统金融的差异主要体现在定位、驱动因素、经营模式、治理机制、竞争优势等方面。

4. 互联网金融的主要业态包括：第三方支付、网络借贷、众筹融资、互联网银行、互联网证券、互联网保险、互联网基金、互联网信托和互联网消费金融等。

5. 自互联网金融在我国兴起以来，从兴起、野蛮生长到规范整治，已经历了十余年，在取得一些成就的同时，行业发展仍面临一些挑战，如法律制度、监管机制有待进一步完善，消费者权益保护需进一步加强，等等。

 思考题 ▷▶

1. 怎样理解互联网金融的内涵？
2. 互联网金融具有哪些特征？
3. 互联网金融与传统金融有何异同？
4. 列举互联网金融主要业态。
5. 我国互联网金融发展面临哪些挑战？如何应对这些挑战？

 实训题 ▷▶

1. 查找资料，了解我国互联网金融发展的最新动态。
2. 查找资料，了解我国互联网金融各业态的典型代表，并选择其中之一加以介绍。

 拓展阅读 ▷▶

阿里的互联网金融发展历程和战略

纵观这几年，从2007年第一家P2P平台建立，到2013年第一只宝宝基金面市、第一家互联网保险公司获批，再到2014年第一个微信红包发出，2015年第一家网络银行开业，互联网金融概念不断升温、模式不断扩展、规模不断扩大、冲击不断增强。这几年，网上银行用户始终保持10%以上的增速，网络支付用户规模保持近20%的增速，互联网保险销售规模连续3年增速超过150%，P2P平台投融资者增速甚至超过200%。互联网金融一边积极改变着借贷业务、股权投资、保险业务、支付业务、征信业务、创新业务的服务模式，一边在快速拓展过程中促进传统金融的行业生态，激发了传统金融在互联网技术应用上的厚积薄发。其中，阿里巴巴打造了全模式的强大商务平台后，金融必然会成为它触及的下一个目标。

一、阿里巴巴的金融布局历程：立足平台打造金融生态圈

阿里巴巴集团成立于1999年，是中国电子商务的旗舰，自成立至今，它几乎涉及互联网金融业务的各个领域。阿里巴巴作为中国电子商务的首批探索者，除了深耕电商产业链、建造闭环生态、开发卖家资源，还充分利用其在金融、技术、广告等领域的资源及经验，建立"数据、技术、服务"三大开放核心平台金融生态。

从阿里巴巴上线的第一款金融服务产品——支付宝开始至今，阿里金融已经走过了10余年。从时间线上我们可以将其发展历程划分为以下3个阶段：以支付业务为中心的发展阶段、金融探索阶段和中国互联网金融崛起之后伴随着蚂蚁金融服务集团成立的整合发展阶段。

1. 以支付业务为中心的发展阶段(2002—2007年)

2003年5月，采用C2C商业模式的淘宝网正式上线。同年10月，为了解决买卖双方的诚信问题，对发收货的时间差内交易资金提供第三方担保，阿里巴巴正式成立了支付宝。随后的两年时间，支付宝先后与招商银行、VISA、中国工商银行等银行和金融机构达成战略合作协议。工商银行更是为阿里巴巴出具资金托管报告，为支付宝客户交易资金的管理提供保障。支付宝的出现，不仅是阿里巴巴提供属于自己的金融服务的伊始，更为初创时期淘宝网的交易保驾护航。在消除了部分信任障碍后，网购模式迅速走进了网民的生活，淘宝网也因此得以飞速发展。截至2007年9月1日，支付宝用户数达到5000万人。来自支付宝官方的数据显示，支付宝实名用户已经高达4.5亿人。支付宝的功能不断被强化，应用领域不断被拓宽，相继推出了公共缴费、消费信贷、快捷支付等多样化服务。

2. 金融探索阶段(2007—2012年)

在阿里巴巴电子商务平台不断发展的过程中，它也将目光瞄准了多年来在平台交易中积累的数据资源。经过多年努力，阿里巴巴初步建立了以淘宝网为基础的商家信用评价体系。这一评价体系随着平台入驻商家数量的增多和数据库的扩大而不断完善。以此为基础，阿里巴巴开始寻求在数据方面与传统金融机构合作，探索构建在数据基础之上的专属于阿里的金融发展之路。

具体来讲，2007年5月起，阿里巴巴集团联合中国工商银行、中国建设银行共同向企业推出信贷产品。在操作层面上，有贷款需求的企业将向阿里巴巴递交申请，阿里巴巴将企业在阿里的商业信用数据库中积累的交易记录呈交银行，最终由银行来进行审核和最终决策。

2009年，阿里巴巴将为推进与银行的合作而建立的网络银行部从原本的公司业务中分离出来，专门负责融资业务。独立出来的网络银行部后更名为"阿里巴巴金融"。此时，阿里巴巴面向消费者的支付宝服务和与银行合作面向企业的贷款服务两大分支方向的布局已略见雏形。当然，阿里巴巴的金融步伐远不止于此，在完成了与银行合作的试水之后，2010年6月，浙江省阿里巴巴小额贷款公司正式宣告成立，标志着阿里金融的信贷业务正式铺开。

2011年6月，重庆市阿里巴巴小额贷款公司(以下简称"阿里小贷")的成立，标志着阿里小额贷款业务正式进入了扩张期。阿里小贷主要面向规模较小、向银行融资难的中小企业和小微企业。以自身平台的信用评价体系和数据库作为评判支撑，使得商家可以凭借在阿里平台上的信用进行贷款，具备了流程快、支取方便等诸多优点，因此深受中小企业主的欢迎。与此同时，支付宝的发展也取得了重大突破，2011年5月，支付宝顺利地拿到了中国人民银行发放的第一张支付业务许可证。用户数量不断增加，业务范围不断拓展，服务种类也更加多样化。至此，阿里巴巴金融服务面向消费者和企业的两条线较之前都有了一定的突破。在巩固了支付领域以及信贷领域的业务之后，阿里巴巴开始向保险及担保业务进军。阿里巴巴董事局主席马云联合中国平安保险董事长马明哲以及腾讯CEO马化腾共同打造的众安在线财产保险股份有限公司于2013年11月正式开业，注册资本10亿元人民币。另外，阿里在重庆注册成立了商诚融资担保有限公司，注册资金3亿元人民币。阿里巴巴初步完成了第三方支付、企业信贷、保险、担保等金融领域的布局。

2012年，阿里巴巴集团确立了平台、金融和数据三大业务。围绕阿里新的战略布局，集团将支付宝拆分为三个事业部，即共享平台事业部、国际业务事业部和国内业务事业部，并与原来从事企业信贷业务的阿里金融一起，共同组成了阿里金融的四大事业群。以平台业务为基础，以数据信用为核心，面向消费者与中小企业的阿里巴巴金融服务事业正式确立。

3. 蚂蚁金融服务集团整合发展阶段(2013年至今)

2013年被看作"中国互联网金融元年"。这一年，支付宝与天弘基金合作的货币基金产品"余额宝"上线。便捷的申购赎回操作方式和"一元起购"的低门槛让余额宝一经出现便迅速得到用户的认可，并由此引发互联网金融创新的热潮。余额宝的面市也标志着阿里金融正式涉足货币基金领域。

2014年10月16日，起步于支付宝的蚂蚁金融服务集团正式宣告成立。蚂蚁金融服务集团作为阿里巴巴集团的关联公司，具有独立的法人实体，与阿里巴巴集团的关系是重要的战略合作伙伴与服务供应商。阿里巴巴集团与蚂蚁金融服务集团也通过资产重组的方式，将阿里小贷由阿里集团出售给蚂蚁金服，并将其更名为蚂蚁微贷。阿里系旗下原有的其他金融服务相关业务与产品也一并转移到蚂蚁金融服务集团门下。同年9月29日，蚂蚁金融服务集团旗下的网商银行正式获得中国银监会批复成立。作为一家不设线下网点、不设总分支行的互联网银行，网商银行继承了阿里小贷的基因，坚持小存小贷的业务模式，致力于满足中小微企业与个人消费者的融资需求。蚂蚁微贷所负责的中小企业贷款业务也自然地过渡到了网商银行。

2015年，整合了余额宝、招财宝、基金等各类理财业务的蚂蚁聚宝正式上线。蚂蚁金融服务集团也正式推出了其独立的征信系统——芝麻信用。至此，蚂蚁金服旗下四大品牌——支付宝、招财宝、网商银行、芝麻信用都已正式上线。除此之外，蚂蚁金服还启动了"互联网推进器"计划，表示计划在未来5年内，通过在数据、技术、资本、征信等层面与金融机构的深度合作助力传统金融机构升级转型。蚂蚁金服的未来一定不单是自身体系的完善和发展，而是能够充分发挥自身的平台优势与数据优势，助推中国整个金融体系向新金融升级。

2016年，经过A、B两轮融资之后，蚂蚁金服的估值高达600亿美元。这个估值表明，经过多年的发展与布局，阿里巴巴的金融业务已经逐渐走向成熟，并且，随着互联网时代信息与数据的不断积累和其本身创新力的驱动，蚂蚁金服未来估值可能会有更大的空间。

二、阿里的互联网金融布局战略框架：九大战略全线出击

经过几年的发展，阿里集团涉及的互联网金融产品和服务包括：淘宝众筹、淘宝保险、淘宝贷款、车秒贷、支付宝、蚂蚁聚宝、蚂蚁达克、网商银行、余额宝、招财宝、蚂蚁花呗、蚂蚁借呗、众安保险。互联网金融服务围绕投资理财、融资贷款、第三方支付、保险、众筹等维度展开。

1. 以电商平台为基础的支付

支付宝自2004年成立以来，已经与超过200家金融机构达成合作，目前是中国最大的第三方在线支付平台，全球最大的移动支付厂商。支付宝主要提供支付及理财服务，包括网络担保交易、网络支付、个人理财、转账、水电煤缴费、手机充值、信用卡还款。截至2016年5月，支付宝的实名用户数已经超过4.5亿人，在覆盖绝大部分线上消费场景的同时，支付宝也在各种线下支付场景着力布局。目前，支付宝的线下门店超过20万家。在国际业务中，支付宝已登陆30多个国家和地区，覆盖14种主流货币。在近期支付清算协会公布的收单机构业务排名中，支付宝的业务量占比超过13.33%。

2. 依托淘宝天猫的贷款

蚂蚁小贷承担阿里巴巴集团为小微企业和网商个人创业者提供互联网化、批量化、数据化金融服务的使命。它的前身为阿里小贷。发展至今，蚂蚁小贷已相继开发出阿里信用贷款、淘宝(天猫)信用贷款、淘宝(天猫)订单贷款、网商贷、小贷产品。截至2015年6月底，已经累计为超过170万家小微企业解决融资需求，累计投放贷款超过4500亿元。

蚂蚁花呗为消费者提供"这月买、下月还"(确认收货后下月再还款)的网购服务。目前，天猫和淘宝的大部分商户或商品都支持花呗服务。

3. 基于余额宝的理财

余额宝是支付宝打造的余额增值服务。把钱转入余额宝即购买了由天弘基金提供的余额宝货币基金，获得收益。余额宝内的资金还能随时用于网购支付，灵活提取。截至2015年12月，余额宝规模达到6200亿元。

招财宝是开放的金融信息服务平台，为用户提供灵活的定期理财信息服务。招财宝平台主要有两大投资品种：第一类是中小企业和个人通过本平台发布的借款产品，由金融机构或担保公司作为增信机构提供本息兑付增信措施；第二类是由各类金融机构或已获得金融监管机构认可的机构通过本平台发布的理财产品。投资人可以根据自身的风险偏好通过本平台选择向融资人直接出借资金或购买理财产品。

蚂蚁聚宝App是一个聚合余额宝、股票、基金和股票的一站式移动理财平台，在该平台上可实现余额宝、招财宝、存金宝等各类理财产品交易。该平台于2015年8月18日正式推出。

4. 联手其他巨头的保险

蚂蚁金服携手腾讯和中国平安于2013年成立了国内首家互联网保险公司——众安在线财产保险股份有限公司(下简称"众安保险")。它是基于保障和促进整个互联网生态发展的初衷发起设立的，于2013年9月29日获中国保监会同意开业批复。众安保险业务流程全程在线，全国均不设任何分支机构，完全通过互联网进行承保和理赔服务。产品包括众乐宝、37度高温险、百付安、参聚险、美团食品安全责任保险、小米手机意外保障计划、河狸家安心保障计划、轮胎意外险。截至2016年1月31日，众安保险累计服务客户数量已超过3.78亿人，保单数量超过38.01亿。

此外，2015年9月18日，蚂蚁金服与国泰金控正式签约战略合作，成为国泰金控在中国大陆的全资财产保险子公司——国泰产险的控股股东，中国台湾国泰金控将作为战略股东。国泰产险的业务领域也随之转向与电子商务、互联网金融相关的保险业务，在互联网技术的基础上，产生更多基础、标准化、场景化的全新保险业务。

5. 新兴的互联网证券

2015年11月4日，蚂蚁金服方面宣布将入股德邦证券，与德邦证券已达成资本层面合作，目前公司注册资本23亿元人民币，净资产35.16亿元人民币，公司已连续12年实现盈利。蚂蚁聚宝App已增加股市行情的功能。虽然2017年5月宣告重组失败，但在当时也不失为一种尝试。

6. 绿色战略布局银行

蚂蚁金服于2015年6月25日成立浙江网商银行，是中国首批试点的5家民营银行之一。网商银行采取"小存小贷"的业务模式，客户群体为电商上的小微企业和个人消费者，提供20万以下的个人存款产品和500万以下的贷款产品。在6月14日蚂蚁金服首度公布的"绿色金融"战略中，网商银行通过对绿色信用标签用户提供优惠信贷支持，包括向农村提供节能型车辆购置融资，为菜鸟物流合作伙伴提供优惠信贷支持其更换环保电动车，未来还将持续支持绿色企业的生产经营活动。

7. 基于大数据的征信

阿里巴巴旗下蚂蚁金服的芝麻信用是电子商务平台征信的代表，芝麻信用是中国人民银行发布的8家个人征信业务之一，其依托阿里巴巴集团的用户网购、还款、转账和个人信息等各方面的数据，在数据挖掘上依托阿里巴巴旗下的多个领域和产品拓展。芝麻信用管理有限公司是合法独立的信用评估及信用管理机构，其推出的芝麻信用是面向社会的信用服务体系，依据方方面面的信息，运用大数据及云计算技术客观呈现个人的信用状况，通过连接各种服务，让每个人都能体验信用带来的价值。

芝麻信用分(简称芝麻分)是芝麻信用管理有限公司旗下产品，是芝麻信用管理有限公司根据当前采集的个人用户信息进行加工、计算后得出的信用评分，分值范围是350～950，分值越高代表信用水平越好，较高的芝麻分可以帮助个人获得更高效、更优质的服务。

8. 通过互联网销售的基金

2013年，天弘基金通过推出首只互联网基金——天弘增利宝货币基金(余额宝)，改变了整个基金行业的新业态。2014年5月29日，证监会正式批准互联网巨头阿里巴巴向天弘基金出资26 230万元，持有天弘基金51%的股权，成为天弘基金第一大股东。2015年底，天弘基金公募资产管理规模10 742亿元，排名行业第一。截至2015年末，余额宝规模达10 742亿元，稳居国内最大单只基金席位。

除了天弘基金，2015年4月24日，蚂蚁金服以近2亿元的价格，从关联公司恒生电子手中买走了杭州数米基金销售有限公司(以下简称数米)的控制权。数米基金网始创于2006年，是国内第一批面向个人投资者的基金垂直网站。近几年来，数米基金网先后推出十几类理财功能性产品及资讯、数据、互动、专业服务，现有注册用户超过340万人，是中国最大的基金垂直网站。特色功能包括每日净值、选基平台、基金评级、净值估算、数据分析。

9. 资本汇集的众筹(蚂蚁达客、淘宝众筹)

2015年5月19日，蚂蚁金服宣布将筹备上线股权众筹平台"蚂蚁达客"，蚂蚁达客将与IDG等多家创投机构及淘宝众筹、创客+等平台形成合作，为创业项目提供从初创融资到产品销售等全成长周期的融资服务。2015年11月18日，互联网股权融资平台蚂蚁达客上线测试。

淘宝众筹能帮助用户完成电影、音乐、设计、公益、动漫等各个方面的梦想，用户可以在淘宝众筹发起项目展示计划，并邀请喜欢该项计划的人以资金支持该项目。业务以回报众筹和捐赠众筹为主。

三、阿里巴巴互联网金融扩张的分析

在对阿里巴巴集团的战略布局研究中，我们发现了阿里本身的独有特质，具体包括以下几个方面。

1. "开放平台"商业模式

阿里巴巴是典型的信息服务互联网企业，其采用平台化的电商模式，包括B2C(天猫)和C2C(淘宝)。阿里巴巴平台本身并不参与产品的买卖交易，物流对它来说也只是支撑平台商家发展的工具而已。而阿里巴巴的强劲对手京东，则是以自营产品为主的电商模式，在交易的基础上，京东模式延伸至仓储、配送、售后、营销等其他环节，提供供应链金融增值服务。

在现有的制度和技术条件下，小额信贷银行一般不会因为烦琐的申请和审批程序而对其进行审查，这是不经济的。但是，这种小型需求的绝对数量将非常大。如果再次产生规模效应，其收入将远高于银行的传统贷款业务。阿里巴巴金融的平台战略将集中在收集小额需求和产生规模效应，利用自己的互联网运营经验、积累的商业信用数据库，建立信用评估系统，运用庞大的业务和用户资源来构建金融平台。同时，阿里巴巴将建立健全运行机制，吸引银行等各方金融机构和金融中介，以互联网的形式开展各种形式的金融创新，形成生态系统，如淘宝。这种操作理念反映了阿里巴巴基于平台的基因，也是它的优势所在。它可以创造的价值比来自银行的价值要大得多。

2. 消费金融和小微企业金融创新同步发挥作用

阿里巴巴的金融业务从微观上回归金融本质，即金融的作用是解决贸易和生活过程中的资金问题。这里提出了阿里巴巴金融的两个焦点：消费金融创新和小微企业金融创新。在这两个领域，阿里巴巴有两个核心产品：支付宝和小额贷款。此外，阿里巴巴私有化的B2B业务、回购雅虎的股权和内部组织及人员调整已经向外界发出了强烈的IPO信号。在此背景下，马云强调重塑"平台、财务和数据"三大核心业务，说明该平台已经具备良好的业绩和财务评估标准。这种虚拟现实可能会无形地影响投资者，因为估值模型放大了业绩并提高了估值。

3. 将大数据应用于对外投资扩张中

阿里巴巴展开大数据业务具有天然优势，阿里巴巴在对外投资扩张中，可将大数据技术运用于被投资企业，实现企业技术整合，从而有效提升被投资企业的价值。通过大数据可对投资企业所处的行业现状、盈利能力、发展前景等进行分析，也能对企业文化、信誉、领导者才能等非财务指标进行整合，寻找价值被低估或能与企业优势互补的目标公司，通过精确的企业价值估值，帮助企业以最少的投资成本实现参股目的。

阿里巴巴集团的信用数据库和信用评估系统是围绕阿里巴巴建立的，淘宝、天猫、阿里巴巴等平台是其金融的核心资产。对于合作伙伴而言，这些数据和信用系统将成为阿里巴巴的金融平台战略核心，阿里巴巴将在此基础上充分发挥该系统中平台服务提供商和数据提供商的作用。

在同一时期，百度、京东、腾讯等互联网巨头也在互联网金融领域进行了战略布局。互联网巨头大多数是通过利用现有入口资源、数据资源与金融业务结合产生收益，具体体现为渠道类产品覆盖广泛，消费贷款、供应链贷款兴起，大公司做征信和支付的意愿强烈。这个时期的互联网金融行业处在一个高估值期，同时风险也达到顶峰。

资料来源：搜狐网. https://www.sohu.com/a/241872928_476016.

第三方支付

第二章

支付生活——支付宝

在中国大部分城市的街头，都能看到五颜六色的共享单车，每当小伙伴们想骑走时，最大的困扰无疑是要下载各种App进行注册和绑卡，导致占用大量手机内存。现在这个烦恼终于解决啦！只要打开支付宝扫一扫，就可以解锁共享单车。同时上线的还有"骑行保障"功能，用户只要通过支付宝扫码共享单车，蚂蚁金服会给用户全程配备保险。

作为国内领先的第三方支付平台，支付宝的出现大大地方便了人们的支付生活。支付宝公司从2004年建立，到2014年第二季度开始，成为当前全球最大的移动支付商。支付宝主要提供支付及理财服务，包括网购担保交易、网络支付、转账、信用卡还款、手机充值、水电煤缴费、个人理财等多个领域。在进入移动支付领域后，支付宝为零售百货、电影院线、连锁商超市和出租车等多个行业推出了余额宝等理财服务。支付宝与国内外180多家银行以及VISA、MasterCard国际组织等机构建立战略合作关系，成为金融机构在电子支付领域最为信任的合作伙伴。

以支付宝为代表的我国第三方支付机构把我们带进了非现金支付的新时代，改变了人们原有的消费观念和商业模式，甚至对传统银行业的业务发展也带来了冲击。

资料来源：彭明强，马春晓.互联网金融[M].北京：中国财政经济出版社，2018.

第一节　第三方支付概述

传统的金融业在支付方式上不能满足电子商务的要求，随着信息技术的升级和演进，第三方支付应运而生。第三方支付是发展最早的互联网金融模式。随着互联网的快速发展，电子商务迅速崛起。据相关数据显示，2008年中国电子商务交易总额仅为3.4万亿元，而截止到2018年底，中国电子商务交易总额已达到31.63万亿元，10年期间增长了近10倍。

电子商务运作主要包括信息流、资金流和物流三个环节，其中资金流即支付方式是电子商务流程中交易双方最为关心的环节。

第三方支付促进了电子商务的发展，并发展成金融支付体系的重要组成部分，始终处于互联网金融的基础和核心位置。

▍一、支付制度的演变

支付制度是指经济社会中进行交易的方法。自从商品交换产生以来，支付制度一直在发生变化。从贝壳、金银、纸币、存款货币，到现在的银行卡和第三方支付，支付内容从最初的"物物交换"到网络化的演变史就是支付方式从复杂到简单、从现场到异地的变迁史。

原始经济的交易方式是"物物交换"，这是至今在偏远地区和货币短缺的情况下仍然存在的交换方式，即人们用各自所拥有的货物去直接换取想要的货物。这种交易方式具有诸多缺点，并会产生一定的交易成本。

随着商品交换的发展，货币产生了，并且成为商品交换中的支付载体。随着货币形式的发展，支付制度不断演变。

（一）以贵金属为基础的支付制度

最早期的货币是实物货币，但实物货币不是理想的支付手段，在商品交换发展中逐渐被金属货币所替代，因为金属所具有的天然属性适宜充当货币。而贵金属中的黄金和白银具有体积小、价值大、质地均匀、容易分割、便于携带等优点，在人类相当长的历史时期内，世界大部分地区都使用贵金属充当货币，金银成为重要的支付手段。

（二）以纸币为基础的支付制度

纸制货币简称纸币，包括国家发行的纸制货币符号和银行发行的纸制信用货币等。与金属货币相比，纸币的印制成本低，运送的成本低、风险较小。最初银行券是通过资本主义银行的存贷款等信用业务发行的，并以随时可兑现成金属货币为保证，中央银行产生以后，银行券集中由中央银行垄断发行。随着金属货币制度的崩溃，中央银行发行的银行券成为不能兑现的信用货币。在现代中央银行体制下，各国流通的货币现钞几乎都是由中央银行发行的纸制信用货币，它成为经济生活中必不可少的一种支付手段。

（三）以存款货币为基础的支付制度

存款货币是指能够发挥货币交易媒介和资产职能的银行存款，包括可以直接进行转账支付的活期存款和企业定期存款、居民储蓄存款等。现代银行的一项重要业务是为客户办理结算业务，充当支付中介。人们先把一部分款项存入银行，设立活期存款账户，客户可根据存款余额签发支票，凭支票进行转账结算，通过存款账户间存款的转移来完成支付行为。在这个过程中，可签发支票的存款发挥着货币的作用，故称为"存款货币"，它属于信用货币。用存款货币取代现金进行支付，具有快速、安全、方便的优点，特别是在大额异地交易中，很难用现金进行即时交易。因此在发达的商品经济中，转账结算是一种重要的支付手段，绝大部分的交易都通过存款货币的转移实现支付。

（四）以电子货币为基础的支付制度

随着互联网技术的普及应用，一种新型的货币——电子货币产生了。电子货币是通过计算机网络系统，以传输电子信息的方式实现支付功能的电子数据。这些电子数据的取得基于持有人的存款，因此电子货币可以视为信用货币的一种存在形式。电子货币可以像现金和存款货币一样，进行汇兑、存款、贷款和满足消费，并且能够方便地实现与现金的转换。

电子货币的支付即电子支付，2015年10月，中国人民银行发布的《电子支付指引(第一号)》规定：电子支付是指单位、个人直接或授权他人通过电子终端发出支付指令，实现货币支付与资金转移的行为。所谓电子终端，是指用户可用以发起电子支付指令的计算机、电话、销售点终端、自动柜员机、移动通信工具或其他电子设备。

电子支付实质是将银行"电子化"，将需要用现金支付的模式转变为通过电子媒介与银行清算。既可以直接通过网上银行进行支付，也可以借助第三方平台进行支付。因此，不能将第三方支付直接视作电子支付。

▌二、电子支付的类型

(一) 按支付指令划分

按支付指令，可将电子支付划分为POS机支付、网上银行支付、手机银行支付、电话银行支付、银联在线支付、快捷支付等类型。

1. POS机支付

POS，是point of sales的缩写，意思是"销售点"，是一种销售多功能终端。POS机支付就是用POS机处理银行卡的电子资金自动转账以代替现金支付的一种支付方式。

2. 网上银行支付

网上银行支付是指银行通过互联网向签约用户提供的支付服务，用户足不出户就能够进行支付。

3. 手机银行支付

手机银行支付是指利用银行App、移动通信网络及手机终端进行转账、支付业务。

4. 电话银行支付

电话银行支付是银行提供的一种线下支付方式，是银行的签约用户使用固定电话、手机等通话设备，通过银行客服电话，从个人银行账户中完成付款的支付方式。

5. 银联在线支付

银联在线支付是由中国银联联合各家商业银行共同打造的银行卡网上交易转接清算平台，该平台涵盖多种支付方式，银联持卡人无须开通网络银行即可享受便利、安全的网上支付服务。

6. 快捷支付

快捷支付经过最近几年的快速发展，呈现爆发式增长，其中NFC(Near Field Communication，近场通信)支付、闪付、扫码付、声波支付、指纹支付、刷脸支付、虹膜支付等移动快捷支付方式正悄然走进人们的生活。所谓快捷支付，是支付机构和银行通过协议与客户约定，由支付机构代其向银行发送支付指令，直接扣划客户绑定的银行账户资金的支付方式。

快捷支付一般分为移动快捷支付和网上快捷支付两种。下面我们介绍几种常见的快捷支付方式。

(1) NFC支付。NFC支付是将用户日常生活中使用的各种卡片应用(如银行卡、公交卡、校园一卡通、会员卡等)装载在具有NFC功能的手机中(用户需办理NFC手机卡并开通该业务)，用户将手机靠近相应的业务受理终端，即可实现刷手机消费，进而实现手机变钱包的一种新兴支付方式。

(2) 闪付。闪付是用户持有印有"Quick Pass"标识的金融IC卡靠近支持银联"闪付"的非接触式支付终端即可快速完成支付，无须签名和输入密码(一般单笔金额不超过1000元)。目前，全国支持金融IC卡闪付功能的非接触式支付终端已覆盖超市、药房、快餐连锁店、便利店等零售场所，以及加油站、停车场、旅游景点等场所。

(3) 扫码付。扫码付是用户在与支持扫码付的商户进行交易时，使用手机登录相关软件(如微信、支付宝)，在联网状态下，打开扫码支付功能，扫描商户提供的收款二维码，从而完成付款的一种支付方式。作为一种线下收付款业务，在小额支付领域，扫码付以其便利性、通用性而迅速占领线下支付市场份额。

(二) 按组织类型划分

按照组织类型，电子支付可分为金融机构支付和非金融机构支付。

1. 金融机构支付

金融机构支付即电子银行支付。网上银行支付是最早被接受的电子支付方式，它由用户向网上银行发出申请，将银行里的资金直接划到商家名下的账户完成交易，这是将传统的"一手交钱、一手交货"的交易模式照搬至互联网上进行。

早期的网上银行服务促进了电子商务的发展，随着电子商务市场的不断发展，在网络零售业中，普通用户更加倾向具有公信力的第三方参与交易，从而起到监督的作用。目前，在数额较大的B2B交易(企业与企业之间的电子商务交易)中，仍然普遍使用此种支付模式，主要原因是B2B交易最看重的是交易资金的安全，随着交易金额的增大，对第三方机构信誉的要求也越来越高，且B2B支付要求有很快的资金收付速度，对安全性和即时到账要求高。

2. 非金融机构支付

非金融机构支付即第三方支付，是指借助第三方支付机构进行网关选择，其代表主要有支付宝、财付通、快钱、银联在线等。在支付方式上，可将其分为两种：第三方辅助支付和第三方平台支付。

(1) 第三方辅助支付。第三方辅助支付方式除了用户、商户和银行外，还会经过第三方的参与，但是与第三方支付平台不同的是，在此种支付方式中，用户无须在第三方机构拥有独立的账户，第三方机构所起到的作用是使双方交易更方便快捷。以超级网银为例，超级网银是2009年中国人民银行研发的标准化跨银行网上金融服务产品，通过统一的操作界面，用户可查询管理多家商业银行开立的结算账户资金余额和交易明细，登录一个银行的界面可以完成所有银行网银登录，可直接向各家银行发送交易指令并完成汇款操作。超级网银还有强大的资金归集功能，可在母公司结算账户与子公司结算账户之间建立上划下拨关系,通过构建"一点接入、多点对接"的系统架构,实现企业一站式网上跨银行财务管理,以方便企业金融理财操作。

(2) 第三方平台支付。第三方平台是指与各大银行签约,并具备一定实力和信誉保障的第三方独立机构提供的交易支持平台。在通过第三方平台支付的交易中,买方选购商品后,使用第三方平台提供的账户支付货款,由第三方通知卖家货款到达,卖家发货;买方检验物品后,通知付款给卖家,第三方再将款项转至卖家账户。第三方平台支付能够为买卖双方的交易提供足够的安全保障。

在第三方支付机构阵营中,银联在线具有非常特殊的地位。银联在线是由中国银联控股的子公司,成立于2002年3月,它归集了多银行的支付接口,当客户在网上进行支付时,可通过银联的支付网关直接跳转至相应银行的支付接口,进而完成资金支付。从形态上看,银联在线符合第三方支付的某些特点,但由于其特殊性而将其单独列出来。

三、第三方支付的定义及分类

狭义上的第三方支付是指具备一定实力和信誉保障的独立机构,借助通信、计算机和信息安全技术,采用与各大银行签约的方式,在用户与银行支付结算系统间建立连接的电子支付模式。所谓第三方,主要是区别银行的支付职能,其官方称呼一般是非金融(银行)支付机构。之所以称为"第三方",是因为这些平台并不涉及资金的所有权而只是起到中转作用,本质上是一种资金的托管代付,通过提供线上和线下支付渠道,完成从消费者到商户以及金融机构间的货币支付、资金清算、查询统计等系列过程,以此解决消费者与商家之间的"支付信任"问题。

在广义上,根据中国人民银行于2010年6月发布的《非金融机构支付服务管理办法》(以下简称《管理办法》)的规定,非金融机构支付(即第三方支付)服务是指非金融机构在收付款人之间作为中介机构提供下列部分或全部货币资金转移服务,包括网络支付、银行卡收单、预付卡的发行与受理等。

(一)网络支付

网络支付是指收款人或付款人通过计算机、移动终端等电子设备,依托公共网络信息系统远程发起支付指令,且付款人电子设备不与收款人特定专属设备交互,由支付机构为收付款人提供货币资金转移服务的活动。

从具体牌照的角度,可将网络支付细分为互联网支付、移动电话支付、固定电话支付、数字电视支付4种业态。

1. 互联网支付

互联网支付是指通过电脑、手机或平板电脑等,依托互联网发起支付指令,实现用户和商户、商户和商户之间的在线货币支付、资金清算等行为。

2. 移动电话支付

移动电话支付是以手机等移动终端作为工具,以移动通信网络为通道的支付方式。

3. 固定电话支付

固定电话支付是通过增加安全加密和刷卡功能，使普通电话机变成金融终端，用户通过"刷卡电话机+银联卡"，办理各种银行业务。

4. 数字电视支付

数字电视支付系统将电视和银行支付业务有机结合起来，用户可以通过"电视+遥控器"的方式进行银行卡支付，包括基础类业务(数字电视、数据宽带、数字电视交互业务等)及第三方业务(如公共事业费、电子商城等)支付等。

相对于互联网支付和移动支付，固定电话支付和数字电视支付并没有发展起来。

（二）银行卡收单

银行卡收单是指以POS机为介质，通过销售点(POS)终端为银行卡特约商户代收货币资金的行为。持卡人在商户刷卡消费时，先由银行结算给第三方支付服务机构，最终支付给商户。

（三）预付卡的发行与受理

预付卡是指以营利为目的发行的、在发行机构之外购买商品或服务的预付价值，包括采取磁条、芯片等技术以卡片、密码等形式发行的预付卡，如购物卡、会员卡、公交卡等。

如今，第三方支付已不仅局限于最初的网络支付，而是成为线上线下全面覆盖、应用场景更为丰富的综合支付工具，如图2-1所示。本章节重点讨论第三方支付中的网络支付。

图2-1　我国第三方支付业务模式

第三方支付机构主要有三种盈利模式：一是网络支付业务不仅可以赚取交易佣金，还可以获取用户的支付数据，分析用户的消费行为，进而以此为切入点开展互联网金融产业链各环节的衍生业务，提供精准营销等增值服务；二是持卡人通过POS机进行交易，收单业务的参与方可以收取手续费的方式盈利；三是预付卡业务可以赚取手续费和沉淀资金的利息。

自2011年5月起，中国人民银行开始发放第三方支付牌照，即支付业务许可证，先后分8批发放270张牌照，包括互联网支付、移动电话支付、银行卡收单、预付卡受理、预付卡发行、固定电话支付和数字电视支付7个类别，如表2-1所示。2016年以来，监管机构暂停了第三方支付牌照的发放，后来因为违规吊销了3张牌照，之后鼓励同一集团法人进行牌照合并，又减少了12个左右，至2019年剩余的牌照仅有255张。第三方支付企业可以依据业务需求申请其中一项或几项业务，并经中国人民银行核准业务实施地域范围。以支付宝为例，其持有的第三方支付牌照包括互联网支付、移动电话支付、银行卡收单和预付卡发行及受理业务，其中前3项业务可在全国范围内开展，预付卡发行及受理则仅限线上实名支付账户。

表2-1　第三方支付牌照情况

牌　　照	全国性	区域性
互联网支付	95	8
移动电话支付	40	3
银行卡收单	40	20
预付卡受理	16	153
预付卡发行	12	151
固定电话支付	12	1
数字电视支付	3	2

四、第三方支付的特点及优势

（一）第三方支付的特点

1. 第三方支付机构是一个为网络交易提供保障的独立机构

第三方支付机构本身依附于大型门户网站，且以与其合作的银行的信用作为信用依托，因此第三方支付能够较好地突破网上交易中的信用问题，有利于推动电子商务的快速发展。

2. 第三方支付机构对交易双方进行约束和监督

第三方支付机构不仅具有资金传递功能，而且可以对交易双方进行约束和监督。

3. 第三方支付的手段灵活多样

用户可使用网络、电话、手机短信等多种方式进行支付。

4. 第三方支付方便快捷

第三方支付平台提供一系列的应用接口程序，将多种银行卡支付方式整合到一个界面上，负责交易结算中与银行的对接，使网上购物更加快捷、便利。

（二）第三方支付的优势

1. 降低运营成本

第三方支付机构作为中介方，可以促成商家和银行的合作。对商家而言，第三方支付平台可以降低企业运营成本，满足了企业专注发展在线业务的收付要求；对银行而言，可以直接利用第三方服务系统提供服务，节省了为大量中小企业提供网关接口的开发和维护费用,为银行带来了潜在的利润;对支付中介而言,大量的小额电子交易集中形成规模效应,降低了支付成本。

2. 打破银行卡壁垒

每个银行都有自己的银行卡,这些自成体系的银行卡纷纷与网站联盟推出在线支付业务,客观上造成消费者要自由地完成网上购物,必须持有多张银行卡,同时商家网站也必须装有各个银行的认证软件,这样就会制约网上支付业务的发展。第三方支付服务系统可以很好地解决这个问题。

3. 提供增值服务

第三方支付平台提供的交易动态、物流状态、交易处理状态等,可以使电子商务中的买卖双方及时了解交易的相关信息,也为解决售后可能出现的纠纷提供了相应的证据,从而维护交易各方的权益。

4. 保障交易安全

一方面,第三方电子支付平台可以提供资金和货物的风险防范机制,确保交易双方的利益;另一方面,第三方电子支付平台借助一系列安全技术(数字证书、数字签名)与银行的网关相连接,实现互联网上银行系统之间数据的加密传输,信用卡信息或账户信息仅需要告知支付中介,无须告知收款人,大大减少了信用卡信息和账户信息失密的风险,以确保客户账户安全。

第二节 第三方支付的运营模式

2013年之前,第三方支付主要以互联网支付为主,行业的发展由以淘宝为代表的电商引领。2013年之后,智能手机以及4G网络的快速普及大大推动了移动支付市场的发展。一方面,部分互联网端的支付规模转移至移动端;另一方面,人们在线下扫码支付、使用NFC支付习惯的养成推动了移动支付规模大幅增长。第三方互联网支付和移动支付是目前主流的第三方支付方式。

一、第三方互联网支付

从第三方机构的功能及特色来看,第三方支付可分为支付网关模式和支付账户模式。从发展路径与用户积累途径来看,第三方支付的运营模式可以归为两大类:一类是独立的第三方支付模式,如快钱、易宝支付;另一类是依托交易平台的担保支付模式,如财付通、支付宝。两种模式的不同之处在于:第一类主要对接企业客户端,通过服务企业客户间接覆盖客户的用户群;第二类则主要对接个人客户端,将用户资源的优势渗入行业之中。

(一)独立的第三方支付模式

独立的第三方支付模式是指第三方支付平台完全独立于电子商务网站,这类平台仅提供支付产品和支付系统解决方案，不具有担保功能。平台前端联系各种支付方法供网上商户和消费者选择，同时平台后端连接众多银行(2017年后第三方支付平台分批接入网联平台)，由平台负责与各银行之间进行账务清算，并为商户提供订单管理及账户查询等功能。

独立的第三方支付企业最初凭借支付网关模式立足。支付网关模式发展较早，这类企业有独立的运营平台，能为系统前端的网上商户和签约用户提供以订单支付为目的的增值服务，系统后端连接不同银行的专用网络，所以被称为"支付网关"，相当于商户到银行的通道。从整个运营过程来看，支付网关是一个把银行的签约用户连起来的虚拟通道，消费者通过第三方支付平台付款给商家，第三方支付企业为签约用户提供一个可以兼容多家银行支付接口的平台。在支付网关模式中，支付平台是银行金融网络系统和互联网络之间的接口，为有需要的商家提供网上支付通道，但不接触商家。这种模式起源于全球最大的支付公司PayPal。支付网关模式所提供的服务相似度极高，只要攻破技术门槛，模式就很容易被复制，行业同质化竞争相当严重。第三方支付要树立起竞争壁垒，领先于行业，需要依靠"增值服务"为用户提供信用中介、客户关系管理、营销推广等服务。这种增值服务的基础是用户信息，于是可以获得用户注册与登录信息的支付账户模式应运而生。这种模式国内以银联、快钱、易宝支付、汇付天下、拉卡拉、首信易支付等为典型代表。

独立的第三方支付模式的运营平台具有独立网关，灵活性强，主要面向B2B、B2C和C2C市场，为中小型商户或者有结算需求的政企单位提供支付解决方案。该模式能够根据不同企业、不同行业的个性化要求，面向大客户推出个性化的定制支付方案，使客户能够便捷付款，方便行业上下游的资金周转。虽然线上业务规模远比不上支付宝和财付通，但线下业务规模不容小觑。独立的第三方支付的收益主要来自银行收益的分成，根据不同客户提供的产品和服务，以及根据不同的产品和服务收取的年费和交易手续费。

▶ 案例2-1

易宝支付

易宝支付(YeePay.com)是主营B端业务的第三方支付公司。该公司成立于2003年，专注于提供行业整体解决方案，旨在使支付更加便捷、安全、智慧。易宝支付总部位于北京，全国设有30家分公司。

2006年，易宝支付首创行业支付模式，在业内率先推出网上在线支付、信用卡无卡支付、POS支付、一键支付、电子钱包等产品，为航空旅游、行政教育、通信、保险、新零售、跨境、电力等众多行业提供了量身定制的行业解决方案。2011年，易宝支付首批获得央行颁发的支付业务许可证；2012年，易宝支付获得证监会颁发的基金销售支付结算许可；2013年，易宝支付首批获得外管局批准的跨境外汇支付业务试点许可，并完成了全国第一笔跨境外汇支付交易；2016年，易宝支付成为首批苹果公司认证通过的安全支付服务提供商，支持商户App实现Apple Pay服务；2018年，易宝支付独家支持国航电子钱包上线。

在"聚焦关键行业"的战略指导下，易宝支付不断创新，助力传统行业互联网升级。易宝支付以支付为入口和起点，深度把握行业客户的痛点和难点，通过定制化方案以及增值服务，解决支付、结算、账户等一系列问题，帮助客户提升效率、降低成本，推进普惠金融和数字科技发展。通过多年的持续深耕，易宝支付成为银联、网联、中行、农行、工行、建行等近百家金融机构的战略合作伙伴，服务的商家超过100万家。

随着经济全球化和数字金融时代的到来，易宝支付布局并实施全球化战略，与多个国家和地区开展不同形式的合作，全面拓展海外市场，赋能商业变革，领跑支付产业。

资料来源：易宝支付官网. https://www.yeepay.com/.

(二) 依托交易平台的担保支付模式

依托交易平台的担保支付模式是指由第三方支付平台捆绑大型电子商务网站，并同各大银行建立合作关系，凭借其公司的实力和信誉充当买卖双方的支付和信用中介，在商家与客户间搭建安全、便捷、低成本的资金划拨通道。

在担保支付模式中，虚拟账户是核心。因为此类第三方支付平台需要暂时保存买卖双方的交易资金，而交易双方的交易资金记录是通过第三方支付的虚拟账号来实现的。第三方支付平台的每个用户都有一个虚拟账户，记录自己的资金余额，其实背后对应的是该第三方支付平台的银行账户。达成付款意向后，由买方将款项划至其在第三方支付平台的虚拟账户中，其实是将自己在银行的资金转到第三方支付平台在同一银行的账户，从而形成自己在虚拟账户中的资金。此时卖方并不能拿到这笔钱，要等买方收到所购买的商品或者服务，确认无误后，买方再次向第三方支付平台发出支付指令，第三方支付平台扣减买方虚拟账户资金，增加卖方的虚拟账户资金，最后第三方支付平台将自己在银行账户中的资金向商户的银行账户划转以后，卖方才可以从账户中拿到这笔钱。

这种模式实质上是第三方平台作为买卖双方的信用中介，以淘宝网的"支付宝"、腾讯的"财付通"为代表。该模式拥有自身的客户资源，扮演担保中介角色，依据交易双方的交易记录建立交易主体的信誉档案，具有较高的可靠性。该模式面向B2C、C2C市场，向中小企业或者个人客户提供在线支付服务。网络购物的支付问题一直使买卖双方缺乏信任感，这就需要中立于买卖双方、既有技术实力又有担保信用的第三方来搭建这个桥梁，支付宝和财付通即在这种需求下应运而生，它们都是通过各自母公司的电商业务孕育而出的，本是作为自有支付工具出现的，担保支付模式极大地促进了它们依附的电商网站的交易量，电商网站上的消费者也成为支付平台的使用者。担保交易模式所打造的信任环境为第三方支付平台带来了庞大的用户群，这些海量的用户资源为这类第三方支付平台创造了强大的优势地位，这是独立的第三方支付平台难以企及的。

▌二、第三方移动支付

(一) 移动支付的定义

根据2012年12月14日中国人民银行发布的《中国金融移动支付系列技术标准》中的定义，移动支付是指允许用户使用移动终端对所消费的商品或服务进行账务支付的一种服务方式。具体地说，移动支付就是以智能手机等移动通信设备作为用户账户和应用等数据的存储载体和处理工具，利用线上无线通信设备和线下POS机、ATM机等受理终端或线上无线通信网络，实现不同账户之间的资金转移与支付行为。移动支付不等于移动电话支付，移动支付的概念更为丰富。以中国人民银行对网络支付的业务定义为参照，移动支付包括网络支付中的"移动电话支付"和基于移动通信终端的"互联网支付"。

移动支付的存在基础是移动终端(例如手机)的普及和移动互联网的发展，可移动性是其最大的特点。移动支付在业务应用范围上和第三方支付相互交叉(如第三方移动支付)，而近年来我国移动支付发展迅速，移动支付的形式更加多样化，出现了短信支付、NFC近场支付、语音支付、二维码扫描支付、手机银行支付、刷脸支付等移动支付形式。随着互联网技术的深入发展，移动支付因其方便快捷性正在成为重要的支付手段。

移动支付分为在线远程移动支付(远程支付)和线下近端移动支付(近场支付)两种。远程支付是指移动终端通过无线通信网络接入，直接与后台服务器交互，完成交易处理的支付方式。远程支付的典型代表如手机银行支付、微信支付、支付宝支付等。近场支付是指移动终端通过实体受理终端在交易现场以联机或脱机的方式完成交易处理的支付方式，或称之为现场支付。用户在购买商品或服务时，即时通过移动通信终端向商家进行支付，支付处理在现场进行。支付方式有条码(二维码)支付、手机近场支付、声波支付、刷脸支付、无感支付等。

▶ 案例2-2

刷脸支付

近几年，金融科技迅猛发展，其中以刷脸支付为主的支付技术也在不断创新和升级。虽然刷脸支付在实现成本、场景搭建、数据安全方面存在诸多困难，但仍被许多人认为，刷脸支付可能代替二维码支付。

2018年12月13日，蚂蚁金服在支付宝开放日活动上推出了刷脸支付新产品"蜻蜓"。目前，"蜻蜓"已在北京首次落地，并接入多家线下门店，在降低商家接入成本的同时，提升收银效率。

相对支付宝，微信支付的刷脸支付推广则更加低调，并没有大规模宣传。但在家乐福、天虹超市等零售商超均有相关产品落地。与此同时，银联也在2018年12月正式对外宣布，在北京和上海的多家商超推出刷脸支付服务。

总体来看，借助技术手段提升用户体验与保障支付安全是支付行业的必然出路，通过支付创新和技术创新，连接和整合客户、场景、数据等资源，将成为支付企业的核心竞争力。

单从支付行业来看，未来还有更大的进步空间。无论是行业监管规范、支付机构转型，还是支付技术革新等，都将为支付行业甚至整个互联网金融行业带来新的变化。

资料来源：移动支付网. https://www.mpaypass.com.cn/news/201901/08101614.html.

(二) 第三方移动支付的运营模式

按照运营主体的不同，移动支付的运营模式分为以金融机构为主导的运营模式和以非金融机构(第三方)为主导的运营模式。本章主要介绍后者，具体包括三种：移动运营商模式、银联模式、第三方支付机构模式。

1. 移动运营商模式

在移动运营商模式中，由移动运营商在手机账户中设置专门的账户作为移动支付账户，直接从用户的话费中扣除移动支付所需的交易费用。这种商业模式的特点是运营商直接与用户和商家建立连接，无须银行等金融机构的参与，技术成本低。比如，用户下载手机铃声、游戏、小说等服务时，通过SMS或者WAP计费，将费用从用户的手机话费中直接扣除。这也是移动互联网行业中各公司(如新浪网和搜狐网等)进行业务收费时主要采取的模式。在这种模式下，收入主要来源于从商家获得的服务佣金和从消费者处获得的通信费，如果涉及金融机构，还需与金融机构按一定比例分成。

该商业模式的优点是技术实现方便、操作简单；主要缺陷是不适用于支付较大金额。

专栏2-1

三大运营商发展移动支付业务

随着移动终端的普及和不断发展，移动支付已经成为时下使用频次最高的支付手段。众多互联网公司开始建立自身的移动支付平台，其中支付宝和微信逐渐发展成为整个移动支付市场的领头羊。随着移动支付市场规模的进一步扩大，竞争逐渐激烈，三大运营商也纷纷建立起自己的移动支付平台，通过进一步延伸业务边界来提升客户价值，希望利用亿万客户资源的优势掀起移动支付市场的新一轮混战。

三大运营商的移动支付平台分别为中国移动"和包支付"、中国电信"翼支付"以及中国联通"沃支付"。

一、"和包支付"

2017年，"和包支付"总交易额为20 381亿元，突破20 000亿元大关，是2016年的2倍，注册用户已达到2.5亿人，一跃成为央企电商领头羊。

二、"翼支付"

2011年起，中国电信着手布局互联网金融板块，推出翼支付业务并获得央行颁发的第三方支付牌照。此后，电信进一步构建包括"翼支付"在内的"甜橙金融"品牌，探索、创新和实践"通信+支付+金融"差异化商业模式。经过7年的发展，现已拥有超4.5亿用户，其中月均活跃用户数近4000万，商户数超400万，同时支持国内1800多项水电煤气等民生缴费服务。2017年，全年"翼支付"累计交易额近1.6万亿元，同比增长53%。

三、"沃支付"

2016年，联通支付有限公司(简称"沃支付")以支撑主业发展、打造"通信+支付+理财"一体化平台为目标的发展模式初见成效，当年沃支付实现了交易量翻番的目标。截至2018年，"沃支付"年交易额有望突破5000亿元。

从交易额数据可以看出，"和包支付"和"翼支付"的发展规模远在"沃支付"之上，这主要是因为"沃支付"建设发展时间较短，用户规模和合作商户规模均落后于"和包"和"翼支付"。

资料来源：中国互联网金融协会. 中国互联网金融年报(2018)[M]. 北京：中国金融出版社，2018.

2. 银联模式

中国银联是中国银行卡联合组织，通过银联跨行交易清算系统，实现商业银行系统间的互联互通和资源共享，保证银行卡跨行、跨地区和跨境的使用。中国银联独立于银行和移动运营商，利用移动通信网络资源和金融机构的各种支付卡，实现支付的身份认证和支付确认，通过中国银联的交易平台，用户可以实现跨银行移动支付服务。

银联模式的优势在于银联发展规模大。作为我国银行卡信息交换网络的金融运营机构，中国银联已与境内外数百家机构展开广泛合作，全球银联卡发卡量超过46亿张，银联网络遍布中国城乡，并已延伸至亚洲、欧洲、美洲、大洋洲、非洲等150多个国家和地区。银联模式的劣势是无法直接掌握客户这一关键资源，也无法直接控制客户的账户资源。

▶ 案例2-3

银联"云闪付"

2015年12月，中国银联联合20多家商业银行推出"云闪付"移动支付品牌。银联云闪付是中国银联移动支付新品牌，支持智能手机、可穿戴设备及银联IC卡的支付。银联云闪付旗下的产品既能在有银联云闪付标识的销售终端"一挥即付"，也能支持移动互联网支付。"小额免密免签"是中国银联为持卡人提供的一种小额快速支付服务。当持卡人使用具有"闪付"功能的金融IC卡或支持银联云闪付的移动设备，在指定商户进行一定金额(境内300元，境外以当地限额为准)以下的交易时，只需将卡片或移动设备靠近POS机等受理终端的"闪付"感应区，即可完成支付。支付过程中，持卡人不会被要求输入密码，也无须签名。如发生移动设备或IC卡失窃，将对持卡人挂失前72小时内被盗刷消费金额提供赔付。

对消费者而言，使用"云闪付"支付功能，首先，需要拥有一部具备近场支付(NFC)功能的手机；其次，持卡人需在所属银行的手机App中绑定自己的银行卡，生成一张云闪付卡，相当于实体银行卡的"替身卡"；最后，在收银台具有银联"闪付"标识的POS机前，收银员输入支付额度后，消费者只需打开手机并放置在POS机附近，在"滴"的一声后输入密码，就完成了整个支付过程。"云闪付"不需要"解锁、亮屏幕、打开App、扫码"等步骤，直接亮屏即可"刷手机"支付；而扫码支付需要打开微信或支付宝的App，开启摄像头和对应的扫码功能，联网确认后才能完成支付。同时，云闪付卡是一张虚拟卡，它借助云端存储虚拟卡片的关键信息，并进行动态更新，防止主卡信息外泄，保障持卡人的用卡安全。因此，消费者通过"云闪付"可以享受到更加便捷、安全、快速的支付体验。

中国人民银行2015年三季度末公布的数据显示，全国已经具备非接触支付能力的POS受理终端超过700万台。根据中国人民银行早前的部署，到2017年5月，所有的POS终端都将支持非接触支付功能。随着近场支付市场受理环境的改善，拥有硬件厂家、银行支持等制度层面优势的"云闪付"支付方式开始展现其强势的竞争力，而用户支付习惯层面的转移将进一步加强"云闪付"NFC支付的竞争力。中国银联虽然早期未重视移动支付，没有推出具有竞争力的移动支付产品，而导致其在移动支付市场竞争力较弱，但随着NFC支付形式的发展，自身战略重心的转移，再加上银联底蕴的助攻，银联在移动支付的表现令人期待。

资料来源：牛瑞芳.互联网金融基础[M].北京：中国财富出版社，2019.

3. 第三方支付机构模式

第三方支付机构指的是按照有关规定取得中国人民银行颁发的支付业务许可证，被允许从事移动支付的非金融机构。这里的第三方支付机构不包括中国银联，而且独立于移动运营商和银行。第三方支付机构利用移动通信网络资源，与银行或移动运营商开展合作，利用手机客户端软件来实现无线支付，从而提供综合性结算服务。

目前，以支付宝、财付通为主的第三方支付平台正在依靠庞大的用户群不断发展成为控制终端消费人群的支付工具。在这种商业模式下，第三方支付服务的收益来源主要是用户的业务使用费和银行、移动运营商和商户的设备与技术使用许可费，其中收取的用户业务使用费还需与银行及移动运营商进行分成。

相较于前两种运营模式，第三方支付机构模式最大的优点是能利用其支付平台，将移动运营商、服务提供商、金融机构和平台运营商进行明确分工，优化参与者之间错综复杂的关系，从而提高整体运作效率；与各金融机构和运营商开展合作，能为消费者提供跨银行和运营商的移动支付服务。缺点是需要协调各方资源和利益关系，无形中增加了自身的运营成本和工作量，且在市场、资金、技术和能力等方面均对第三方有较高的要求。

▶ **案例2-4**

微信支付

微信支付是由腾讯公司与腾讯旗下第三方支付平台财付通联合推出的互联网创新支付产品，是集成于微信客户端的支付功能，用户通过手机可快速完成支付流程。

微信支付以绑定银行卡的快捷支付为基础，向用户提供安全、快捷、高效的支付服务。从本质上来讲，微信是个前端渠道，后端业务走的是财付通。换言之，微信端完成的是业务场景，支付转移系统等后台处理则为财付通。

下面从工作原理、支付方式、风险管理、微信红包等方面对微信支付进行分析。

一、工作原理

微信支付有两层含义：一是通过第三方支付平台财付通来完成快捷支付，本质上是一种移动创新产品；二是通过微信公众号引导完成支付。

微信支付不仅整合了网络平台与第三方支付公司，同时整合了银行，能够最大限度地满足客户的支付需求。

微信支付的运作流程：微信用户首先要在个人资料里添加银行卡，完成与银行卡的绑定。绑定银行卡时需要填写银行卡卡号、身份证号、姓名、手机号，并通过手机号验证身份。如果以上信息准确无误，即可完成绑定。一般情况下，用户需要设定一个微信支付密码，并且这个密码必须与银行支付密码不同。完成银行卡的绑定之后，就可以进行支付。

微信支付融合了社交网络平台、第三方支付平台和银行，充分利用了社交网络平台的客户优势、第三方支付平台的开放性及银行功能的多样性。

二、支付方式

微信支付自推出之后主要有公众账号支付、扫二维码支付、App支付、刷卡支付、微信买单等多种方式。

1. 公众账号支付

用户在微信中关注商家的公众账号，从中选择自己喜爱的商品，提交订单，在商家的公众账号内完成支付。

该方式适用于在公众号、朋友圈、聊天窗口等完成支付。

2. 扫二维码支付

扫二维码支付分为线上扫码支付和线下扫码支付两种。线上扫码支付是指用户在线上选中某种商品后，会生成一个支付二维码，用户只需要扫描这个二维码，即可在终端确认支付，从而完成整个支付过程。线下扫码支付是指接入微信支付的商家在支付时会在终端生成一个二维码，用户只需要扫描或识别二维码，跳转到微信支付页面，即可完成交易流程。

该种方式适用于PC网站支付、实体店等场景。

3. App支付

App支付即第三方应用商城的支付。第三方应用商城平台只需要接入微信支付，用户便可在其平台进行网络交易时通过调用微信支付功能来完成交易。整个流程：用户在第三方应用商城平台选择商品和服务，通过选用微信支付完成支付。

该支付方式适用于在移动端App中集成微信支付功能的场景。

4. 刷卡支付

刷卡支付是微信5.4版本推出的一项新的支付功能。用户在支持刷卡的商家购物时，商家只需使用带有扫码功能的POS机扫描微信用户的(刷卡页面)二维码、条形码，便可以完成支付的功能。为了资金安全，微信刷卡条形码页面会每分钟自行变换一次，这大大提高了安全支付的保障。微信刷卡可自行选择使用微信零钱包或银行卡支付。

此支付方式适用于线下面对面收银的场景，如超市、便利店等。

5. 微信买单

微信买单是一款商户可自主开通、无须开发的微信支付收款产品，支持顾客使用信用卡支付，其具有如下特点：商户可自助开通，无须开发；顾客扫"收款码"付钱，支持信用卡；店员扫"收款码"可查询收款信息；店员可查看收款通知。

该支付方式适用于无开发能力的商户。

三、风险管理

微信支付面临的主要风险是信息技术风险，具体是指运用微信支付时，由于硬件瘫痪、软件故障、网络病毒、人员操作失误、数据传输和处理偏差以及网络欺诈带来的风险，主要表现为客户账号和资金风险。

对此，不能用单一的技术手段来管理，而是需要建立一套风险监控策略(技术与非技术手段并用)。可用的技术手段有单独设立微信支付密码，与短信以及语音认证相结合，运用大数据分析来验证身份等。此外，当信息技术风险发生时，可及时报警并对可疑行为做出合理处理，为用户账户提供实时保护。非技术手段有保险公司承保及对用户风险教育等，目前微信支付已经由中国人保财险全额承保。

四、微信红包

微信红包是微信于2014年1月27日推出的一款应用，是传统红包、移动通信、社交网络与支付相结合的产物，是互联网金融在社交中的创新。微信红包自推出以来，不断受到用户的追捧，如2017年除夕，微信红包收发数量达142亿个。

资料来源：青岛英谷教育科技股份有限公司，吉林农业科技学院. 互联网金融概论[M]. 西安：西安电子科技大学出版社，2018.

第三节　我国第三方支付的发展

国外第三方支付产业的起源略早于我国，由于各国制度以及市场条件不同，不同国家与地区的第三方支付产业发展存在一定差异。1996年，美国诞生全球首家第三方支付公司，1998年，PayPal公司成立。最初第三方支付公司的出现主要是为了解决电子商务中的支付问题，那时商业银行并不能覆盖个人支付业务。随着2002年PayPal被全球最大的个人与个人之间的电子商务(C2C)网上交易平台eBay收购，第三方支付开始逐渐显示出自身的优势，PayPal也成为全球最大的第三方支付平台。根据PayPal官方网站的数据，其活跃用户超过1亿，并在世界上190个国家及地区开展相关业务，支持币种高达24种。但是，PayPal在中国的发展并不顺利，更多是被用作国际支付工具，这就为国内的第三方支付工具留下了广阔的发展空间。

▍一、我国第三方支付的发展历程

跟随着电子商务发展大潮，国内许多商家开始进入第三方支付领域。总的来说，国内第三方支付的发展大体经历了以下几个阶段。

（一）起步阶段（1998—2001年）

国内率先推行互联网化的金融机构就是银行业，并且在相当长的一段时间内，银行业一直是互联网化程度较高的行业之一。1997年，招商银行率先推出了一网通业务，成为首个开通网络业务的商业银行。此后，中国建设银行、中信银行等也纷纷开通网上渠道。1999年，以eBay和当当网为代表的电子商务企业开始出现，这标志着我国正式进入电商时代。同年，上海环迅和北京首信的成立，意味着中国本土的第三方支付开始萌芽。至此，第三方支付所涉及的三个角色——商业银行、电商平台和第三方支付正式集结完毕。

在这一阶段，一方面，由于商业银行系统安全建设和硬件设施等技术原因，网上银行业务单一，只能提供账户查询等简单信息类服务，并不能真正实现网上支付的功能；另一方面，由于各个商业银行系统相对独立，无法实现跨行资金的迅速清算。所以，第三方支付只能整合不同银行的网关接口，在客户进行支付时，通过第三方支付平台进入其维护的银行支付页面，并没有真正从事第三方支付的业务，而只是充当了一个网银接入口的角色。

（二）成长阶段（2002—2004年）

随着国内互联网用户的不断增加，服务单一的网上银行和不完善的第三方支付平台已不能满足人们对电子商务和网上支付的需求。国内部分大型商业银行在市场的驱动下开始重视网上银行建设，各类型的电子商务平台迅速成长，与此同时，银行卡组织和第三方支付机构也大批进入网上支付领域，并且在银行、银行卡组织和第三方支付公司之间出现了广泛的合作。2002年3月，中国银联成立，旨在实现银行卡全国范围内的联网通用，推动我国银行卡产业的迅速发展。同年6月，银联电子支付服务有限公司正式成立，从此国内出现了面向全国的统一支付平台。

随着电子商务交易额的迅速增长，淘宝网在2003年适时推出了支付宝并创造性地采用了信用担保机制，解决了电子商务网上支付最为关键的问题，即买卖双方互不信任的问题，从而使第三方支付的作用得到用户的认同，第三方支付市场规模迅速扩张。此后，第三方支付公司纷纷效仿，第三方支付业务进入了爆炸式发展阶段，电子商务业务量也突飞猛进，以易趣、阿里巴巴、淘宝网、当当网等为代表的具有较大交易规模的电子商务产业初步形成。

（三）快速发展阶段（2005—2009年）

随着互联网支付用户规模的壮大，整个互联网市场的发展势头强劲，互联网支付市场也实现了快速增长。2005年，腾讯旗下的支付公司"财付通"成立。随后又出现了多家网络支付服务公司，如银联在线、快钱在线等。2005年，中国网民首次突破1亿人；2008年，中国以2.53亿网民数跃居世界第一，互联网覆盖范围广泛，用户规模剧增，同时互联网支付用户也随之增加。由于支付宝的推出解决了电子商务网上支付的关键问题，从2005年起，第三方支付市场规模迅速扩张，每年增长幅度都在100%以上。

为满足用户的多样支付需求，网上支付平台在各应用领域积极拓展，为用户提供了更加全面、便捷的生活服务，用户满意度也随之上升。在这一时期银行最大的转变是真正以客户为中心，因需而变，网上银行业务不断创新，盈利能力增强。

（四）规范发展阶段（2010—2016年）

2010年6月，中国人民银行发布了《非金融机构支付服务管理办法》，规定从事支付业务需要获得第三方支付牌照，也称支付业务许可证，这是中国人民银行为规范第三方支付行业发展秩序而设立的行业准入制度。2011年5月，中国人民银行发放了首批共27张支付牌照，主要以从事全国业务的支付企业为主，包括支付宝、财付通、汇付天下等以互联网支付为主营业务的第一梯队，获批经营预付费卡发行与受理业务的企业仅有7家。同年8月，中国人民银行再度向13家支付企业发放牌照，其中银联在线获批，牌照范围涵盖互联网支付业务、移动电话支付业务。2011年底，中国人民银行又发放第三批支付牌照，三大电信运营商下属支付公司全部实现"持证上岗"，分别是中移动电子商务有限公司、联通沃易付网络技术有限公司以及天翼电子商务有限公司，业务范围集中在移动电话支付、固定电话支付、银行卡收单等。中国人民银行共发出了9批共270张支付牌照，有28张支付牌照因为合并、违规或主动申请而注销。由于支付牌照的颁发，我国第三方支付企业的运作日益趋于规范化。

2015年7月，中国人民银行发布《非银行支付机构网络支付业务管理办法(征求意见稿)》，对第三方支付的业务范围、客户管理、业务管理、风险管理与客户权益保护、监督管理、法律责任等做出明确规定。2015年7月18日，中国人民银行等十部委联合发布的《关于促进互联网金融健康发展的指导意见》中指出，银行业金融机构和第三方支付机构从事互联网支付，应遵守现行法律法规和监管规定。互联网支付机构与其他机构开展合作的，应清晰界定各方的权利义务关系，建立有效的风险隔离机制和客户权益保障机制。要向客户充分披露服务信息，清晰地提示业务风险，不得夸大支付服务中介的性质和职能。

（五）全面监管阶段（2017年至今）

自2017年起，"断直连"及备付金集中存管政策正式出台，第三方支付监管逐步趋严。

早在2013年，监管层就建立了支付机构客户备付金存管的基本框架，第三方网络支付平台进入高速发展阶段。随着银行卡套现、洗钱等风险的增加，2015年底开始，监管层开始对备付金存管活动及支付机构业务连接系统出具规范意见，宣布将逐步取消备付金账户计付利息，且非银行支付机构不设资金池、不得连接多家银行系统。该要点在2017年1月、8月明确。至此，备付金存管及跨行清算活动的监管规则成形，要点有：支付机构将客户备付金全额交存至指定机构专用存款账户，不计付利息；支付机构受理的涉及银行账户的网络支付业务全部通过网联平台处理(切断之前直连银行的模式，即"断直连")，支付行业进入规范有序发展的新时代。

专栏2-2

第三方支付机构接入网联平台

网联平台全名为"非银行支付机构网络支付清算平台"，主要处理非银行支付机构发起的涉及银行账户的网络支付服务。根据中国人民银行支付结算司发布的《关于将非银行支付机构网络支付业务由直连模式迁移至网联平台处理的通知》要求，各银行和支付机构要在2017年10月15日前完成接入网联平台和业务迁移准备工作，自2018年6月30日起，支付机构的网络支付业务必须全部通过网联平台处理。

网联平台一端连接持有互联网支付牌照的支付机构，另一端对接银行系统。在平台统一技术标准和业务规则后，第三方网络支付机构只需要接入网联平台即可。此前，一些第三方支付机构与银行采用直连模式，绕开了央行的清算系统，银行、央行无法掌握具体交易信息，无法掌握准确的资金流向。网联平台被称为"网络版银联"，即线上支付统一清算平台，是在央行指导下，中国支付清算协会组织支付机构共同发起筹建的。目前网联平台有45个股东，央行旗下7家单位持股37%，包括支付宝、财付通在内的第三方支付机构共持有63%的股份。

资料来源：新华网. http://www.xinhuanet.com/info/2017-08/18/c_136535684.htm.

▍二、我国第三方支付的发展现状

2013年以前，网络购物的快速发展逐渐培养了人们线上支付的习惯，第三方网络支付市场兴起。2013年开始，第三方支付机构上线金融、航旅等领域的在线支付功能，网络支付交易规模大幅提升，2013—2016年，第三方综合支付交易规模复合增长率达到110.9%。在这一阶段，面向C端用户的第三方支付机构品牌渗透率占绝对优势地位，并顺势推出信用消费产品；其他支付机构大多针对行业内大客户提供支付解决方案，并建立个人账户体系，发展自有的"电子钱包"。截至2017年，网络支付已经渗入了生活中的各个环节，民生领域线上支付环节也逐步打通。现阶段，随着监管趋严，市场将进入有序发展阶段，第三方支付市场交易规模的增长速度也将初步稳定下来。在市场结构方面，移动支付业务保持高速增长，占比超过70%。此外，跨境电商第三方支付业务增长显著。

（一）互联网支付业务规模有所下降，移动支付业务保持高速增长

2017年，我国非银行支付机构(以下简称第三方支付)共处理互联网支付业务483.2笔，同比下降27.1%；交易总金额达到38.7万亿元，同比下降28.6%。互联网金融属于互联网支付领域主要的支撑行业之一，受监管收紧等因素影响，互联网理财、消费金融等行业规模明显收缩，导致互联网支付规模整体下滑，但头部电商、厂商通过采取销售激励以及开展补贴活动等手段带动交易规模增长。2013—2017年第三方支付机构互联网支付交易规模如图2-2所示。

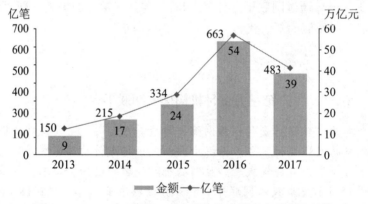

图2-2 2013—2017年第三方支付机构互联网支付交易规模

数据来源：中国支付清算行业运行报告(2018)

与此同时，移动支付业务则呈现高速增长态势。2017年，我国第三方支付机构共处理移动支付业务2392.6亿笔，同比增长146.5%；交易总金额达到105.1万亿元，同比增长106.1%。移动支付业务的快速增长，得益于用户支付习惯的养成，也与不同年代的热点有关。2013年以前，中国第三方支付行业的增速主要由以淘宝为代表的电商引领；2013年余额宝出现后，互联网理财成为新的增长点；2016年，以春节微信红包为契机，转账成为交易规模增长的动力；随着用户线下移动支付习惯的逐渐养成，线下消费支付逐步成为移动支付交易规模新的增长点。2013—2017年第三方支付机构移动支付交易规模如图2-3所示。

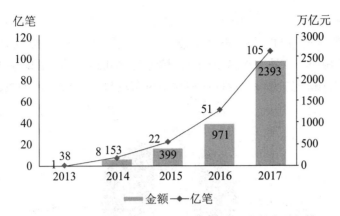

图2-3 2013—2017年第三方支付机构移动支付交易规模

数据来源：中国支付清算行业运行报告(2018)

从业务占比情况来看，2016年互联网支付业务和移动支付业务在网络支付业务中的占比分别为51.6%和48.4%，2017年变为26.9%和73.1%。互联网支付业务和移动支付业务一降一升，表明在网络支付业务发展中，后者对前者的替代作用日益明显，也体现了移动支付强大的生命力和发展潜力。

（二）市场份额集中，呈现寡头垄断局面

从行业内的支付企业的市场份额来看，我国第三方支付的市场集中度较高。来自艾瑞咨询的报告显示，2018年虽然互联网支付在第三方支付市场中占比逐渐下滑，但市场份额仍呈现寡头垄断的局面，支付宝、银联商务、财付通分别以30.4%、18.6%和13.9%的市场份额占据市场的前三位，如图2-4所示。

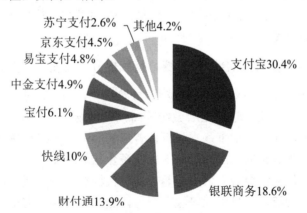

图2-4 2018年第三方互联网支付交易规模市场份额

资料来源：艾瑞咨询. 2018中国第三方支付年度数据发布

从第三方移动支付市场来看，由于人们在日常生活中使用移动支付的习惯已经养成，第三方移动支付渗透率达到了较高水平。移动金融领域的快速发展、线下支付在新场景的进一步渗透或将成为行业规模增长的主要驱动力。艾瑞咨询的报告显示，2018年第三方移动支付交易规模市场份额呈现稳中有升、寡头垄断的局面，市场份额主要被支付宝和财

付通两大支付企业所占领，两者份额达到93.5%。其中，支付宝的市场份额达到54.3%，居于首位，其次是财付通的市场份额为39.2%，而壹钱包(1.8%)、联动优势(0.8%)、京东支付(0.7%)、快钱(0.7%)、易宝支付(0.6%)、和包支付(0.5%)、银联商务(0.4%)、苏宁支付(0.2%)、其他(0.8%)第三方支付企业仅占移动支付市场份额的6.5%，如图2-5所示。

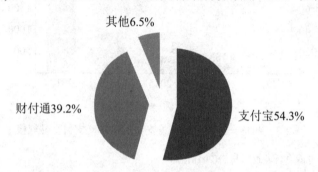

图2-5　2018年第三方移动支付交易规模市场份额

资料来源：艾瑞咨询. 2018中国第三方支付年度数据发布

（三）互联网支付及移动支付业务用户数量稳步增长，市场基础持续夯实

截至2017年末，我国网民规模达到7.7亿人，年内新增网民4074万人；互联网普及率达到55.8%，较上年提升2.6个百分点。网民数量的增长与互联网基础设施的改善，为普通网民向互联网支付用户的转化培育了有利环境。据统计，2017年，支付机构为客户开立的支付账户数量已达41.4亿个，数量较上年增长20.0%。

国家网络基础设施的完善升级以及智能手机的广泛应用普及同样也为移动支付用户增长提供了肥沃土壤。2017年末，商业银行移动支付用户数量达17.0亿户，同比增长25.5%；第三方支付机构移动近场特约商户数量达305.1万户，同比上升88.8%，充分体现了移动支付业务的活跃度。

（四）支付机构着力深耕综合服务领域，持续提升"支付+"内涵

目前，支付市场网络支付业务格局已相对成熟稳定，对C端提供的服务已覆盖到个人衣食住行、投资理财、文化娱乐、生活缴费等高频支付场景。相较之下，B端网络支付业务创新潜在空间较大。在此情形下，支付机构普遍加快产业支付市场布局，以支付服务为工具，进入高附加值服务领域。围绕行业支付、资金结算、业务营销中的痛点，提供支付融资综合解决方案、供应链金融支付服务等。支付机构在为企业提供资金支付服务的基础上，叠加提供分账、融资、信息管理等综合服务，进一步丰富了支付服务内涵，提升了支付机构服务效能和收益，挖掘和激发了支付行业潜在活力。

专栏2-3

打造"支付+金融+数据"的综合服务能力

联通网络支付服务股份有限公司(以下简称联通支付)是中国万象控股有限公司、新华人寿等机构共同投资的基于第三方支付的金融科技服务企业，其获得全类型支付牌照及跨

境支付牌照(包括人民币及外币)的同时，还拥有基金支付及销售牌照。商业保理牌照、互联网小贷公司牌照，为输出"支付+金融+数据"综合服务打下了坚实的基础。

联通支付立足于前景广阔的金融科技领域，紧密围绕各行业客户、金融机构以及个人客户的核心需求，努力打造基于行业场景的综合支付服务体系和基于支付的金融科技服务生态，为银行、保险、证券基金、互联网金融、商务旅店、房地产、教育、汽车、餐饮、商超等多行业提供全方位、定制化的聚合支付和金融服务方案，致力于客户服务升级，努力在价值互联的产业生态网络中为多方创造价值。

资料来源：中国互联网金融协会. 中国互联网金融年报(2018)[M]. 北京：中国金融出版社，2018.

（五）跨境支付业务增长显著，第三方支付机构加速布局

随着跨境电商的快速发展，跨境支付需求不断增长。随着监管层在2013年对国内第三方支付机构放开，以支付宝为代表的支付机构开始发展跨境购物、汇款以及境外移动支付，国内第三方支付机构的跨境互联网支付交易规模迅速增长，2013—2017年，复合增长率达到127.5%。2017年，非银行支付机构跨境互联网支付交易笔数为12.6亿笔，金额为3189.5亿元，分别比上年增长114.7%和70.97%，其中单位客户办理跨境互联网支付业务5.6亿笔，金额1424.7亿元；个人客户办理跨境互联网支付业务7.0亿笔，金额1764.8亿元，存在较大的增长潜力。

专栏2-4

国内互联网巨头布局跨境支付

第三方支付在国内一、二线城市相对饱和，支付竞争激烈，利润逐渐压缩；海外市场没有相对成熟的发展模式，费率更高。在内外因的双重驱动下，第三方支付巨头战场转移至海外，其中支付宝推出最早，先发优势明显；但微信后来者强势，布局速度快；银联利用渠道和合作优势，大拓疆土。

作为国内首屈一指的综合性互联网金融平台，支付宝的国际布局战略代表了我国跨境支付的出海路径。从目前来看，其战略布局包含三个举措，即服务国人出境游、搭建跨境电商以及构建海外金融平台。在服务国人出境游方面，支付宝通过与当地支付机构合作、与退税机构合作两种方式布局海外线下支付业务。前者凭借大量出国游客及支付宝的高渗透率，可以帮助当地商家吸引顾客，深受国外商家及本土支付机构欢迎；后者通过与退税机构合作，优化用户体验。在搭建跨境电商方面，建立"国际版天猫"全球速卖通，通过电商方式推动支付工具的推广。在构建海外金融平台方面，支付宝旨在成为其他国家的"支付宝"，而由于当地牌照限制，多采取收购当地支付机构的方式，并持续提供技术、运营扶持。

目前，支付宝已经在英国、印度、菲律宾、印尼、马来西亚、巴基斯坦、孟加拉国、韩国等国家和中国香港等地区，落地了9个属于本地人的"支付宝"。截至2019年5月，支付宝已与全球250多个金融机构建立合作，一方面为海外商家和用户提供在线收付款服务，另一方面在全球54个国家和地区为中国消费者提供境外线下支付服务。目前，支付宝

在境外的线下支付业务，集合了衣、食、住、行、玩、乐等各个领域的全球数十万商家，并且全球有超过80个机场使用支付宝办理即时退税。

对标阿里的腾讯，在跨境支付业务方面的布局也不落后。目前，财付通的微信支付接入的国家和地区已增至40个，支持13种外币直接结算，有8亿用户绑定自己的银行卡账户，目前在全球范围有大约10亿用户。此外，腾讯提供的机场实时退税服务已覆盖全球80多个机场，回国退税服务覆盖韩国、德国、俄罗斯、意大利等27个国家和地区。2019年1月，微信支付和法国百货公司巴诗威百货合作打造智慧百货，引进微信支付智慧生态解决方案，并发布以"智慧生活零时差"为主题的全球战略；2019年4月，微信与迪拜旅游局、EMAAR集团宣布推出"WeChat go欢迎计划"，推动"小程序+微信支付"在迪拜及哈利法塔落地，中国游客可以用小程序购买门票。

以往国内进行跨境支付的支付机构主要是银联。银联凭借强大的国内银行网络，发展境外刷卡及跨境网购、外贸B2B业务。银联凭借资源优势，在境外的合作网络更加广泛，银联卡受理网络已延伸到168个国家和地区，手机闪付、二维码支付的布局也在加快推广中，目前已得到10多个国家和地区商户的支持。据悉，银联国际与华为合作，将于2019年向俄罗斯市场推出Huawei Pay服务，用户下载并安装华为钱包即可使用华为支付服务。

资料来源：前瞻产业研究院. https://bg.qianzhan.com/trends/detail/506/191021-efb5e578.html.

三、我国第三方支付的发展趋势

（一）产业支付将伴随产业互联网进入快速增长阶段

2016年初至2017年底，个人端独立第三方支付App流量从3亿增长至将近6亿水平，但2018年以来一直波动在6亿上下，无明显上升趋势，C端流量的见顶也进一步促使消费互联网向产业互联网的加速转型。产业互联网的重要前提之一就是产业链条中资金流与信息流的打通，而支付业务本身自带资金流与信息流，因此产业支付与产业互联网本身就是相辅相成的一个关系，由产业支付作为切入点来开展产业互联网业务的商业逻辑是十分顺畅的。

此外，在C端支付市场中，支付宝、财付通两大巨头已占据绝对优势，转向产业端寻求新的增量市场成为其他支付机构的关键突破点。

（二）生物识别技术应用于网络支付，将提升支付便捷性与安全性

指纹、人脸、虹膜等生物识别技术在网络支付领域已不再是陌生词汇。用户在支付环节不需要输入密码，通过对采集到的指纹、人脸等生物特征与数据库中存储信息比对完成验证，简化了认证流程，节省了认证时间，也避免在输入密码时被盗取信息的风险。生物识别技术已应用于App登录时的身份验证环节，部分线下零售店也开始用此技术进行付款。目前，多家市场主体正在尝试将人脸、指纹、虹膜、语音、静脉等生物特征识别技术与其他安全有效的技术手段用于客户身份识别和交易验证，并研究相关信息采集、处理、应用、储存等环节的标准规范。生物识别技术的应用，无疑会提升支付便捷性与安全性。

第四节　第三方支付的风险

　　第三方支付作为一种基于互联网的新兴支付方式，虽然具有快捷、方便、低成本、安全等优点，但它也是一把双刃剑，其蕴含的多种风险与隐患不容忽视。本节主要探讨第三方支付的风险及防范措施。

一、第三方支付的风险类型

　　目前，第三方支付行业的风险主要有操作风险、法律风险、信用风险和技术风险等。

（一）操作风险

　　操作风险是指由于不完善或失效的内部流程、人力和系统以及外部事件所引发的风险。第三方支付作为近几年才发展起来的新兴业态，具有支付场景丰富、支付方式快捷方便的特点，而相关监管政策也处在不断完善之中。第三方支付公司普遍成立时间短，创新产品多，支付功能向多领域衍生，很多公司对业务发展与风险管理的关系认识不足，部分第三方支付企业存在自身管理机制不够健全、内部控制制度不成熟或者相对滞后的问题。有的企业在业务发展过程中"重发展、轻风险"，不首先练好内功，主动加强风险防范，而是钻政策空子、打擦边球，甚至在利益驱使下不惜损害消费者权益，违法违规。截至2019年，央行共注销28张支付牌照。从注销的原因来看，主要有业务合并、严重违规(不予续展)和主动注销三类。

专栏2-5

央行注销28张支付牌照

　　2019年伊始，央行公布了第5批非银行支付机构支付业务许可证续展决定，在全部25家第三方支付机构中，有4家机构不予续展，21家则顺利续期，新一轮有效期将从2018年1月6日至2023年1月5日。

　　中国人民银行有关支付业务许可证续展工作的要求明确，存在两类情形的支付机构，将会面临支付业务类型或覆盖范围被调整甚至不予续展的问题。一类是合规意识弱，风控能力差，存在占用、挪用、借用客户备付金等重大违法违规行为；另一类是公司经营管理不善，或支付业务发展理念不清晰，导致核准的部分或全部支付业务未实质开展过，或已连续停止2年以上。

　　从2011年4月底签发首批第三方支付牌照算起，过去6年多，央行总计发出了271张支付牌照。2015年8月，央行注销3张支付牌照，结束了第三方支付牌照"只发不撤"的历史。从第一批续展决定至今，央行共注销了28张支付牌照，目前市场上存量有效支付牌照为243张。

　　据不完全统计，2018年第三方支付机构收到央行各地的罚单数量127张，其中涉罚金的105张，累计违规罚金及罚没总额已超过2亿元，是上一年罚额的近7倍。

　　针对支付机构的整顿仍在持续，第三方支付市场的洗牌和整合将不可避免。

资料来源：金投网. https://bank.cngold.org/c/2018-01-10/c5597433.html。

（二）法律风险

第三方支付机构是货币资金运行涉及的主体之一，作为金融创新的产物，会不可避免地遭遇法律风险。第三方支付的法律风险是指第三方支付因没有任何法律和政策调整，或者使用现有法律和政策不明确而造成的风险。

1. 沉淀资金及利息的保管和处置

信用担保型第三方支付提供代理收付款项和担保中介的服务，用户可向第三方支付平台设立的虚拟账户进行充值，从而在第三方支付平台形成沉淀资金。另外，支付流程的规定(支付款项在第三方支付平台停留直至买方同意付款)决定了必然会产生沉淀资金。因此，沉淀资金包括两部分：一部分是交易前后暂存在平台里的资金，包括平台虚拟账户内的预存资金，以及交易纠纷产生后在未解决前暂存在平台内的资金；另一部分是交易过程中由于价款收付时间差产生的在途资金。沉淀资金即客户备付金，是支付机构预收其客户的待付货币资金。

关于沉淀资金的法律性质与所有权目前尚无明确规定，在央行发布第三方支付客户备付金的管理规定前，除支付宝将沉淀资金托管于中国工商银行的专门账户外，其他第三方支付机构对沉淀资金有着绝对的控制权，出现大量的挪用等处置行为。如2014年8月，浙江易士企业管理服务有限公司发生挪用客户备付金事件，涉及资金5420.38万元。还有一些支付机构违规占用沉淀资金用于购买理财产品或其他高风险投资；通过在各商业银行开立的备付金账户办理跨行资金清算，变相行使中国人民银行或清算组织的跨行清算职能。第三方支付平台是否具有沉淀资金的处置权限，而这种处置行为是否超越了其经营范围，都存在合法性的质疑。而沉淀资金的保管是否形成存款也尚未定性，若属于存款，则属于银行的业务范围，在中国人民银行将其定位为非金融机构这样的背景下，其经营范围同样面临合法性的质疑。

此外，第三方支付服务商在支付规则中都会规定一个结算周期，从一周到一月不等，无形地延长了沉淀资金的暂存时间，而资金的时间价值体现为利息，这意味着第三方支付平台可以得到一笔定期或短期存款的利息。法律没有关于沉淀资金利息归属的规定。现实中，如阿里巴巴旗下的支付宝在支付规则中规定："本公司无须向您支付此等款项的利息。"第三方支付平台在无处分权利的前提下对这部分利息进行处分，法律正当性有待考量。

2. 非法交易活动监控机制缺失

第三方支付的支付流程设计为套现、洗钱等非法交易活动提供了可乘之机，这使第三方支付平台极易成为资金非法转移和套现的工具。第三方支付公司的客户账户开立大部分是通过网络电子渠道完成的，而不是在传统金融机构的柜台办理的，这种不需要柜台面签的开户方式提高了核查客户身份信息真实性的难度，容易出现不法分子利用虚假账户、自我交易等途径进行洗钱或者套现的风险。

(1) 虚假交易引发的洗钱风险。支付机构普遍存在履行客户身份识别义务不到位的问题，假名账户、匿名账户大量存在，而这些匿名账户的背后，又关联着一些虚构的公司企业等各种经济组织。不法分子通过虚构交易，利用支付账户将资金归集、流转，隐蔽性极强，洗钱风险极大。

(2) 自我交易与套现的洗钱风险。利用支付工具(POS机)套现已是公开的秘密，支付机构也为不法分子的自我交易提供了通道。支付机构对客户准入没有门槛，不法分子利用POS机进行自我交易、套现。由于资金流转过程中多了支付机构这层"中介"，自我交易很难发现。

(3) 非法注资引发的洗钱风险。除了作为支付通道外，支付账户还可以像银行账户一样有理财、储值的功能。客户资金一旦从银行进入支付账户以后，就很难被追踪和监管。不法分子通过支付账户，以购买有价证券、虚拟产品的方式转移资金，监管难度较大，隐蔽性较强，洗钱风险很大。

专栏2-6

第三方支付平台实名制管理存漏洞，沦为洗钱"绿色通道"

2018年，深圳警方破获一起新型电信网络诈骗案，相关涉案团伙在10余天内骗取700多万元，而利用第三方支付渠道洗钱，是这个案件的最后一环。目前，部分第三方支付平台存在账户未实名注册、管理不规范等问题，致使一些账号可以在网络上直接买卖，部分平台沦为电信诈骗团伙套取、漂白非法资金的"绿色通道"。

一、被用来转移赃款，沦为洗钱渠道

据深圳市反电信网络诈骗中心负责人介绍，诈骗团伙利用第三方支付平台转移赃款和洗钱的手段一般有3种，即通过第三方支付平台发行的商户POS机虚构交易套现；将诈骗得手的资金转移到第三方支付平台账户，在线购买游戏点卡、比特币等物品后转卖套现；将赃款在银行账户和第三方支付平台之间多次转账切换，逃避公安追查。

"通过第三方支付平台洗钱，除了及时止付没有更好的办法。"该负责人说，以前诈骗分子是以银行卡对银行卡的方式转款，追查起来相对容易。但现在，诈骗分子先通过银行卡转到第三方支付平台，再从此平台分转至多张银行卡取现。一些第三方支付平台就像一个庞大的"资金池"，已成为电信诈骗团伙套取、漂白非法资金的"绿色通道"。

北京市公安局统计显示，2015年以来，当地成立的打击防范电信犯罪领导小组，累计帮助受害人挽回十几亿元的损失。公安机关调查还发现，七成被骗资金是通过第三方支付平台转移走的。

二、实名制管理存漏洞，账号可买卖

深圳等多地警方在侦查办案中发现，部分第三方支付平台在实名制等管理方面存在漏洞，从而增加了监管和追查的难度。

央行网站显示，2018年4月，我国有243家持牌支付机构。易观数据显示，2017年第4季度，我国非金融支付机构综合支付业务的总体交易规模已达49.66万亿元。

为数众多的支付机构鱼龙混杂。深圳警方在侦查办案中发现，一些第三方支付平台的账号可以在网络上直接买卖，第三方支付账号往往冒用身份信息就可以申请办理，在注册账户时未做到实名制，对相关注册信息、手机号码、身份证号码、营业执照等信息没有尽到核查义务，导致侦查中资金流中断、线索灭失。

资料来源：新浪网. http://finance.sina.com.cn/chanjing/cyxw/2018-04-25/doc-ifzqvvsa8095031.shtml.

（三）信用风险

信用风险也称违约风险，是指因交易对手不愿或不能履行合同而造成的风险。第三方支付机构起到了信用中介的作用，虽然在一定程度上填补了信贷市场的制度缺陷，但同时也增加了信用风险。第三方支付的信用风险又可分为第三方支付机构自身的风险和交易对手风险两种。

1. 第三方支付机构自身的风险

第三方支付机构自身的风险是指因经营不善、风险管理不充分，甚至违规操作，不能履行中介支付和担保作用而产生的风险。第三方网上支付机构掌握了大量买方和卖方的基本信息和交易数据，如果这些数据和信息被其泄露、挪作他用或进行交易，则会给交易双方带来潜在的风险，甚至造成经济损失。第三方的信用支持不仅来源于银行的参与和相关政府部门的监管，更为重要的在于平台所依附的企业"靠山"，如支付宝和阿里巴巴、PayPal和eBay、财付通和腾讯，对于独立第三方支付企业来说，没有可依靠的知名平台做信用背书，信用风险控制则存在一定的缺陷。

2. 交易对手风险

交易对手风险主要是指由于线上支付过程中买卖双方、第三方支付机构及银行各方之间没有完成义务而导致的风险。买方没有履行义务会增加第三方支付机构的运营和征信成本；卖方没有履行义务会导致买方资金、时间成本的损失，也会增加第三方支付机构的运营成本和征信成本，使得机构本身的信用度受损；银行违约会给第三方支付带来流动性风险。

（四）技术风险

技术风险是指电子信息系统(如通信设施、计算机设备、供电设施等)在网上交易支付过程中发生技术故障，或容量、运作不能保障支付业务高效、有序、顺利地进行，使交易不能正常进行，进而带来的损失。第三方支付平台的安全性始终是网上支付的首要课题。客户在第三方支付平台上进行商品交易时，客户的身份、交易情况等信息都会被保存在第三方支付信息系统中，如果支付平台出现安全漏洞，不法分子会利用这个漏洞植入木马病毒，盗取客户的交易密码等重要信息，利用非法手段擅自划转客户资金，导致客户的资金被盗用，带来严重的后果。一些第三方支付机构往往缺乏防范和应对风险的经验，在保护资金安全上缺乏有力的保障机制和保障手段。在新的服务功能上线时，往往只注重第三方作为支付中介功能的创新，忽视了对相关风险治理配套体系的创新，有可能会出现安全隐患。

专栏2-7

第三方支付频现盗刷，风险漏洞敲警钟

近年来，我国支付产品与服务尤其是移动支付不断推陈出新，快速发展，为我们的生活带来了方便，但随之而来的风险也不容忽视。第三方支付客户遭遇盗刷案件频发，第三方支付的风险和漏洞再次引发各方关注。

"微信万余元被盗，如何能安心？"这是一个网友发的微博。该网友称，一夜之间，

他失去了微信零钱包以及所绑银行卡内的万余元。网友质疑，为什么金额这么大的交易不需要验证码，也没有短信通知就通过了呢？

同样，另一网友在《我用十天追回支付宝盗刷款25 000元的奇葩经历》一文中自述，在其本人不知情的情况下，在其绑定的手机保持支付宝登录的状态下，他人使用其他手机不仅顺利登录了其支付宝账号，还发生了两笔大额消费，共计25 000元。事件发生后，支付宝回应称："我们没有第一时间监测到这个风险，导致用户没有及时收到相关安全提醒。"

显然，支付宝并不认为自身安全机制存在"漏洞"，也不认为自身需要为用户遭遇被"盗刷"而承担责任，更不可能会"全额先行赔付"用户损失。

根据2015年7月1日起施行的《非银行支付机构网络支付业务管理办法》第十六条规定，对于类似"登录和注销登录、身份识别和交易验证"等客户网络支付业务操作行为，支付机构应当在确认客户身份及真实意愿后及时办理。而支付宝在客户登录及支付等环节对异常登录及支付验证风险提示不充分，对登录人的真实身份核验不严格，显然违反了上述规定。

支付宝在用户非本人登录账号时未提示，以及登录设备为非常用设备并发生大额支付前未提示等环节存在明显的"漏洞"，是致使用户支付宝账户被他人成功"盗刷"的关键所在。

资料来源：中国经济网. http://finance.ce.cn/rolling/201603/18/t20160318_9588562.shtml.

▌二、第三方支付的风险防范

第三方支付是一个新产业，发展至今不过十余年。和其他产业一样，其发展过程中受到诸多阻碍，未来也不可避免接受更多的风险挑战。第三方支付的风险防范离不开中国人民银行的监督和指导。

2016年以来，为了整治第三方支付乱象，监管层密集下发了支付账户实名制、备付金存管、无证支付清查、"断直连"、条码支付规范等相关政策文件，整顿支付服务市场秩序，化解和防范支付领域风险，通过搭建网联集中清算平台、实施备付金集中存管等方式，引导市场主体回归业务本源，使我国第三方支付行业进入全面监管、规范创新的新阶段。

（一）网络支付实名制，建立账户分类监管制度

经过多轮征求意见之后，备受各界瞩目的《非银行支付机构网络支付业务管理办法》（以下简称《办法》）于2015年12月28日由中国人民银行正式下发，并于2016年7月1日正式实施。《办法》使用差异化监管原则，对支付账户和支付机构实行分类管理，将个人支付账户分为三类，见表2-2。《办法》也从风险管理角度对支付机构提出了明确要求。账户实名制是支付交易顺利完成的保障，也是反洗钱和遏制违法犯罪活动的基础。针对网络支付非面对面开户的特征，强化支付机构通过外部多渠道交叉验证识别客户身份信息的监管要求。

表2-2　个人支付账户分类

账户类别	余额付款功能	余额付款限额	身份核实方式
Ⅰ类账户	消费、转账	自账户开立起累计1000元	以非面对面方式，通过至少1个外部渠道验证身份
Ⅱ类账户	消费、转账	年累计10万元	面对面验证身份，或以非面对面方式，通过至少3个外部渠道验证身份
Ⅲ类账户	消费、转账、投资理财	年累计20万元	面对面验证身份，或以非面对面方式，通过至少5个外部渠道验证身份

资料来源：根据《非银行支付机构网络支付业务管理办法》整理

（二）支付牌照续展审查制度，有助于优胜劣汰长效机制建立

自2016年起，中国人民银行通过建立支付牌照续展审查制度，完善市场准入和退出机制，对经营能力欠缺、经营业绩不良或存在严重违规经营行为的支付机构，通过业务调整、业务合并、不予续展等方式，促使其退出支付市场。自2011年5月起，中国人民银行累计发放非银行支付机构牌照271张，截至2018年7月，中国人民银行已完成六批支付机构的续展审核，未通过续展注销18家，合并11家，全国剩余第三方支付牌照243张，具体审核结果见表2-3。经过续展审查，部分经营能力不足或存在严重问题的支付机构被淘汰出局，有效净化了行业整体环境，推动市场结构优化。

表2-3　第三方支付牌照续展审查情况

审查时间、批次	续展审核支付机构数量/家	未通过续展支付机构数量/家	业务许可范围调整率/%
2016-08-12(一)	27	0	55.56
2016-08-29(二)	12	0	16.67
2016-12-21(三)	53	1	90.57
2017-06-26(四)	93	9	11.83
2018-01-05(五)	25	4	—
2018-07-06(六)	25	4	—

（三）客户备付金集中存管逐步落地，有效维护客户资金安全

一直以来，中国人民银行将支付机构挪用客户备付金列为"监管红线"。在备付金集中存管规定出台之前，第三方支付机构将客户备付金以自身名义在多家银行开立账户分散存放，平均每家支付机构开立客户备付金账户13个，最多的开立客户备付金账户达70个。这些规模巨大且存放分散的备付金，存在被挪用的风险。一些支付机构违规占用客户备付金购买理财产品或其他高风险投资，并通过备付金账户办理跨行资金清算，偏离了提供支付服务的主业。

基于此，中国人民银行持续探索研究防控客户备付金风险的有效机制，将备付金的集中存管作为有效抓手。2017年1月，中国人民银行下发《关于实施支付机构客户备付金集中存管有关事项的通知》(银办发〔2017〕10号)，明确规定自2017年4月17日起，支付机构应将客户备付金按照一定比例交存至指定机构专用存款账户，该账户资金暂不计付利

息。支付机构应该以10%～24%不等的比例交存客户备付金。2017年12月，中国人民银行发文，要求非银行支付机构将客户备付金交存至在央行开立的专用存款账户，备付金交存比例从20%左右逐渐提高至不低于50%。数据显示，截至2018年5月，非金融机构存款(即支付机构交存中国人民银行的客户备付金存款)达5009.23亿元。

2018年6月29日，中国人民银行又下发通知，自2018年7月9日起，按月逐步提高支付机构客户备付金集中交存比例，到2019年1月14日实现100%集中交存。客户备付金集中存管制度的出台和逐步落地实施，从根本上防范了资金挪用风险，保障了消费者资金安全，有利于引导支付机构逐渐摆脱对备付金利息收入的依赖心理，加大支付主业投入创新力度。

（四）"断直连"，促进支付市场公平与效率提升

在直连模式下，支付机构在商业银行多头开户、多头连接，监管部门无法监控资金流向，让诈骗、洗钱等犯罪行为有了可乘之机。2017年8月，中国人民银行支付结算司印发《关于将非银行支付机构网络支付业务由直连模式迁移至网联平台处理的通知》，规定自2018年6月30日起，支付机构受理的涉及银行账户的网络支付业务全部通过网联平台处理，这就是"断直连"，如图2-6所示。

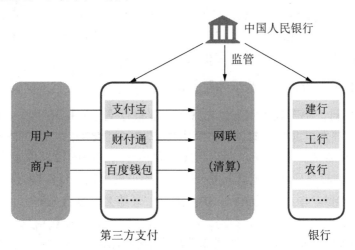

图2-6 第三方支付接入网联平台

"断直连"模式的建立主要出于防风险和反洗钱的监管诉求。直连模式下，支付机构在多家银行开设备付金账户，形成自身资金流动的闭环体系，以自由账户扮演了跨行清算的角色。同时，支付机构可自由支配的备付金是其重要的利息收入来源和银行费率谈判筹码，支付机构主动接入网联的动力有限。这显然不利于打击灰色业务和降低备付金挪用风险。从这一角度看，切断银行直连和备付金全额交存是打击监管套利的一体两面。在接入网联平台后，支付机构将回归支付通道本质，支付机构在灰色地带拓展业务，从监管空白处套利的情形将无法延续。

2018年11月29日，中国人民银行支付结算司下发《关于支付机构撤销人民币客户备付金账户有关工作的通知》(银支付〔2018〕238号)，要求支付机构能够依托银联和网联清算平台实现收、付款等相关业务的，应于2019年1月14日前撤销开立在备付金银行的人民

币客户备付金账户，规定可以保留的账户除外。

2019年1月14日，蚂蚁金服在官网发文称，支付宝积极落实中国人民银行关于支付机构客户备付金集中存管和断直连等相关要求，到2019年1月14日，已经完成断直连、备付金集中存管和备付金账户销户。随后，财付通(微信支付)也发文表示，作为第一家接入网联的支付机构，财付通已按照中国人民银行要求的进度，完成账户备付金100%集中交存央行的工作。

(五) 移动支付相关标准陆续出台，助力提升业务规范性及安全性

2017年，移动支付业务规模的快速增长为消费者提供极大支付便利的同时，也导致隐私信息泄露、敏感数据传输、盗窃诈骗事件高发等问题。对此，中国人民银行陆续出台了多项移动支付标准，规范移动支付业务，有效保护消费者合法权益。

2017年12月，中国人民银行印发金融行业标准《移动终端支付可信环境技术规范》(JR/T 0156—2017)，对提升移动终端支付环境安全、防范电信欺诈起到重要指导作用。随后中国人民银行发布《条码支付业务规范(试行)》的通知(银发〔2017〕296号)，并配套印发了《条码支付安全技术规范(试行)》和《条码支付受理终端技术规范(试行)》(银办发〔2017〕242号)，明确了对于持有互联网支付资质的支付机构，只允许为网络特约商户提供付款条码支付服务，并对条码支付的限额、验证要素等风险控制措施提出了细化要求。这些标准的发布实施促进了支付机构提升业务、技术的安全性和规范性，降低了条码支付市场的内在风险，为支付业务健康发展保驾护航。

(六) 大额交易上报，反洗钱成为监管重点

2018年7月13日，中国人民银行发布《关于非银行支付机构开展大额交易报告工作有关要求的通知》(银发〔2018〕163号)，就非银行支付机构执行大额交易报告制度提出有关要求。文件中明确规定自2018年1月1日起，非银行第三方支付机构(比如支付宝、微信等)对于用户涉及大额交易的，必须上报央行。大额交易上报以反洗钱为核心目的。

2018年10月10日，中国人民银行、银保监会、证监会又联合发布《互联网金融从业机构反洗钱和反恐怖融资管理办法(试行)》，提出互联网金融从业机构反洗钱和反恐怖融资工作的基本义务：一是建立健全反洗钱和反恐怖融资内部控制机制；二是有效进行客户身份识别；三是提交大额和可疑交易报告；四是开展涉恐名单监控；五是保存客户身份资料和交易记录。该办法自2019年1月1日起施行。

当然，推动建设一个可持续发展、健康、共赢的支付安全新生态，主要依靠第三方支付机构本身。在网络环境不断变化的情况下，作为提供支付服务的第三方支付机构，要在支付系统的风险控制上加大研发力度，在客户审核上实行严格准入。第三方支付机构应该在业务创新和防范风险之间寻找平衡点。

此外，良好的支付环境也需要消费者共同营造，需要其不断提升权责意识和风险意识，以合法合理、理性有序的态度参与金融活动，提高日常金融活动的警觉性，自觉远离和抑制非法金融业务活动。

本 章 小 结

1. 电子货币的支付即电子支付，2015年10月，中国人民银行发布的《电子支付指引(第一号)》规定：电子支付是指单位、个人直接或授权他人通过电子终端发出支付指令，实现货币支付与资金转移的行为。电子支付的实质是将银行"电子化"，将需要用现金支付的模式转变为通过电子媒介与银行清算。

2. 按支付指令可将电子支付划分为POS机支付、网上银行支付、手机银行支付、电话银行支付、银联在线支付、快捷支付等类型。按照组织类型，电子支付可分为金融机构支付和非金融机构支付。

3. 根据中国人民银行2010年6月发布的《非金融机构支付服务管理办法》(以下简称《管理办法》)的规定，非金融机构支付(即第三方支付)服务是指非金融机构在收付款人之间作为中介机构提供下列部分或全部货币资金转移服务，包括网络支付、预付卡的发行与受理、银行卡收单、中国人民银行确定的其他支付服务。

4. 第三方支付的优势有降低运营成本、打破银行卡壁垒、提供增值服务、保障交易安全等。

5. 第三方互联网支付的运营模式通常有两种：一是独立第三方支付模式，是指第三方支付平台完全独立于电子商务网站，这类平台仅提供支付产品和支付系统解决方案，不负有担保功能。该模式国内以银联、快钱、易宝支付、汇付天下、拉卡拉、首信易支付等为典型代表。二是有交易平台的担保支付模式，是指由第三方支付平台捆绑大型电子商务网站，并同各大银行建立合作关系，凭借其公司的实力和信誉充当买卖双方的支付和信用中介，在商家与客户间搭建安全、便捷、低成本的资金划拨通道。这种模式以淘宝网的"支付宝"、腾讯的"财付通"为代表。

6. 移动支付是允许用户使用移动终端对所消费的商品或服务进行账务支付的一种服务方式。移动支付在业务应用范围上和第三方支付相互交叉(如第三方移动支付)。随着互联网技术的深入发展，移动支付因其方便快捷性正在成为重要的支付手段。第三方移动支付的运营模式主要包括三种：移动运营商模式、银联模式、第三方支付机构模式。

7. 第三方支付的风险主要包括操作风险、法律风险、信用风险和技术风险等。防范措施是：网络支付实名制，建立账户分类监管制度；支付牌照续展审查制度，有助于优胜劣汰长效机制建立；客户备付金集中存管逐步落地，有效维护客户资金安全；"断直连"，促进支付市场公平与效率提升，等等。

思考题 ▶▶

1. 什么是第三方支付？我国第三方支付包含哪些内容？
2. 简述第三方支付的运营模式，并举例说明。
3. 什么是移动支付？第三方移动支付的运营模式有哪几种？
4. 阐述第三方支付的风险类别及防范措施。

实训题

1. 你在网购时通常使用何种支付方式？简要说明支付程序。
2. 体验支付宝和微信，并列举两者各具有哪些功能。
3. 查找资料说明第三方支付未来的发展趋势及可能面临的问题。

翼支付、百度钱包、云闪付、手机Pay：谁才是移动支付第三极？

当前移动支付首选还是支付宝与财付通，但是随着其他第三方移动支付平台的不断完善，未来移动支付行业将会越来越热闹，第三极即将走进千家万户。

一、得移动支付行业者掌握价值

支付宝与财付通(包括但不限于微信支付)统治中国移动支付行业已经多年，相关数据显示，财付通与支付宝两者在2018年第一季度的市场份额占比高达94%，是当之无愧的王牌。

支付宝与财付通成为王牌不仅靠"先机"，还靠实力。

首先，两者都具有良好的群众基础，支付宝与微信月活跃量都在4亿以上；其次，两者的用户使用体验良好，不仅有快捷支付方式，而且在全国线上线下通用；最后，两者的国际化水平都高于国内同类产品，支付宝支付支持40多个国家和地区使用，财付通也在49个国家完成支付接入。

支付宝与财付通的两强地位依旧无人能敌，但仍然给市场留下了一小部分空间。由于中国移动支付是一块百万亿的大蛋糕，拥有"三大价值"，即便只有6%的市场份额，也足够诞生"第三极"。

一是移动支付行业具有广阔的市场。恒大研究院发布的《2018年中国移动支付报告》数据显示，2018年中国移动支付规模达202.93万亿人民币，近5年平均增速181%，为美国移动支付规模百余倍。

二是移动支付能够增加企业现金流。现金流是企业赖以生存的血脉，不仅能够反映企业的盈利能力，还在一定程度上决定着企业的市场价值，移动支付则具有增加企业现金流的功效。

三是移动支付具有极强的战略价值，移动支付是支付业态的必然发展趋势，商业最终场景都离不开支付，因此手握移动支付能够完善企业的生态系统，在未来商业活动中占据优势地位。

在支付宝与微信高建护城河的同时，涌现出大批第三方支付软件。参与移动支付行业这场突围战的"选手"主要由传统金融机构、电信运营商、互联网企业与手机硬件厂商4类构成。其中，翼支付、百度钱包、云闪付、Huawei Pay和Apple Pay是各自行业中的佼佼者。

1. 翼支付：实惠型

对"第三宝座"发起冲击的有由中国电信主导的翼支付，其在易观千帆的排名仅次于支付宝。相关数据显示，在2019年2月，翼支付的月活跃用户达到2618.1万，用户日活跃也有271.4万。

翼支付能取得今日成绩，内因是其主要推动力，它与其他同类(除支付宝与财付通)相比有两点独特优势：一方面，平台对用户(包括商家)的优惠力度大，翼支付2018年花费60亿元补贴用户，2019年还准备投入200亿元红包资源，这样的优惠力度是明显高于同级别对手的；另一方面，平台的消费场景较广，不仅在线上能够完成日常的消费理财与生活缴费，还能在线下许多消费场景中使用，例如超市购物、加油站加油等。

但是作为新兴移动支付平台，翼支付仍存在一些较为明显的短板亟待补齐，其中有两个较为明显：一是平台中的理财服务虽然较多，但这是优势也是劣势，因为理财产品多就难以保障理财产品的质量，难免出现参差不齐的情况；二是平台用户黏性较低，中国电信公布的2018年12月的主要运营数据显示其移动用户达到3.03亿，但翼支付用户的月活跃用户才2618.1万，用户转化率不足10%。

2. 百度钱包：流量型

中国互联网行业BAT格局持续了多年，移动支付行业怎么能少得了百度呢？2019年，百度接过了阿里与腾讯红包大战的接力棒，依靠春晚红包互动使百度钱包各项数据都迎来了一波增长，全球观众参与百度App红包互动次数达208亿次，粗略估计百度钱包春节期间新增用户超过4000万，百度钱包元气大增。

其实百度钱包与其他同级别选手相比一直都具有一些天然优势。第一个优势就是百度钱包支持的线上消费场景较多。百度钱包依托百度庞大的软件生态圈，基本上涵盖了"吃喝玩乐"等大部分消费场景。

第二个优势是百度具有强大的金融科技能力。百度钱包是度小满旗下第三方移动支付平台，度小满金融是国内顶尖的金融科技平台，其平台的坏账率远低于业界平均值。此外百度钱包还有较高的知名度，除了依托百度与BAT已有的名气外，2019年春晚互动红包使百度钱包知名度更上一层楼。

虽然百度钱包有众多优点，但也存在"偏科"的情况，例如百度钱包的线下支付能力较为薄弱。移动支付包含线上线下两种支付场景，百度钱包支持的线下支付场景较少，除了部分POS外，线下很难看到支持百度钱包支付的商户。

3. 云闪付：中庸型

云闪付在易观千帆的数据活跃度排行中较为靠前，月活跃用户1643.2万，略低于翼支付，但日活跃度居然高达600.9万，是翼支付的数倍。云闪付较高的用户活跃使它也成为不容小觑的移动支付平台。

众所周知，云闪付是中国银联统筹各大商业用户与支付机构推出的第三方移动支付平台，在用户数、跨行操作与支付场景方面具有天然优势。银联官方微博在2018年年底宣布云闪付注册用户已经突破1亿，并且依托银行的用户资源，还有较多的潜在用户可以开发。

同时，云闪付依托银联对银行的整合能力，支持全国所有商业银行间的跨行转账，并且是零手续费。这一优势对有大额支付需求的用户吸引力是支付宝、财付通等其他第三方移动支付平台所不及的。

此外，云闪付在线上线下都支持较多支付场景的使用，在线上支持"衣食住行""缴费理财"等日常消费场景，在线下也支持铁路、民航、全国10万家便利店和商超、30多所高校、100多个菜市场、300多个城市水电煤气等公共服务行业商户使用，并且支持全球10多个国家和地区使用。

虽说云闪付有许多先天优势，但存在使用体验欠佳的问题，主要体现为红包到账慢、日常支付需要打开App才能支付导致消费付款不够方便、App优化不到位导致反应较慢等。

4.各类手机Pay：放养型

除了上述支付平台，手握大量用户资源的手机厂商也打起了移动支付的主意。其中，Huawei Pay、Apple Pay与小米钱包三者较为出色。手机厂商的移动支付平台的最大优势在于具有数量较多的潜在用户，华为、小米、苹果三者2018年累计用户(仅限中国)不低于5亿。

此外，它们还具有另一大先天优势，即App装机率高，自家手机用户装机率高达100%，这一优势是同级别互联网企业、传统金融机构、电信运营商平台都不具备的。而且它们还有硬件支持，三者中端系列以上手机基本上具有NFC功能，这使它们的移动支付平台使用起来更加方便、快捷。

不过，它们的短板也较其他同级别选手更加明显：一是这三大移动支付平台缺乏核心竞争力，平台功能与市面上主流移动支付平台雷同，甚至功能与体验低于这些主流移动支付平台；二是产品同质化严重，用户转化率较低，例如华为虽然坐拥数亿用户，Huawei Pay的装机量也超过3亿，但根据易观千帆2019年2月的数据，其月活跃用户才8.5万，用户转化率不足1%。

二、移动支付行业变化有限

综合以上分析，未来1～3年内，中国移动支付行业将迎来两大趋势。

一是短期内微信和支付宝两强地位仍然无可撼动，虽然目前4个新的支付平台均有所建树，但是在线上线下支付场景的丰富性与易用性以及用户黏性三方面都与两强存在数十倍甚至百倍的差距。

二是国内用户对移动支付平台的可选项将会有所增加。虽然翼支付、云闪付等4个移动支付平台整体落后于支付宝与财付通，但是在部分垂直领域也具有一定优势。例如，云闪付在大额支付与跨行交易方面比支付宝与财付通有优势，各类手机Pay在支持NFC支付场景下的便捷性也优于支付宝与财付通，百度钱包与翼支付在各种领域的某些特定场景也较两强具有优势。在移动支付领域，用户拥有更多选择。

资料来源：众筹家. http://www.zhongchoujia.com/zhuanlan/article/31879.html.

第三章
网络借贷

案例导读▶▶

央行：P2P平台已于2020年全部清零

央行副行长陈雨露在国新办新闻发布会上表示，2020年防范化解金融风险攻坚战取得重要阶段性成果，P2P平台已全部清零，各类高风险金融机构得到有序处置。

我国P2P网贷发展历史不过十几年，自2007年至今历经萌芽期、野蛮扩张期以及整顿规范和清退期。据统计，过去13年间，先后有1万多家P2P上线，高峰时同时有5000多家运营，年交易规模约3万亿元，坏账损失率极高。

作为互联网金融创新产品之一，P2P小额借贷的社会价值主要体现在满足个人资金需求、发展个人信用体系和提高社会闲散资金利用率等方面。但由于资产端乏力、监管端不足等原因，造成大量P2P平台爆雷，诈骗、高利贷、卷款跑路、套路贷、恐吓要债等乱象丛生。

2018年，580家P2P网贷平台爆雷，投资者损失惨重。同年8月，全国P2P网贷整治办下发《关于开展P2P网络借贷机构合规检查工作的通知》，要求以12月末为限，所有P2P都须走完"机构自查、自律检查、行政核查"三道程序。

党的十九大报告提出，健全金融监管体系，守住不发生系统性金融风险的底线。如今，在国家的大力监管下，P2P行业最终以清退为结局，退出历史舞台。

资料来源：东方财富网. http://finance.eastmoney.com/a/202101151777537832.html.

网络借贷是指通过互联网平台完成资金借贷，实现资金融通的过程。网络借贷包括个体网络借贷(即P2P网络借贷)和网络小额贷款。鉴于P2P网贷平台已被清退，本章重点介绍网络小额贷款。

第一节　网络借贷概述

▌一、P2P网络借贷

(一) P2P网络借贷的定义

P2P 即英文 peer to peer 的简称，是一个互联网概念，表示互联网的端对端信息交互方式和关系发生特征。该交互是在对等网络中实现的，不通过中间工作站平台。P2P在互联网金融领域常用来代表P2P网络借贷，即点对点(个人对个人)借贷，它是指资金需求方和供给方依托P2P网络借贷平台，将自己的投资或借贷需求发布在平台上进行匹配、确立借贷关系并完成相关交易手续。在P2P网络借贷中，借贷双方的信息获取和资金流向脱离了传统的资金媒介。从这个意义上讲，P2P网络借贷包含在"金融脱媒"的概念里，其本质与民间借贷一致，属于直接融资，其基本运作原理如图3-1所示。

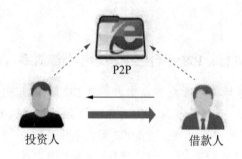

图3-1　P2P基本运作原理

在该模式中，存在一个中间服务方——P2P借贷平台，主要为网络借贷双方提供信息流通交互、信息价值认定和其他促成交易完成的服务，但不作为借贷资金的债权债务方，即使有些P2P平台通过相关形式(银行或第三方支付平台账户)提供了资金的中间托管结算服务，也依然没有逾越"非债权债务方"的边界。

P2P网络借贷起源于英国。2005年3月，Zopa在英国开始运营。Zopa全称为英国Zopa网上互助借贷公司，Zopa是"可达成协议的空间(zone of possible agreement)"的缩写。Zopa的创立者为理查德·杜瓦(Richard Duvall)、詹姆斯·亚历山大(James Alexanderl)、萨拉·马休斯(Sarah Matthews)和大卫·尼克尔森(Dave Nicholson)4位年轻人，他们曾经发起组建了英国最大的网上银行——Egg银行。随后，这4位年轻人突发奇想，既然银行都可以无抵押给个人贷款，能不能撮合个人和个人之间直接借贷呢？于是他们创办了全球首个P2P网络借贷平台——Zopa。

在Zopa网站上，投资者可列出金额、利率和想要借出款项的期限，而借款者则根据用途、金额搜索适合的贷款产品，Zopa向借贷双方收取一定的手续费。

Zopa的成立标志着P2P网络借贷市场的正式出现，大大改变了借贷市场的面貌。网络借贷很快在科技发达的美国发展开来。2006年2月，在美国成立的Prosper是目前世界上最大的P2P网络借贷公司。美国的Prosper和英国的Zopa作为全球P2P网络借贷的领军公司，在P2P网络借贷行业中享有很高的声誉。

(二) 我国 P2P 网络借贷的发展历程

P2P网贷行业在我国的发展历程大致可以分为4个阶段，即起步阶段、爆发阶段、规范阶段和整顿阶段。

1. 起步阶段(2007—2011年)

我国最早的P2P网络借贷平台(拍拍贷)成立于2007年，红岭创投、人人贷等平台也相继在这一阶段出现。在早期，这些平台基本借鉴国外P2P平台的模式，以信用借款为主。但是我国征信体系比较落后，同时平台之间数据并不共享，出现了一名借款人可以在多家平台上重复借贷的问题，最终以高坏账率收场。截止到2011年底，全国网贷平台约为50家，其中活跃的平台只有不到10家，月成交金额约为5亿元，有效投资人约有1万人。

2. 爆发阶段(2012—2013年)

这一时期的P2P平台数量呈爆发式增长。在两年内，P2P平台从2012下半年开始几乎以300%的速度爆发式增长，到了2013年底，P2P平台达到800家。受民间借贷危机的影响，一些具有民间线下放贷经验又关注互联网发展的创业者开始涉足P2P行业。截止到2013年底，P2P行业的月成交额约为110亿元，活跃投资人为9万~13万人。

3. 规范阶段(2014—2015年)

这一阶段的P2P行业大受风投青睐，仅2014年一年，就有30多家P2P平台获得风投融资，金额大多在数千万元级别，其中也有亿元融资。大量风投的进入在某种程度上表明了资本市场对P2P行业的认可。不过，在P2P平台数量激增的同时，跑路、诈骗平台也不断被爆出，仅2014年就被爆出275家问题平台。

2014年，中国人民银行发布《中国金融稳定报告(2014)》，要求P2P和众筹融资坚持平台功能，不得变相搞资金池，不得以互联网金融名义进行非法吸收存款、非法集资、非法从事证券业务等非法金融活动。2015年，《关于促进互联网金融健康发展的指导意见》《最高人民法院关于审理民间借贷案件适用法律若干问题的规定》等一系列政策制度的出台，使P2P网贷平台运营有法可依，P2P网贷行业走向阳光化。

4. 整顿阶段(2016—2020年)

2016年之前，由于P2P行业缺乏监管，滋生了大量非法经营的问题平台。随后监管政策出台，政策收紧，问题平台资金链断裂，P2P网贷行业频频爆雷，大批投资人血本无归。在此背景下，银保监会等部门开始系统性地对P2P网贷机构进行清退，陆续出台了针对网贷行业合规整顿的监管文件。2016年8月，银监会发布《网络借贷信息中介机构业务活动管理暂行办法》。这一文件不仅明确了P2P的定位，同时也标志着行业进入监管时代。随后，监管部门陆续出台《网络借贷信息中介机构业务活动信息披露指引》《网络借贷信息中介机构备案登记管理指引》《网络借贷资金存管业务指引》。网贷行业的监管体系制度正式形成，这些监管文件被行业人统称为网贷行业的"一个办法三个指引"。

2017年12月8日，P2P网络借贷风险专项整治工作领导小组办公室下发《关于做好P2P网络借贷风险专项整治整改验收工作的通知》，要求各地应在2018年4月底前完成辖内主要P2P机构的备案登记工作，6月底之前全部完成。2018年，P2P网贷相关的监管工作几乎都是围绕"整改验收"的主基调进行的。

2017—2019年，许多曾经的头部网贷平台不断爆雷，千亿庞氏骗局的瓦解，导致市场恐慌情绪开始蔓延。此刻，监管机构已看见网贷行业将增加金融行业的风险，一个P2P平台倒下会涉及数百千亿的资金，极易影响社会安定。

2019年，网贷行业专项整治进入深水区，头部平台纷纷离场，各省专项整治工作紧锣密鼓地进行，退出和转型逐渐成为行业主旋律。2019年下发的《关于网络借贷信息中介机构转型为小额贷款公司试点的指导意见》规定，在合规、股东、转型方案等方面符合条件的网贷机构，可以按照经营范围选择申请转型为单一省级区域经营或全国经营的小额贷款公司。但从条件来看，仅有少数平台才能成功转型为小额贷款公司。2019年底，全国正常运营的P2P平台数量从最高峰时的5000家降至343家。

进入2020年，国家加大了对P2P网贷平台的专项整治力度，强调在2020年彻底化解互联网金融风险，建立完善互联网金融监管长效机制。全国各地加快了对P2P网贷平台的专项整治和清退步伐。截至2020年6月末，全国实际运营的P2P网贷机构降至29家，于同年11月中旬全部清退。

▌二、网络小额贷款

（一）网络小额贷款的定义及其由来

根据2020年中国银保监会和中国人民银行等部门发布的《网络小额贷款业务管理暂行办法(征求意见稿)》的规定：网络小额贷款(以下简称"网络小贷")业务，是指小额贷款公司利用大数据、云计算、移动互联网等技术手段，运用互联网平台积累的客户经营、网络消费、网络交易等内生数据信息以及通过合法渠道获取的其他数据信息，分析评定借款客户信用风险，确定贷款方式和额度，并在线上完成贷款申请、风险审核、贷款审批、贷款发放和贷款回收等流程的小额贷款业务。

小额贷款起源于20世纪70年代孟加拉国著名经济学家穆罕默德·尤努斯教授的小额贷款试验。尤努斯教授针对穷人很难获得银行贷款来摆脱贫穷现状的问题，成立了互助组织并建立小额贷款模式。1994年，小额信贷的模式被引入我国。起初，它只是国际援助机构和国内NGO针对中国政府1986年开始的农村扶贫贴息贷款计划中存在的问题而进行的一种尝试。从1996年开始，小额信贷受到政府重视，进入以政府扶贫为导向的发展阶段。到1998年底，仅联合国系统组织在华援助的小额贷款项目资金就达300万美元。2000年以来，以农村信用社为主体的正规金融机构开始试行并推广小额贷款，我国小额贷款发展开始进入以正规金融机构为导向的发展阶段。2005年10月，我国在5省成立了小额贷款公司的试点。

2008年5月，由中国人民银行和中国银监会出台《关于小额贷款公司试点的指导意见》(以下简称《指导意见》)。《指导意见》中规定，小额贷款公司是由自然人、企业法人与其他社会组织投资设立，不吸收公众存款，经营小额贷款业务的有限责任公司或股份有限公司，并规定小额贷款公司的主要资金来源为股东缴纳的资本金、捐赠资金，以及来自不超过两个银行业金融机构的融入资金。同时规定贷款利率由借贷双方在限定范围内自主协商，最高不能超过中国人民银行规定的同期基准利率的4倍。小额贷款公司在发展农村金融和中小企业、规范民间借贷以及促进金融市场多元化方面发挥了重要的作用。

2010年，阿里旗下的浙江蚂蚁小微金融服务集团有限公司牵头在杭州设立浙江阿里巴巴小额贷款股份有限公司，该公司可为阿里体系内的所有电商用户提供小额贷款服务。自此，国内首家真正意义上的网络小额贷款公司(以下简称"网络小贷公司")诞生。随后，重庆、广州、北京、上海、江西、湖南、宁夏、青海、陕西等地纷纷允许具有网上消费场景或相应互联网技术的企业发起设立网络小贷公司。此后，京东、百度、腾讯、携程、唯品会等一大批头部互联网公司利用自身的数据和技术优势进入网络小额贷款领域。

目前，设立网络小贷公司所需的条件由各地金融监管部门自行制定，资质要求较高，但政策标准不一，差异主要体现在注册资本、实缴资本、发起人资质、持股比例等方面，政策宽松的地区成为聚集地。网络小贷仍处试点阶段，数量较少，且呈扎堆现象，广州居于首位，重庆位列次席，数量明显高于其他城市，活跃度与当地鼓励政策和优惠政策有关，由此也引发多家公司注册在外地但营业主体和主要客户来源在别处的情况。

2017年11月21日，互联网金融风险专项整治工作领导小组办公室发布《关于立即暂停批设网络小贷公司的通知》，明确要求各级小额贷款公司监管部门一律不得新批设网络(互联网)小贷公司，禁止新增批小贷公司跨省(区、市)开展小额贷款业务。

据统计，截至2017年11月网络小贷公司停止审批，市场上共有网络小贷牌照249张，其中完成工商注册的229张，已过公示期但尚未完成工商注册的网络小贷牌照20张。从地区来看，网络小贷牌照数量主要集中在广东、重庆、江西地区，这三个地区获得的牌照数量分别为54张、43张、20张。

(二) 网络小额贷款的特征

1. 与传统小额贷款公司相比

与传统小贷公司相比，网络小贷具有如下特征。

(1) 产品针对某一场景、特定领域或特定行业。网络小贷的产品一般没有显著的地域性差异，而是依托成熟、标准化、成规模的产业链、业务领域或客群进行设计。网络小贷业务中，除"现金贷"以外，多数产品是嵌入在场景或业务流程中的。以消费分期产品为例，借款人在购物过程中选择是否使用分期产品，而不是单独到网络小贷公司的网站上申请贷款。而传统小贷公司通常会选取当地有一定规模和特色的业务作为一类产品，产品设计带有一定的地域性特征。

(2) 以信用贷款为主。由于抵押类业务需要对抵押物进行现场尽调、评估，办理抵押手续等，并涉及抵押物监管和定期检查等工作，无法在线上操作，且办理周期较长，不适用于网络小贷业务模式，故网络小贷业务中极少出现抵押类业务。网络小贷的产品以小额信用贷款为主，有效降低了小微企业的授信门槛，节省了小微企业的融资成本，提高了融资效率。

(3) 构建了以大数据为核心的信用评价体系。网络小贷模式的核心竞争力就在于电商平台积累了海量的客户信息和交易数据。电商平台将客户的电子商务经营数据转化为信用评级信息，并可以作为发放贷款的依据，改变了以往传统金融机构重"硬信息"轻"软信息"的信贷审批。

信用数据来自三个渠道：一是贷款客户在电子商务平台进行经营交易时形成的内部数据，包括企业的注册与认证信息、物流数据、信用评价、资金流数据、历史与实时经营信息等；二是贷款客户向电子商务平台申请贷款时提交的信息，包括企业财务信息、管理层私人信息等对贷款审批有影响的相关信息；三是为降低违约风险，电商平台可以适时引入一些外部数据，如央行征信系统、工商、税务、海关等数据以及在社交网站上的行为信息等。网络小贷公司一方面扩大信用评估数据来源，另一方面构建了完全不同于传统金融机构的信用评价体系，改变了传统信贷审批的信用标准，将互联网技术融入放贷过程中，大大拓展了金融服务的边界，达到了普惠金融的目的。

(4) 业务流程网络化。网络小贷模式彻底实现了融资全程网络化，包括贷款申请、审批调查、授信与回收贷款，突破了传统审批放贷的流程，精简放贷环节，更好地满足了小微企业对融资时效的要求。由于网络化的特点，凡是在电商平台上经营业务或是在电商平台供应链上的小微企业，都可以在线申请贷款，跨越了时空地域的障碍，扩大了经营范围。

相比于传统小贷公司，网络小贷公司还具有诸多优势，如突破了区域限制，可在全国范围内放款；无最高持股比例限制，允许独资设立；可向银行、小额再贷款公司等机构融资；支持债权转让，可登陆资本市场；依据各地区规定，可享受相应惠企政策等。

2. 与消费金融公司相比

与同样开展互联网贷款业务的消费金融公司相比，网络小贷公司在客群、产品、场景、风控等方面有相似之处，但在资金来源和部分监管要求方面存在不同。

(1) 共同点。一是依托消费场景，将贷款业务嵌入电商消费、家居租房、医疗健康、教育培训、社交网络等具体互联网业务中。二是有部分相同的产品，如现金分期和消费分期类产品。三是风控手段相似，均采用大数据建模分析客户信用风险并进行授信。四是贷款业务小额分散，由于与具体消费场景结合，贷款业务具有发生频率高、金额低的特点。

(2) 不同点。一是资金来源及经营范围不同。网络小贷公司主要运用自有资金或通过银行融资、资产证券化等方式发放贷款，或者与银行联合发放贷款，资金来源较窄；而消费金融公司可以通过发行金融债券、同业拆借方式吸收资金。二是服务对象不同。消费金融公司的服务对象仅为个人；而网络小贷公司的服务对象并没有限制，既可以是个人，也可以是企业。网络小贷公司可面向企业发放贷款，多以供应链场景为主，为处于互联网业务生态的中小企业提供应收账款融资、票据融资、仓单融资等服务。三是监管主体不同。消费金融公司由银保监会批设并统一监管，属于经营范围明确的持牌金融机构；而网络小贷公司则由银保监会和地方金融监管部门双重监管，银保监会制定网络小贷的监督管理制度和经营管理规则，各地金融监管部门负责网络小贷的审查批准、监督管理和风险处置。

(三) 网络小额贷款的业务类型

1. 消费金融类

消费金融类网络小贷主要包括现金分期和消费分期。

现金分期产品属于个人消费类贷款的一种，与业务场景无关，也没有指定的贷款用途。现金分期类产品单笔额度低，借款期限灵活，放款效率极高，是一种纯信用类产品，如阿里的"借呗"、京东的"金条"等。

消费分期产品是指与电商平台或线下销售平台合作，为客户提供购买产品或服务时的分期付款服务。消费分期类贷款一般集成在支付流程中，操作简便，也是一种纯信用类的贷款，如蚂蚁"花呗"。消费分期类贷款与电商平台紧密结合，一般会将购物及贷款的业务流和信息流打通，让客户在支付时，很便捷地使用分期服务，客户体验较好。在风险控制方面，电商平台主要是根据对接的大数据以及平台上客户的历史交易记录，为客户计算授信额度。

2. 供应链金融类

供应链金融类产品是依托供应链业务的各个环节，为供应链上的各参与主体以各种方式提供融资的贷款产品。供应链金融类产品额度比现金分期和消费分期显著提高，借款期限和还款方式灵活，利率适中。供应链金融类产品既有信用类，也有质押类。网络小贷公司在做供应链金融类产品方面有极大的优势。供应链金融服务的对象一般是核心企业及其上下游、电商平台商户及其上下游以及物流公司的客户等。这些企业和商户分散在全国各地，受传统金融机构以及传统小贷公司的区域经营限制，不适合开展链条式业务，管理流程较为复杂。

3. 企业经营类

线上开展企业信用类的贷款业务难度较大，网络小贷公司根据企业的基本信息以及纳税信息等，进行企业风险评估，从而确定授信额度，为企业提供贷款。

其他类业务，如"工薪贷""公积金贷"等，本质上都属于现金分期类产品，只是这类产品相当于对借款人的资质进行了审核。

（四）网络小额贷款在金融市场中的作用

网络小贷为被排斥在传统融资渠道外的借款人提供了一个融资平台，在拓宽民间融资渠道、增加民间借贷的资金供给量、促进民间借贷规范化方面发挥了积极的作用。

1. 拓宽民间融资渠道

借款人通过网络借贷模式，可以按照自己的实际需求借款，在借款金额、利率、期限、贷款方式、还款方式等方面提出个性化的要求。而大多数的小贷平台也提供了种类繁多的贷款产品，比如信用贷款、担保贷款、委托贷款、供应链金融、消费贷款等，借款人的选择更多，自主性更强，可以根据自己的实际需求进行选择。相比于传统融资渠道，被动接受金融机构的借款金额和借款条件，借款人的融资自主性大大增强，改变了以往在融资过程中的消极被动局面，拓宽了民间融资渠道。

2. 增加民间借贷的资金供给量

数据显示，截至2018年3月，全国互联网小额贷款公司贷款余额约为1121.01亿元，占全国小额贷款行业贷款余额的11.64%。互联网小额贷款公司贷款余额最多的地区分别是广东省，为226.72亿元；其次是重庆市，为192.47亿元。全行业平均贷款余额约4.35亿元。可以说，网络小贷进一步增加了民间借贷的资金供给量，为服务实体经济提供了资金条件。

3. 促进民间借贷规范化

网络借贷平台为借款人提供的短期小额贷款实质上属于民间借贷性质。我国正规金融体系覆盖广度和深度的不足，导致民间借贷市场规模巨大。但长期以来，民间借贷资金缺乏高效、合规的投融资渠道，并游离于正规监管体系之外，民间高利贷盛行，易引发非法金融活动。网络借贷行业的规范发展为数额庞大的民间借贷资本提供了合法化、合规化、阳光化的投资途径，使其能更好地服务小微实体经济。

第二节　网络小额贷款的运营模式

网络小贷的运营模式主要有平台金融模式、供应链金融模式和消费金融模式。

一、平台金融模式

平台金融模式通常是电商小额贷款采取的一种运营模式。在电商平台上聚集了大大小小众多商户，电商小贷公司可凭借平台多年的交易数据积累，利用电商小微数据库和信用记录，完成对贷款客户的信用审核、放贷。该模式以阿里巴巴小额贷款(以下简称"阿里小贷")为典型代表。

(一)阿里小贷简介

阿里巴巴于2010年及2011年先后成立了浙江阿里巴巴小额贷款股份有限公司及重庆市阿里巴巴小额贷款有限公司，注册资本分别为6亿元及10亿元。阿里小贷正式成立，开始向部分城市的淘宝或阿里巴巴的电商企业放贷。2013年，阿里巴巴又在重庆成立了阿里小微小额贷款公司。据阿里巴巴发布的数据，截至2016年底，阿里小贷为500万家以上中小微企业发放贷款，共计8000多亿元，在中小微企业的服务和生产链条中起着不可替代的作用。

2014年10月，服务于小微企业的蚂蚁金融服务集团成立。阿里集团的浙江网商银行于2015年6月正式成立，成为我国又一家为小微企业提供融资支持的互联网银行。网商银行采取小存小贷的业务模式，以满足小微企业和个人消费者的投融资需求，主要提供20万元以下的存款产品和500万元以下的贷款产品。在未来一段时间，浙江网商银行与阿里小贷并行，为小微企业和普通消费者提供金融服务。

(二)阿里小贷的运营模式

阿里小贷是依托阿里集团的电商平台和数据平台基础发展起来的新型小微融资模式，如图3-2所示。阿里小贷依靠阿里巴巴、淘宝、天猫电商平台上的交易数据建立电商小微数据库和信用记录，这既是阿里金融的核心资源，又是阿里金融为小微企业客户进行信用评估的决策依据。同时，阿里巴巴B2B，淘宝、天猫等B2C、C2C电商平台以及支付宝平台的注册用户又为阿里金融提供了丰富的潜在客户资源。

阿里海量数据主要来源于三个方面：一是电商平台数据。依托三大电子商务平台即阿里巴巴、淘宝网以及支付宝每一次交易活动产生的各种数据，如交易情况、物流情况、店铺与商品评价情况和投诉纠纷解决情况等相关数据，这些电商交易数据成为阿里数据平台的主要数据。二是贷款申请数据。小微企业申请贷款时，需要提交企业经营业务、资产负债相关情况，和个人家庭情况、配偶、学历、收入、住房贷款等系列配套相关信息。三是外部数据，主要指社交网络平台数据、搜索引擎数据和对外网络平台采集和整合的数据。

通过对上述数据反复进行大数据模型的推演和验证，阿里小贷建立了一套针对小微企业无须抵押和担保的"征信体系"和贷款风险控制机制，利用信息追踪技术和阿里微贷技术，可实时获得和监控小微企业经营轨迹和贷款使用状况，这不仅降低了小微企业的融资成本和融资风险，还最大限度地降低了小微企业与阿里小贷信息不对称的程度，杜绝了逆向选择与道德风险问题，解决了传统金融机构的信贷配给问题。

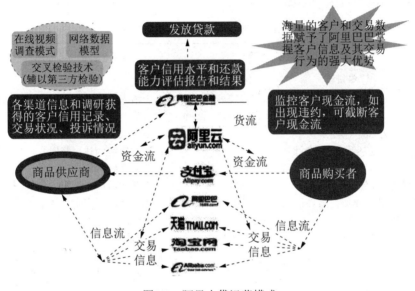

图3-2 阿里小贷运营模式

（三）阿里小贷的典型产品

1. 淘宝(天猫)贷款

(1) 订单贷款。淘宝订单贷款是阿里小贷的贷款产品之一，这款产品的服务对象为淘宝网和天猫网的商家，发放贷款的依据主要是商家的经营情况和经营流水，并且根据"卖家已发货，买家尚未确认收货"这一电商订单状态来发放贷款。

(2) 信用贷款。淘宝信用贷款的服务对象是淘宝店主(天猫商家)，无须抵押或担保。从贷款申请、贷款审查、贷款发放到贷款回收，全部采取线上操作，审核速度快，适合小企业。在还款方面，淘宝信用贷款的还款方式有两种：正常还款和提前还款。正常还款就是当淘宝卖家的店铺交易成功，有款项到账后，系统一般会自动从支付宝中扣除相应的金额用于还贷，系统将款项扣除以后，也就完成了还款过程。提前还款则是当淘宝卖家手头资金充足时，可以选择提前归还贷款。

2. 阿里信用贷款

阿里信用贷款无抵押、无担保，该贷款产品对杭州地区的诚信通会员(个人版和企业版)和中国供应商会员开放,贷款放款对象为会员企业的法定代表人(个人版诚信通为实际经营人)。

在会员商家提出贷款后,阿里小贷会通过多方面来对企业进行考核和评估,以此来确定对各个商家企业具体的放贷授信政策。首先会运用大数据技术,根据会员在官网上的数据进行判断,其次会考虑企业财务数据等各种资料。除此之外,还会对企业进行实地走访,了解企业的经营情况。

信用贷款可分为"循环贷款"和"固定贷款"。循环贷款是指阿里小贷把贷款额度作为备用金的同时给借款人设定一个授信额度,贷款者可以随借随还。固定贷款就是一次性发放贷款给借款人,借款人一次性使用。

阿里小贷的典型贷款产品如表3-1所示。

表3-1 阿里小贷的典型贷款产品

项目	淘宝(天猫)贷款		阿里信用贷款
	订单贷款	信用贷款	
贷款条件	1. 店铺注册人年满18周岁,具有完全民事行为能力的淘宝卖家; 2. 淘宝店铺最近两个月持续有效经营,每个月都有有效交易量; 3. 诚实守信,店铺信用记录良好	1. 淘宝店铺最近6个月持续有效经营,每个月都有有效交易量,经营情况良好; 2. 诚实守信,店铺信用记录良好; 3. 店铺注册人年龄为18~65周岁,具有完全民事行为能力	1. 申请人必须是阿里巴巴中国站会员或中国供应商会员,具有一定的操作记录; 2. 申请人为企业法定代表人或个体工商户负责人,年龄为18~65周岁,是中国大陆居民且信用良好; 3. 工商注册地在上海、北京、天津、浙江、山东、江苏、广东,暂不支持青海、甘肃等偏远地区,也不支持温州、盐城等高风险区域,且注册时间满1年; 4. 申请人在阿里集团及其他金融机构没有不良记录,且具有实名认证的支付宝账号
贷款额度	最高50万元	最高30万元	最高100万元
贷款期限	最长60天	最长12个月	最长12个月
贷款利率	最低日利率:0.05%	最低日利率:0.05%	最低日利率:0.03%
还款方式	自动还款、提前还款	自动还款、提前还款	随借随还,按月付息、到期还本,提前还款

资料来源:根据阿里集团官网资料整理

(四)阿里小贷的风控机制

阿里巴巴凭借电子商务数据库基础,利用自身的数据优势与技术力量,将经营交易数据转化为信用评价体系,最大限度地降低筛选优质企业的成本和风险,构建了贷前、贷中、贷后三个层面完善的风险预警与控制体系。

1. 贷前阶段

在阿里云数据平台强大的信息技术支持下,阿里小贷根据系统分析的信用评估指标来判断申请贷款的电商小微企业的真实财务状况和运营能力。内部交易数据主要来自:①电商平台、物流平台、支付平台上的商流、物流和资金流数据,包括电商小微企业在电商平台上的认证注册信息、销售数据、在线交易流水;②物流平台上的进出货信息、物流快递信息;③支付平台上的资金进出情况。阿里小贷对这些数据和信息进行定性和定量分析,从而为电商小微企业进行评级分类。

除了内部数据外，阿里金融还与海关、税务等外部单位部门合作，针对小微企业的海关、税务、工商、电力等数据进行收集与认证，掌握小微企业外部交易数据，服务于小微企业的信用评级。另外，除了各种交易数据等客观信息外，阿里小贷对小微客户的评价还结合了电商平台顾客的收藏、反馈、上下游评价、投诉、好评率等主观软信息。对于额度较大的信用贷款，阿里小贷会委托第三方机构进行线下实地审核，从而完成电商小微企业的贷前全方位综合评级。

2. 贷中阶段

阿里小贷将动态实时监控企业贷款使用情况，根据电商小微企业的平台流量、营业额、利润、支付宝交易等变动情况，评估资金是否真正投入生产经营。一旦发现异常，系统会发出风险预警。

3. 贷后阶段

对于违约及恶意经营的小微电商，阿里金融会采取网络曝光、关停网络店铺、关闭支付宝账号、加入网络黑名单等办法，提高客户的违约成本，从而有效控制贷后风险。若客户逾期还款，则按合同收取罚息。但对于非恶意违约，而是由于暂时经营困难没有还款能力的客户，阿里小贷将针对小微电商在经营管理中出现的问题进行分析并提供营销、技术支持，以帮助小微电商度过经营困难期，恢复还款能力。

从阿里金融的整个风控流程可见，与以往传统金融机构的抵押担保贷款形式不同，阿里小贷借助网络信息技术将网络信用评价与电子风控体系有机结合起来，从贷前、贷中、贷后三个层面建立起风控体系，可以实时、动态地评估电商小微企业的真实经营状况、贷款使用情况、还款能力与还款意愿，不仅能降低小微企业融资门槛，也能有效防范信用风险。

（五）阿里小贷的盈利模式

阿里小贷的盈利取决于三个方面：业务的可获得性、资产的安全性和资金的高杠杆性。

1. 业务可获得能够降低业务的营销成本

阿里小贷的业务来源于阿里平台上的商户和客户，获客成本极低。

2. 资产的安全性可以将不良资产降低到最少

阿里小贷的客户来自平台，依托平台积累的大数据可以对客户信用做出精准分析，极大地提升了客户风险识别度，从而有效防范贷款风险。

3. 资金的高杠杆性是阿里小贷盈利的重要一环

即便业务多且安全，如果不能有效放大资金杠杆，仅凭注册资本来谋利，利润是有限的。阿里小贷注册资本金共有24亿元，通过发行ABS(asset-backed securities，资产证券化产品)等方式放大了融资杠杆。不过，高杠杆虽然带来了高利润，但从监管的角度来说，高杠杆也伴随高风险。

专栏3-1

银保监会发布《关于加强小额贷款公司监督管理的通知》

据银保监会网站消息，为规范小额贷款公司经营行为，防范并化解相关风险，促进行业健康发展，银保监会办公厅于2020年9月7日印发了《关于加强小额贷款公司监督管理的通知》(银保监办发〔2020〕86号，以下简称《通知》)。

《通知》主要包含以下内容：一是规范业务经营，提高服务能力。对小额贷款公司业务范围、对外融资比例、贷款金额、贷款用途、经营区域、贷款利率等方面提出要求。二是改善经营管理，促进健康发展。从小额贷款公司资金管理、催收管理、信息披露、保管客户信息、积极配合监管等方面做出规范。三是加强监督管理，整顿行业秩序。指导各地明确监管责任、完善监管措施、建设监管队伍、实施分类监管、加大处罚力度等。四是加大支持力度，营造良好环境。鼓励加强政策扶持、银行合作支持、行业自律，促进行业可持续发展。

在对外融资比例上，《通知》将小贷公司融资杠杆上限统一为5倍，各地可根据需要降低杠杆倍数。具体来看，《通知》规定，小额贷款公司通过银行借款、股东借款等非标准化融资形式融入资金的余额不得超过其净资产的1倍；通过发行债券、资产证券化产品等标准化债权类资产形式融入资金的余额不得超过其净资产的4倍。

《通知》的印发实施是贯彻落实全国金融工作会议精神，逐步建立健全小额贷款公司行业监管制度体系的重要举措。下一步，银保监会将持续加强小额贷款公司行业监管制度建设，与《非存款类放贷组织条例》的施行相衔接，进一步完善小额贷款公司行业经营规则和监管规则。

资料来源：中国银行保险监督管理委员会网站. http://www.cbirc.gov.cn/cn/view/pages/ItemDetail.html?docId=929370&itemId=915&generaltype=0.

▎二、供应链金融模式

供应链金融模式是指以核心客户为依托，以真实贸易背景为前提，运用自偿性商品融资的方式，通过应收账款质押登记、第三方监管等专业手段封闭资金流或控制物权，对供应链上下游企业提供的综合性金融产品和服务。自偿性指销售收入首先用于归还贷款。

供应链金融是一种独特的商业融资模式。在这种模式下，金融机构依托于产业供应链核心企业对单个企业或上下游多个企业提供全面金融服务，以促进供应链上的核心企业及上下游配套企业"产—供—销"链条的稳固和流转顺畅，在降低整个供应链运作成本的同时，通过金融资本与实业经济的协作，构筑金融机构、企业和供应链互利共存的产业业态。

近年来，供应链金融成为互联网金融的一个重要发展方向，传统的商业银行、互联网行业龙头、供应链公司、物流公司、信息化服务商等纷纷入场布局供应链金融领域，打造"产业+金融"生态圈，业务载体以旗下的商业保理公司为主，也有网络小额贷款公司。本节介绍京东重庆两江新区盛际小额贷款有限公司开展的农业供应链金融——"京农贷"。

(一) 京东供应链金融简介

京东农村金融于2012年涉足供应链金融，最初采取与银行合作的方式。2012年11月，京东集团与中国银行北京分行共同签署了合作协议，协议约定双方共同为京东的合作供应商提供各项金融服务。2013年6月，上海邦汇商业保理有限公司(即"京东保理")成立，先后推出了"京保贝""京小贷"等供应链金融产品。

2016年1月，京东重庆两江新区盛际小额贷款有限公司成立。该小贷公司以农村金融服务为经营核心，利用京东旗下互联网平台和交易大数据，布局农资信贷和农产品信贷两大产品线，为重庆及全国涉农产业链上的产、供、运、销等环节的农户提供无担保、无抵押的信用贷款支持，让农民足不出户就能享受互联网信贷的农村金融服务，其核心产品是"京农贷"。

2017年10月，京东在重庆巴南区建立的重庆京东同盈小额贷款有限公司开业，这是京东金融继重庆两江小贷之后在重庆设立的第二家小贷公司。与专注农业贷款的两江小贷不同，同盈小贷将致力于为中小微企业开展企业金融业务。

公开数据显示，截至2018年9月，京东供应链金融累计服务20万家中小微企业，累计放款总额近5000亿元。

(二) 京农贷的运营模式

京农贷是京东农业供应链金融最早上线的产品，属于扶贫惠农的信贷产品，具有免抵押、利息低、放款快的特点。

农产品生产、收购、加工、销售等多个环节会产生大量的资金需求。比如，生产资料采购端，农民需要买种子、化肥等农资，相应地就产生了赊销、信贷等需求；产品销售端，农产品企业也需要通过信贷、众筹等多种方式周转资金，保证农产品的生产和销售。然而，由于信用无法评估，农民难以从传统金融机构获得信用贷款，而京农贷使一些农户贷款难问题得到解决。

京农贷运营模式的要点是京东农村金融与处于农业供应链的核心企业合作，根据企业上游农户以往订单等资料给农户授信，农户申请贷款后，定向在合作的经销商处采购农资，有效防止挪用风险。同时，京东为农户提供销售渠道，农产品销售回款用于清偿贷款，从而形成资金闭环管理，有效降低信用风险。在京农贷部分产品中，还引入了保险机制，由保险公司为农户提供保险。京农贷的运营模式如图3-3所示。

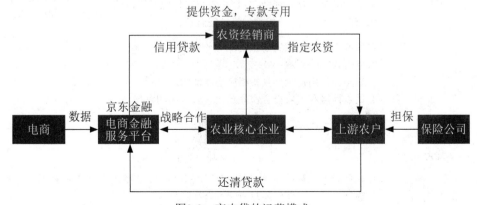

图3-3　京农贷的运营模式

京东农村金融选择合作方时，会对企业所处的行业地位、盈利能力和信用状况进行，慎重考察，通常选择那些行业市场占有率较大、生产规模大且设备智能化程度高、农产品盈利性强且产出率高、能保证足够的偿债能力的农业龙头企业。同时，这些企业还要具备良好的信用状况和管理能力，能保证丰富的融资客户资源。目前，京农贷已和包括杜邦先锋、新希望六和等在内的60多家企业达成了深度合作。

京农贷的贷款流程如图3-4所示。

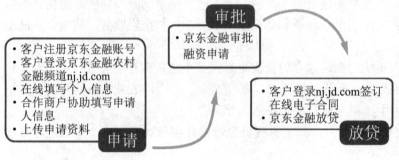

图3-4　京农贷的贷款流程

（三）京农贷的典型产品

京农贷主要服务种植、养殖、农产品加工、农产品流通领域，为合作农户提供农业生产经营贷款，推出的产品主要有先锋京农贷、仁寿京农贷、养殖贷3种，融资对象限于与京东开展农业合作的试点地区农户。其中，先锋京农贷首批只对山东地区先锋种子种植户开放；仁寿京农贷首批只对四川仁寿地区的枇杷种植户开放；养殖贷只对"新希望旗下普惠农牧融资担保有限公司"体系内的农户开放。此外，京农贷还向汇源(濮阳)羊业有限公司、平顶山现代养殖专业合作社总社、新疆建设兵团等开放个人贷款业务。京农贷的典型产品情况如表3-2所示。

表3-2　京农贷的典型产品

项　目	先锋京农贷	仁寿京农贷	养殖贷
贷款性质	为种植环节的生产资料需求提供融资贷款，帮助农民增产增收	依托农产品收购订单，为订单农户提供生产所需的流动资金贷款	满足养殖农户生产所需的流动资金和固定资产贷款
申请资格	1. 申请人须为中国大陆公民； 2. 年龄18～65周岁； 3. 无不良信用记录，具备相应还款能力； 4. 试点地区和京农贷合作商户已签署合约的农户		
贷款额度	1万～500万元		
贷款期限	1～12个月		
贷款利率	月利率为0.54%～1%		
还款方式	1. 先息后本：每期(每月/季度/半年)先还利息，到期偿还本金和最后一期利息。 2. 等额本息：每期偿还对应的本金和利息。 3. 利随本清：到期一次性偿还本金和利息		

资料来源：京东金融官网

（四）京农贷的风险控制机制

1. 信贷+担保模式

在先锋京农贷中，京东农村金融以杜邦先锋及其经销商的数据为基础，了解农户的信用状况，并将先锋种业及其经销商分别作为农户信贷的二级担保和一级担保。合作经销商严格控制资金的使用，只能购买种子、化肥等农产品，间接防范风险。

2. 信贷+担保+保险模式

在养殖贷中，京东农村金融首次在贷款中引入保险机制，农户申请贷款的同时，也会向中华联合财产保险申请保险服务，包括种植养殖保险、借款人意外险、信用贷款保证保险等，并且合作方新希望六和旗下的普惠农牧融资担保有限公司也会为农户申请贷款提供一项担保服务，一旦农产品种植过程中发生影响还款的风险事件造成违约，保险和担保保障就会启动，最大限度降低风险事件带来的损失。更重要的是，双重增信措施能够使"京农贷"产品覆盖更多农民，让更多人得到贷款服务。

3. 大数据风险控制

京东农村金融通过与更多涉农机构合作，基于合作伙伴、电商平台等沉淀的大数据信息，使用先进的风险识别和数据分析工具，了解农户的信用水平，并给予相应的授信额度，从而控制风险。

▶ **案例3-2**

"京农贷"打造濮阳肉羊养殖扶贫项目

2016年4月，由京东农村金融京农贷与中华联合财险、汇源集团共同打造的"产业扶贫+金融贷款"扶贫模式走进濮阳，为当地贫困户提供了物资及产业链的扶持，帮助濮阳县近400户贫困户成为名副其实的"羊老板"。

扶贫是京农贷的初心和归宿，京农贷在其扶贫经验中总结出，授人以鱼，不如授人以渔，只解决农民的资金难题，治标不治本，只有激发农民致富的内生动力，才能从根本上实现扶贫效果的最大化和持久化。

据了解，此次京东农村金融京农贷所打造的濮阳肉羊养殖扶贫项目，不仅为当地建档立卡贫困户提供低息养羊贷款，而且整合当地企业资源对接濮阳县精准扶贫，全方位为农户提供养殖服务。

此次京东农村金融京农贷与中华联合财险、汇源羊业打造的扶贫模式，以"产业扶贫+金融服务"打通全产业链的方式实现了贫困户产业增收的目的。目前，所有贫困户的肉羊均采用托管模式集中管理。为实现贫困户可持续脱贫，还对贫困户进行养殖技术培训，并在扶贫标准化集中羊舍建成后，从中筛选出若干脱贫带头人统一管理贫困户肉羊，以此通过脱贫带头人的示范作用，带动贫困户积极性，扶持其进行自主养殖。京农贷推出的"融资+保险+服务"模式最大限度地降低了贫困户的风险并提高了收益，帮助贫困户真正实现可持续脱贫。

京东农村金融京农贷以无抵押、放贷快等特点解决农户在农资采购、农业生产以及农产品加工销售环节中融资难题的同时，为夯实普惠金融之路，不断根据农村的具体实际情况和农户的真实需求，优化现有产品和服务模式。目前，农村众筹、乡村白条和农村理财的系列扶贫产品均已在农村落地开花。

资料来源：中国经济网. http://finance.ce.cn/rolling/201706/05/t20170605_23439369.shtml.

三、消费金融模式

消费金融是以消费为目的的信用贷款，包括消费贷与现金贷。消费金融作为互联网金融最热门的细分领域，在近几年进入了高速发展时期。如今，消费金融行业形成三足鼎立的市场格局，其中包括商业银行、消费金融公司和互联网公司，三者在运营模式上求同存异，但覆盖的业务范围形成了错位竞争。其中，一些互联网公司凭借用户数据、流量、资金等优势，借助网络小贷的牌照从事消费分期或现金贷等互联网消费金融业务，例如百度、阿里、腾讯、京东(简称"BATJ")均已取得网络小贷牌照，这些互联网巨头的互联网金融业务覆盖了相当大比例的网民。据中国互联网信息中心统计，截至2020年6月，中国有9.4亿网民。据蚂蚁集团招股书显示，仅2020年上半年，蚂蚁微贷科技平台的消费信贷业务就超过1.7万亿元，小微经营贷超过4200亿元，合计超过2万亿元。

(一) BATJ 开展消费金融业务

从目前BATJ开展消费金融业务的主体来看，除腾讯是由微众银行开展消费金融业务外，其余三家的业务主体均为其旗下网络小贷公司，具体如下所述。

1. 百度

百度有钱花主要是通过重庆度小满小额贷款有限公司开展业务，其资金来源主要为自有资金或通过ABS等方式融资。目前，百度有钱花也为持牌金融机构提供助贷服务，即向合作的持牌金融机构推荐借款人。目前，百度有钱花与光大银行、天津银行、百信银行、南京银行等持牌金融机构合作。

另外，根据2019年5月16日银保监会黑龙江监管局发布的《关于核准哈尔滨哈银消费金融有限责任公司增加注册资本和调整股权结构的批复》显示，百度旗下的度小满(重庆)科技有限公司成为哈银消费金融的第二大股东，这也将进一步推进百度在消费金融市场的布局。

2. 阿里巴巴

蚂蚁金服的互联网消费金融产品有花呗和借呗。其中，花呗是由重庆市蚂蚁小微小额贷款有限公司提供贷款服务，借呗是由重庆市蚂蚁商诚小额贷款有限公司提供服务。蚂蚁花呗和借呗的资金来源主要为自有资金或通过资产证券化等方式融资。目前，蚂蚁花呗和借呗也开始转型助贷，向金融机构开放合作，主要与浦发银行、上海银行、马上消费金融、天津银行、天津信托等金融机构合作。

3. 腾讯

腾讯旗下虽然有深圳市财付通网络金融小额贷款有限公司，但其互联网消费金融产品微粒贷是由微众银行提供贷款服务，微众银行主要利用自有资金，或通过同业拆借、联合放贷从其他金融机构获取资金开展业务。其中，联合贷款模式为其目前主要业务模式，即借款用户通过微众银行的入口申请贷款，微众银行与其他金融机构联合出资，收入和风险按约定的比例各自获取和承担。在此模式下，微众银行负责设计贷款产品，提供获客、风险审核、风险定价、贷后管理等服务。截至2017年末，其联合贷款合作金融机构已有50家。另外，据公开资料显示，目前微众银行主要与上海银行、天津银行、华夏银行、桂林银行等多家金融机构开展联合放贷业务。

4. 京东

京东金融的互联网消费金融产品有白条和金条，是由京东旗下重庆市两江新区盛际小额贷款有限公司提供贷款服务，其资金来源主要为自有资金或通过资产证券化等方式进行融资。目前，京东白条和金条也与持牌金融机构开展合作。据公开资料显示，京东白条和金条与上海银行、桂林银行、西安银行等金融机构合作，由合作金融机构发放贷款。

（二）BATJ消费金融业务的资金来源

BATJ消费金融业务的资金来源主要分为两大部分。

第一部分是由其旗下网络小贷公司或银行发放贷款。其中，网络小贷的资金来源主要为自有资金、银行借款以及通过ABS等方式融资。

第二部分是合作的金融机构资金，这也是目前BATJ消费金融业务主要的资金来源。目前，BATJ多通过旗下网络小贷公司开展消费金融业务，而网络小贷融资杠杆有严格的限制，通过为金融机构提供助贷服务或联合放贷能够有效缓解平台的资本压力，实现贷款规模的迅速扩张。

（三）BATJ消费金融业务的趋势

BATJ依托各自持有的大数据优势积极布局消费金融领域。例如，百度依靠其搜索大数据，阿里依托其电商及支付宝数据，腾讯依附微信和QQ社交大数据，京东依托其京东平台电商大数据，从而在竞争日益激烈的消费金融市场中抢占先机，跻身第一梯队。

从目前来看，BATJ不仅服务于C端借款用户，也开始向金融机构开放自己的平台和用户，服务于B端用户，为金融机构提供金融科技服务。可以看出，在未来的消费金融发展过程中，科技赋能也将会成为消费金融机构的核心竞争力，是助力消费金融机构抢占互联网金融一席之地的重要因素。

更多互联网消费金融的内容详见第六章。

第三节　网络小额贷款的风险与监管

互联网时代，网络安全尤为重要。国家相关监管部门反复强调"要不断健全网络社会综合防控体系，努力营造清朗网络空间"。网络小贷业务的实质是贷款业务，是贷款就必然存在风险。在P2P网贷历经野蛮生长、频频"爆雷""跑路"直至被全面清零之际，我们更有必要认清和防范网络小贷的风险。

一、网络小额贷款的风险

(一) 信用风险

信用风险是一种最早出现的、广泛存在于信贷业务中的风险。网络小贷同样面临信用风险，即借款人未能按照协议如期还款。由于网络小贷大多是无抵押、无担保的信用贷款，所面临的信用风险更大。网络小贷的信用风险主要表现在两个方面。

1. 借款人信息的真实性风险

网络小贷主要依靠平台积累的客户信用及行为数据，以及借款人提供的身份证明、财产证明等对客户进行信用评估，有些信息由借款人在网上自行填写，鉴于网络的虚拟性，不能保证借款人信息的真实性。一旦借款人出现资不抵债或者恶意拖欠贷款的行为，那么日积月累的坏账就会给小贷平台带来极大的信用风险。虽然目前很多小贷平台已经建立了一整套线上信用评价体系，但一些平台的信用评价体系并不完善，评价指标也较为单一，平台在控制风险和业务扩展方面明显更重视后者的投入，这无疑会增加网络小贷的信用风险。

2. 借款人的违约风险

借款人的违约风险是指借款人不能在规定期限内偿还本息。网络小贷拓宽了借款人的融资渠道，但网络小贷借款人的信用质量相对较差，通常是被银行拒之门外的非优质客户，加之小贷公司资金来源有限，一些网络小贷的消费贷款的利率极高，这也加剧了借款人的违约风险。

(二) 经营风险

1. 资金来源不足

根据2008年5月4日中国银监会和中国人民银行联合颁布的《关于小额贷款公司试点的指导意见》要求，小额贷款公司主要资金来源为股东缴纳的资本金、捐赠资金，以及来自不超过两个银行业金融机构的融入资金，且确保资产损失准备充足率始终保持在100%以上。虽然互联网小贷突破了传统小贷公司的区域限制，可在全国范围内放款，而且可向银行、小额再贷款公司等机构融资，可债权转让，也可登陆资本市场，但在资金来源方面，网络小贷仍与传统小贷行业面临同样的问题。由于不能吸收公众资金，且借款受到严格的杠杆比例限制(视地方金融监管部门具体政策而定)，网络小贷公司缺少资金，放贷能力有限，在规模上很难有较大的发展。例如，《河南省网络小额贷款公司监管指引(试行)》规定："网络小额贷款公司各类债务性融资余额总计上限为公司资本净额的200%。相比消费金融公司10倍的杠杆，显得相形见绌。

2. 过度营销

一些网络小贷公司在展业过程中过度营销，对不具备还款能力的群体进行授信。过度营销极易引发金融信用错配问题，带来较大风险隐患。从供给方看，我国信用体系仍未充分发展完善，针对个人客户的征信信息仍不够全面，网络小贷公司自身风控水平也难以支持其个人消费信贷的大规模扩张。从需求方看，消费信贷客群包含学生、农户、就业初期的青年等相对弱势群体，这类群体缺乏对金融风险的认知，消费观尚未成熟。一味鼓励增加信贷，超过其自身偿还能力和消费水平，会导致过度消费、信用违约等社会问题。同时，部分网络小贷公司对其金融产品缺乏足够的贷款利率及风险提示，如多采用日利率等计算方式，不利于客户了解真实利率，容易造成借款人违约的后果。

专栏3-2

警惕网络平台诱导过度借贷

"一键就能贷款""手机号就值20万""贷款秒变高富帅"……近年来，一些网络平台上频现"土味"营销广告，网贷等行业更是成了重灾区。这些营销广告利用"土味""奇葩"广告词吸引流量，套取客户信息。对此，中国银保监会消费者权益保护局发布2020年第六期风险提示提醒广大消费者：要警惕过度借贷营销背后隐藏的风险或陷阱。

一、信息披露不当，存在销售误导风险

一些机构或网络平台在宣传时，片面强调日息低、有免息期、可零息分期等优厚条件。然而，所谓零利息并不等于零成本，往往还有"服务费""手续费""逾期计费"等，此类产品息费的实际综合年化利率水平可能很高。部分营销广告故意模糊借贷实际成本的行为，侵害了消费者知情权，容易让人产生错误理解或认识。

二、过度包装营销，导致用户陷入盲目无节制消费陷阱

一些机构在各种消费场景中过度宣扬借贷消费、超前享受观念。这种对贷款产品过度营销、过度包装的行为容易诱导无节制消费，尤其易对金融知识薄弱人群、没有稳定收入来源的青少年等产生误导。有的未成年人、青少年在网络平台借钱后，给明星打榜、集资、包场、送"粉丝应援礼"，"借贷追星"现象蔓延。盲目借贷、盲目消费终会侵害金融消费者自身权益。

三、过度收集、滥用客户信息，存在个人信息使用不当和泄露风险

一些网络平台的网贷营销罔顾消费者利益，利用"土味""奇葩"广告吸引流量，套取客户信息。在营销或借贷过程中，通过广告页面过度收集并滥用客户信息，甚至在消费者不知情的情况下，将客户信息在平台方、贷款机构、出资方等之间流转，侵害了消费者信息安全权。

四、无序放贷，导致过度负债

一些网络平台宣称贷款手续简单，诱惑消费者点击办理，有的机构甚至给在校学生、低收入人群等过度放贷，进行暴力催收，冒充司法机关恶意催收，针对借款人亲属、朋友进行催收，引发一系列家庭和社会问题。

资料来源：中国银行保险监督管理委员会网站. http://www.cbirc.gov.cn/branch/tianjin/view/pages/common/ItemDetail.html?docId=958496&itemId=1787&generaltype=0.

3. 跨区经营受限

2020年，中国银保监会会同中国人民银行等部门下发的《网络小额贷款业务管理暂行办法(征求意见稿)》中对网络小贷公司又有多项监管规定，如未经批准不得跨省经营、限制联合贷款和融资杠杆等，网络小贷公司面临的经营风险将进一步加大。

(三) 法律及合规风险

网络借贷属于新兴金融业态,对其监管还处于摸索阶段,具有法律、法规和政策上的不确定性,加之一部分网络小贷公司资质较差,内部管理薄弱,使网络小贷行业存在法律及合规风险,具体表现为如下几个方面。

1. 非法集资风险

所谓非法集资,是指公司、企业、个人或其他组织未经批准,违反法律、法规,通过不正当的渠道,向社会公众或者集体募集资金的行为。网络小贷公司以下3种行为涉嫌非法集资。

(1) 非法吸储。我国法律法规明令禁止企业吸收民间资金开展理财业务。部分网络小贷公司违规经营,私下以借款形式吸收群众资金,并承诺支付比银行存款利息要高出数倍的利息,这种行为涉嫌非法集资。

(2) 变相出售理财产品。网络小贷公司本身无权出售理财产品,如果网络小贷公司与担保公司或者基金公司合作,变相代理出售理财产品,则涉嫌非法集资。

(3) 融资杠杆超限。网络小贷公司可以通过ABS(资产证券化)、ABN(资产支持票据)等方式获得资金,如果融资杠杆超限,则涉嫌非法集资。

2. 高利贷风险

2020年8月,最高人民法院发布的《最高人民法院关于审理民间借贷案件适用法律若干问题的规定》(以下简称《规定》),将民间借贷利率的司法保护上限调整为1年期的贷款市场报价利率(LPR)的4倍,最新的LPR的4倍为15.4%,此前上限为"以24%和36%为基准的两线三区"。然而《规定》发布后,不少持牌机构都没有按照此规定展业,如果网络小贷公司的利率仍大幅度高于LPR的4倍,则涉嫌放高利贷。

此外,由于准入门槛低,网络小贷行业鱼龙混杂,滋生了"套路贷""断头贷"以及暴力催贷等违法违规行为,严重破坏了网络借贷生态,影响了社会稳定。此外,网络小贷还具有操作风险、技术风险等。

专栏3-3

警惕"套路贷"

为了做生意周转资金,原本借款仅3万元,短短一年变成800万元;为满足消费需求,借款3万元,实际到手只有6000元……警方介绍,套路贷的目的不在于"吃本金""吃利息",而是利用借款人着急用钱而又无法从正规金融机构贷款的心理,通过一步步设套,最终非法占有受害人的财产,其本质是一种违法犯罪行为。

近两年,这种犯罪行为已经在法律界达成了共识。实施"套路贷"的犯罪分子从一开始就是处心积虑地以非法占有借贷人的财产、房产为目的,利用借贷人社会经验不足的弱点,通过"双倍借条""平账"等手段,将原来不过几万元的借款,在"证据"上飙升到几百万元,进而逼着当事人抵押房产、签订"20年的租房合同"。

"套路贷"是披着民间借贷外衣的金融诈骗,可能潜伏在日常生活中的各个角落,各种贷款推销电话,电脑、手机上弹出的广告窗口,微信好友的添加请求,公交站牌、小区墙壁上的小广告,都可能是"套路贷"伸出的"触角"。实施"套路贷"的借贷平台,不断变换着身上的"马甲"，它们可能披着"校园贷"的外衣引导涉世不深的学生掉入陷阱，也可能以"现金贷"的名义让一些民营企业陷入破产清算的绝境。

资料来源：搜狐网. https://www.sohu.com/a/281929543_775720.

二、网络小额贷款的监管

随着互联网金融的兴起，网络小贷公司凭借可以突破地域性经营限制等优势，得到迅猛发展。但网络小贷公司的发起、成立由各地方监管部门审批，存在准入门槛低、审核宽松、标准不统一等问题。2017年以来，监管部门下发多份网络小贷整改文件，旨在通过专项整治，对网络小贷公司的准入资质、放贷资金、跨省经营、融资杠杆和联合贷款、借款人保护等方面进行统一监管，规范网络小贷公司的经营行为，取缔非法经营网络小额贷款的机构。

(一) 准入资质监管

2017年11月21日，互联网金融风险专项整治工作领导小组办公室发布《关于立即暂停批设网络小额贷款公司的通知》，要求各级小额贷款公司监管部门一律不得新批设网络(互联网)小额贷款公司，禁止新增批小额贷款公司跨省(区、市)开展小额贷款业务。

2017年12月8日，银监会网络借贷风险专项整治工作领导小组办公室发布《小额贷款公司网络小额贷款业务风险专项整治实施方案》(以下简称《整治方案》)，从准入资质、放贷资金、综合费率、贷款管理、业务合作、信息安全6个方面进行排查整治。在经营资质方面，根据网络小额贷款业务的特点，根据国务院有关文件和当地现行有关制度规定，主要审查发起股东资质、借款人来源、互联网场景、内生数据基础和数字化风控技术等方面的经营资质要求是否严格合理，核查获批经营资质的机构是否符合相关条件。

(二) 放贷资金监管

小贷公司资金主要应来源于自有资金，由于资金来源受限，一些网络小贷公司通过ABS等方式融入资金，突破融资杠杆约束，急剧放大杠杆倍数。《整治方案》提出，要运用穿透式监管，排查小贷公司是否主要以自有资金从事放贷业务，是否进行非法集资、吸收或变相吸收公众存款，是否通过网络借贷信息中介机构融入资金。在严格监管下，网络小贷公司只能通过增资和逐步缩减新增ABS规模的方式满足监管要求。

(三) 跨省经营监管

2020年11月，银保监会、中国人民银行发布《网络小额贷款业务管理暂行办法(征求意见稿)》(以下简称《征求意见稿》)，对网络小贷公司跨省经营做出规定。在跨省经营方面，要求经营网络小额贷款业务的小额贷款公司的注册资本不低于人民币10亿元，且为一次性实缴货币资本；跨省级行政区域经营网络小额贷款业务的小额贷款公司的注册资本不低于人民币50亿元，且为一次性实缴货币资本。不仅如此，需要跨省开展网络小贷业务的公司，还必须由国务院银行业监督管理机构负责审查批准、监督管理和风险处置，明确了监管主体。

（四）融资杠杆和联合贷款监管

在融资杠杆方面，《征求意见稿》要求经营网络小贷公司通过银行借款、股东借款等非标准化融资形式融入资金的余额不得超过其净资产的1倍；通过发行债券、资产证券化产品等标准化债权类资产形式融入资金的余额不得超过其净资产的4倍，等等。

在联合贷款方面，《征求意见稿》明确，在单笔联合贷款中，经营网络小贷业务的小贷公司的出资比例不得低于30%。在表内贷款最多5倍杠杆和30%比例约束之下，自有资本不足的网络小贷公司就要补充资本，如果不补充资本，就要压缩杠杆和规模。这一监管规则与银行资本充足率的监管思路类似，实际上是约束小贷公司过快扩张。

（五）借款人保护

借款人保护的原则，要求放贷机构重视借款人适当性管理，这是普惠金融的一项核心原则。《征求意见稿》针对借款人保护在多个方面均有明确要求。例如，对自然人的单户网络小贷余额，原则上不得超过人民币30万元，不得超过其最近3年年均收入的三分之一，该两项金额中的较低者为贷款金额最高限额；对法人或其他组织及其关联方的单户网络小额贷款余额，原则上不得超过人民币100万元。禁止诱导借款人过度负债，禁止通过暴力、恐吓、侮辱、诽谤、骚扰方式催收贷款，禁止未经授权或者同意收集、存储、使用客户信息，禁止非法买卖或者泄露客户信息等。

本 章 小 结

1. 网络小额贷款(以下简称"网络小贷")业务，是指小额贷款公司利用大数据、云计算、移动互联网等技术手段，运用互联网平台积累的客户经营、网络消费、网络交易等内生数据信息，以及通过合法渠道获取的其他数据信息，分析评定借款客户信用风险，确定贷款方式和额度，并在线上完成贷款申请、风险审核、贷款审批、贷款发放和贷款回收等流程的小额贷款业务。

2. 与传统小贷公司相比，网络小贷具有如下特征：产品针对某一场景、特定领域或特定行业；以信用贷款为主；构建了以大数据为核心的信用评价体系；业务流程网络化。

3. 网络小额贷款的业务类型有消费金融类、供应链金融类、企业经营类。

4. 网络小额贷款的运营模式主要有平台金融模式、供应链金融模式和消费金融模式。平台金融模式是电商小额贷款采取的一种运营模式。电商小贷公司凭借平台多年的交易数据积累，利用电商小微数据库和信用记录，完成对贷款客户的信用审核、放贷。该模式以阿里小贷为典型代表。供应链金融模式是指以核心客户为依托，以真实贸易背景为前提，运用自偿性商品融资的方式，通过应收账款质押登记、第三方监管等专业手段封闭资金流或控制物权，对供应链上下游企业提供的综合性金融产品和服务。自偿性指销售收入首先用于归还贷款。消费金融是以消费为目的的信用贷款，包括消费贷与现金贷。

5. 网络小额贷款的风险包括信用风险、经营风险、法律及合规风险等。监管部门下发多份网络小贷整改文件，对网络小贷公司的准入资质、放贷资金、跨省经营、融资杠杆及联合贷款、借款人保护等进行统一监管，规范网络小贷公司经营行为，取缔非法经营网络小额贷款的机构。

1. 什么是网络小额贷款？
2. 简述网络小额贷款的特征。
3. 分析网络小额贷款的运营模式。
4. 阐述网络小额贷款的风险。

1. 上网查找一家互联网小贷公司，对其运营模式和风控机制进行分析。
2. 结合案例对网络小额贷款的某一风险类型进行分析。

P2P清零是负责任的监管矫正

一、曾经的P2P平台

红极一时的P2P，终于落下了帷幕。下面让我们回顾一下那些曾经风光无限的P2P平台。

1. 宜人贷

如果说P2P行业是个年轻的行业，那么宜人贷绝对算得上"老人"。宜人贷成立于2012年，在同质化严重的P2P产品中脱颖而出。原因无他，宜人贷打的旗号就是"为城市白领人群提供借款咨询服务"，于是吸引了一群城市较高收入人群将资金投入到宜人贷中。

发展3年，宜人贷势头迅猛，由于准确地切入良好资金来源人群，使其迅速在P2P领域做出成绩。2015年，宜人贷的发展达到了顶峰。2015年12月18日，宜人贷登陆纽约证券交易所上市，成为中国互联网金融海外上市第一股。虽然在上市后宜人贷的股价一路走低，但是后期势头强劲。上市后的半年期，宜人贷股价一路水涨船高。2016年8月11日，宜人贷股价相较于上市时的价格，涨幅超过200%；相较于最低股价，涨幅甚至达到10倍。而当时美国P2P领军企业Lending Club，市值也仅仅高于宜人贷0.8亿美元左右。

不过，宜人贷虽然发展迅猛，但是随着规模的扩大，贷款坏账率不断攀升。随着P2P行业监管开始浮出水面，宜人贷的日子不再像以前那么好过了。2019年，宜人贷开始进行转型过渡，唐宁甚至将宜人贷和宜信部分业务进行了重组，就连宜人贷的名字，也被升级为"宜人金科"。

名字中带金，并没有给宜人贷带来好运气。2019年，宜人金科的贷款总额为391亿元人民币，同比下滑38.23%，同期公司净收入和净利润下滑幅度超过20%。到2020年4月份，宜信旗下知名P2P平台宜人贷已被纳入北京互金风险专项整治范畴，北京互金整治办正对其开展清理整顿。

2. 陆金所

除了宜人贷之外，另一家更具风头的P2P企业，当数陆金所。都说背靠大树好乘凉，陆金所背后也有一棵参天大树，那就是中国平安集团。借助P2P的浪潮，平安集团在2011年9月于上海注册成立了陆金所，于次年3月正式上线运营网络融资平台。

陆金所是成立最早的一批P2P平台，在内部人所称的陆金所1.0时代，P2P是陆金所唯一的业务。与其他P2P不同的是，由于背景平台强势，出生就含着金汤匙的陆金所很快就在P2P市场取得了领先地位。2016年，陆金所的P2P业务交易量在全国数千家P2P机构中排名第一。

但这样一家背靠大树、拥有绝对实力的P2P机构，却在2016年P2P交易量占据全国第一位的背景之下，开始渐渐将P2P业务剥离出中心。在陆金所的执掌人计葵生的计划中，陆金所追求的P2P业务只是1.0版本的陆金所。2.0时代的陆金所已经转变为跨门类经营的开放金融平台，而不仅仅是单一的P2P机构。3.0版本的陆金所更进一步，将P2P业务列为非中心业务。在3.0版本提出的2015年，陆金所P2P业务达到顶峰。陆金所其实早就在准备P2P业务的退路。

在2018年转型后，陆金所早已不是依赖P2P业务的金融机构，而是更多地将精力放在金融产品业务开发、财务咨询等方面。2019年，处于P2P监管风头的时候，陆金所宣布退出P2P业务。2020年10月30日，陆金所控股在纽约证券交易所上市，发行总市值达到313亿美元。

3. 拍拍贷

2007年7月，在上海嘉定，几个年轻人凑钱成立了拍拍贷。拍拍贷成为中国第一家网络信用借贷平台。创始人决定借鉴国外的P2P平台Zopa的发展模式，成立"纯正"的P2P业务平台。这种借贷模式在当时的国内实属"一股清流"。

但是由于征信系统不够完善，拍拍贷在成立后无法控制风险。更重要的是，由于出资用户不足，拍拍贷自身资金短缺，几位创始人甚至亲自去线下做风控。2008年，拍拍贷来到了线上，开始做线上P2P业务。又过了一年，拍拍贷开始实行收费模式。在那个中国互联网金融还处于混沌状态的阶段，拍拍贷"摸着石头过河"，成了第一家吃螃蟹的金融公司。

在P2P业务发展初期，拍拍贷在扶持小微企业方面的确卓有成效，上海浦东新区甚至会向着急用钱的小微企业用户推荐拍拍贷。2009年8月，央视在新闻频道报道了拍拍贷。

此后，拍拍贷终于走上了康庄大道。2017年，拍拍贷仅第二季度的累计成交量就达到了165亿元，环比增长56.5%，净利润超过10亿元。这一年，虽然P2P行业监管之风开始吹起，但是拍拍贷发展迅猛。2017年11月10日，拍拍贷成功在纽约证券交易所上市。

拍拍贷虽然是中国第一家网络信用借贷平台，却是P2P行业中"跑"得最快的一家。2018年开始，拍拍贷就将业务重心转到了机构资金方面。2019年，经过两年的调整，拍拍贷的机构资金占比升至97%。2020年，拍拍贷发布公告称，公司将更名为"信也科技"。截至目前，拍拍贷已经完成存量业务的清零和退出，致力于为有借款需求的借款人匹配适合的持牌金融机构资金。

二、P2P的消亡史

乘着大众创业、万众创新与互联网金融的春风，P2P机构在中国遍地开花。由于P2P投资回报率普遍大于10%，甚至超过15%，还宣称"保本保息"，致使许多老百姓涌入这个理财新风口。

2007年6月，中国第一家网贷平台——拍拍贷宣布成立，学习海外P2P公司经营模式，做着撮合借贷双方的生意。这也标志着P2P行业在中国正式开启扩张之路。

2013—2014年是P2P行业的快速扩张时期。一轮又一轮的政策新风吹来，彻底改变了行业无法破圈的现状。

2017年是P2P行业鼎盛时期，全国大概有5000家P2P网贷机构。当年5月底，网贷余额逼近1万亿元大关，当月成交金额高达2488亿元。

2018年，P2P行业迎来了"清算"。金融宏观大方针是去杠杆。到12月底，全国正常运营的P2P平台仅有1034家，全年共曝出848家问题平台，同比2017年增加了42.7%。

2019年，P2P行业更是雪上加霜。P2P头部平台团贷网爆雷，导致许多出借人遭受巨大损失。早在年初，金融圈就广为流传一份红头文件，大致意思是除了严格合规的P2P平台以外，其余机构要能退尽退、应关尽关。

2020年，P2P行业迎来"清零"时刻。到年中全国只有29家平台还在运营。8月末，运营平台只剩15家，较2019年初下降99%，借贷余额下降了84%，出借人下降了88%，借款人下降了73%。9月末，只剩6家。11月中旬，官方再发声，P2P平台完全归零。

至此，曾经红极一时的P2P彻底退出金融行业，谁都没想到P2P的落幕会来得如此之快。

三、清零背后的反思

从无到有，再到繁荣，最终消亡，P2P网贷成为互联网金融浪潮中短命的行业之一，这表明监管层降低互联网金融风险的决心。

银保监会表示，要加快构建现代化的金融监管体制：一是处理好金融发展、金融稳定和金融安全的关系，提升监管能力，加强制度建设，坚持市场化、法治化、国际化的原则，提高监管透明度。二是完善风险全覆盖的监管框架，增强监管的穿透性、统一性和权威性，依法将金融活动全面纳入监管，对同类业务、同类主体一视同仁。三是对各类违法违规行为"零容忍"，切实保护金融消费者的合法权益。四是大力推动金融监管科技建设，提升跨区域、跨市场、跨行业交叉的金融风险的甄别、防范和化解能力，提升监管的数字化水平。

现在网贷平台已全部清零，这对我国的金融监管而言无疑是向前迈出了一大步。回望网贷平台的整个监管过程，一路走来实属不易，你我共同见证了中国金融监管历史性的一幕。

资料来源：百度. https://baijiahao.baidu.com/s?id=1685026275725562604.

和讯网. http://p2p.hexun.com/2020-12-03/202548504.html.

第四章
众筹融资

众筹——互联网金融第三波热潮

众筹起源于国外。

2011年，国内第一家众筹网站"点名时间"正式上线，此后一大批同类网站先后登场，"大家投""追梦网"以及"盛大"旗下的"中国梦网"等多个众筹网站宣告成立。

2013年"双11"期间，淘宝推出了自己的众筹平台"淘星愿"。紧接着，阿里巴巴、京东、百度相继介入，使众筹的"种子"在互联网"沃土"上生根发芽。

数据显示，2014年上半年，国内众筹领域融资项目数为1423起，融资额1.88亿元；到2018年上半年，众筹融资项目数达40 274个，融资额也达到了137.11亿元。网络众筹这个新业态，正在国内迅速发展起来。

众筹市场潜力巨大，是企业纷纷涉足众筹业的主要原因。根据世界银行《发展中国家众筹发展潜力报告》，到2025年，全球众筹市场规模将达到960亿美元，中国将成为全球最大的众筹市场，预计规模460亿～500亿美元。互联网巨头、金融证券、传统企业、创业者将纷纷涌入众筹市场，股权类众筹、回报类众筹、债券类众筹、捐赠类众筹等模式不断创新，一场商业革命已经到来，众筹激发互联网金融的又一波热潮。

资料来源：胡世良.互联网金融模式与创新[M].北京：人民邮电出版社，2015.

百度. https://baijiahao.baidu.com/s?id=1652676863930095134&wfr=spider&for=pc.

第一节　众筹融资概述

众筹融资作为互联网金融发展的一种新业态，为大众投资人和融资者之间建立了连接的纽带，在促进金融脱媒、实现普惠金融以及促进资本市场多层次建设方面发挥了重要作用。

▌一、众筹的定义及特点

（一）众筹的定义

众筹，即大众筹资，翻译自国外crowdfunding一词，牛津词典将其解释为"通过互联网向众人筹集小额资金为某个项目或企业融资的做法"。

虽然大众筹资的行为早在千百年前就已出现，但是它在近几年才真正进入人们的生活。互联网的广泛普及和互联网的传播特性促使众筹进入了一个新领域。现代众筹是指通过互联网方式发布筹款项目并募集资金。由于其较低的准入门槛和行业广泛的包容性，众筹一经兴起就成为一种低成本、方便快捷的创业融资和投资方式，为新型创业公司的融资开辟了一条新的路径，促进创新创业。

众筹的参与主体包括筹资者、投资者和众筹平台，三者之间的关系如图4-1所示。

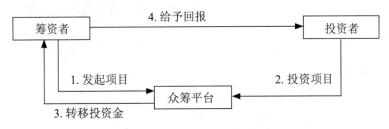

图4-1 众筹主体之间的关系

1. 筹资者

筹资者又称项目发起人，通常是需要解决启动资金问题的创意团队或有创意项目的微型企业，但也存在个别企业发布项目的目的是加强与网络市场用户的互动和体验，使产品的预销售和推广等其他功能得以扩展，项目发起人借助项目发布让公众(潜在用户)参与产品开发、试生产和推广等环节，借此使得项目产品获得更好的市场反应。项目发起人必须具备一定的条件(如国籍、年龄、银行账户、教育学历等)，项目的自主性应为100%，可在众筹平台上展示创新项目，设定筹资金额、期限、模式和预期回报方式等。

2. 投资者

投资者又称出资人，通常是指数量庞大的互联网用户。投资者在众筹平台选择感兴趣的项目，根据项目设定的投资档位进行投资后，获得预期回报，每个投资者都成为"天使投资人"。为了确保项目的顺利实施，投资者可以定期或者不定期地与该项目发起人进行沟通并发挥监督作用。

3. 众筹平台

众筹平台负责审核、展示筹资人创建的项目，是众筹融资的中介信息桥梁，负责将创新项目与社会资本进行对接。2014年12月18日，我国证券业协会颁布的《股权众筹管理办法》中第5条将股权众筹平台定义为"通过互联网平台为股权众筹投融资双方提供信息发布、需求对接、协助资金划转等相关服务的中介机构"。众筹平台是融资项目的筛选者和监督者，也是投资者的利益维护者，它是决定融资项目成功与否、合法与否的关键。

(二) 众筹的特点

众筹是一种新兴的有别于传统金融的融资方式。它借助互联网的开放、灵活、便捷、高效等特点，依托信息平台和社交网络，帮助项目发起人迅速把握市场脉搏，赢得目标客户群，筹集到项目启动资金，满足了创意经济、小微经济融资的需要。

众筹融资具有以下特点。

1. 开放性

无论筹资者是什么身份、职业、性别，只要有创意、有创造能力，都可以作为项目发起人。无论投资者是否有投资经验、出资金额多少，只要对某个项目感兴趣，都可以为项目投资。众筹为普通民众提供了直接参与金融市场的渠道，缓解了资本市场资金紧缺而民间资本投资无门的双重问题。

2. 效率高

众筹融资相对于传统渠道来说，手续简便。对于细节完善、可操作性强的项目，一经众筹网站发布，就很容易获得投资者的关注并融资成功，融资效率大大高于传统渠道。

3. 门槛低

众筹项目的筹资者一般是小微企业、初创企业或个人，投资者一般是普通个人。它对投资双方的门槛要求相比传统融资方式要低。

4. 风险小

在传统融资模式下，投资者数量少，单笔投资金额高，风险也相对集中。众筹的核心思想体现为"大众"，通过互联网平台的无界性，可以在短时间内聚集数量庞大的参与者，而每位投资者的投资额度可以很低，有利于通过分散化的方式降低融资风险。

5. 社交化

众筹融资其实是发动网络上的"陌生人"参与项目投资，借助互联网的社交属性，让互不相识的投融资双方在众筹平台上进行交流互动，了解项目的创新性和可行性，从而促成融资的成功。众筹平台的网络社交影响力决定了众筹项目的成功率。

▍二、众筹的类型

（一）按回报方式及投资人参与动机划分

按回报方式及投资人的参与动机，可将众筹分为4种类型：奖励式众筹、捐赠式众筹、股权式众筹、债权式众筹，详见本章第二节。

（二）按融资领域划分

按融资领域，可以将众筹分为科技类众筹、房地产众筹、影视众筹、汽车众筹、农业众筹、出版众筹等。

1. 科技类众筹

科技类众筹是指众筹对象为与科技相关的产品、公司、项目的众筹融资方式。这类众筹的对象主要是消费级科技产品，包括3C数码类产品、家用电器、智能设备等。科技类众筹通常表现为产品众筹和股权众筹模式，前者用于宣传推广、促进销售，通常选择客户流量较大的电商型众筹平台募资，京东众筹、淘宝众筹、小米众筹和苏宁众筹是发布此类项目较多的平台；后者主要表现为初创公司融资或是成熟型公司的老股转让，鉴于科技类公司创业成本较高且股权众筹融得资金有限，老股转让方式更加常见。

2. 房地产众筹

2012年12月8日，美国网站Fundrise率先将众筹的概念植入房地产行业，诞生了"房地产众筹"模式。Fundrise提供住宅地产、商业地产及旅游地产等各种类型的不动产项目，投资门槛只有100美元。目前，国内市场上较为常见的房地产众筹模式有融资开发型众筹、营销推广型众筹、投资理财型众筹。由于2016—2017年相关监管部门禁止了以炒房为目的的房地产众筹，房地产众筹所募集的资金不再投入房地产投资市场，投资者的利润分配主要来源于具体项目的经营所得。按照众筹过程中签订合同的不同，投资者可以获得股权、收益权或消费权益等。2018年，房地产众筹行业被广州、深圳等地叫停，发展受到限制。

3. 影视众筹

影视众筹是指投资者通过互联网为影视制作全过程募集所需要的资金、人才、剧本、设备等，以达到资助影视项目顺利完成的目的。相关项目主要包括院线电影、台播电视剧、新媒体电影、网络剧等，众筹一般发生在这些影视作品正式放映之前，项目筹备、摄制、后期制作、宣传发行的各个环节都可以发起众筹。

4. 汽车众筹

汽车众筹是指以汽车作为投资标的，通过互联网众筹平台向大众募集资金，用以购买汽车，将其出售或租赁给用户(个人、下级车商、汽车使用公司等)以获取买卖差价或租赁收入，并按约定的方式向投资者和服务方(一般为车商和平台)分配收益的众筹方式。

5. 农业众筹

农业众筹是指通过互联网众筹平台为农业筹集生产、加工、销售等环节所需资金的活动。随着互联网+"三农"理念的不断推进，农业众筹的发展前景向好。农业众筹主要表现为3种模式：收益权型(回报为土地使用权、农企股权、收益权等)众筹、农产品众筹以及捐赠型农业众筹。目前，国内市场中常见的是农产品众筹。

6. 出版众筹

出版众筹指的是通过互联网平台为出版项目进行的大众筹资行为。出版众筹是产品众筹(奖励式众筹)的一种，主要以图书和杂志为主(不包括影视出版)。出版作为一种生产形式，当它与"众筹"这一网络融资形式结合起来时，形成的是一种新型的出版经营模式，更加丰富了"众筹"内涵。它可以为出版项目筹集资金、宣传和推广项目，还能够帮助出版社预测市场，判断首印数量以降低出版风险，以及配合上线项目进行相关营销活动。同时，由于出版众筹模式具有互联网众筹开放性、互动性等特征，它形成的是一种作者与读者、出版方与市场之间的互动，这种互动更加直接，极具交互性，用户的黏性也更强。在整个出版过程中，项目投资人不仅充当投资人的角色，还在很高程度上参与项目的生产和实施，充当监督人和审稿人的角色。

(三)按经营范围划分

按照经营范围，可将众筹平台划分为综合型众筹平台和垂直型众筹平台。

1. 综合型众筹平台

综合型众筹平台是指涉及面广泛、支持多元化项目的筹资申请的网站。例如，Kickstarter按项目内容可以分为艺术、漫画、工艺、舞蹈、设计、时尚、影视、食物、游戏、新闻、音乐、摄影、出版、科技和戏剧15个大类，是一家典型的综合类众筹网站。国内的众筹网、点名时间也是支持多种类项目的综合类众筹网站。

2. 垂直型众筹平台

垂直型众筹平台是指支持某一特定领域的项目筹资申请、比较专一、富有行业特色的专业网站。垂直型众筹平台具有专一性的特点,使得平台能够规模化、低成本地细分众筹领域,满足个性化需求并形成独具特色的社区文化和基因,从而让投融资关系更加融洽。垂直型众筹平台能体现平台的专业性、权威性,并能精准定位,吸引特定投资人群反复投资,增加黏性。

随着众筹的不断发展,将会有越来越多的垂直型众筹平台出现。例如,Artistshare、Sellaband主要面向音乐领域;ZaoZao主要面向时尚设计领域,网站的目标客户是时尚爱好者;Venture Heath、Medsatrt等专门面向医疗领域;国内的淘梦网主要面向微电影领域。

▎三、众筹的兴起与发展

(一)国外众筹的兴起与发展

众筹可追溯至18世纪欧洲文艺作品的订购。在当时,很多文艺作品包括莫扎特、贝多芬等著名作曲家的作品,都是通过订购这种方式来完成的。在文艺作品创作前寻找订购者提供创作经费,待作品完成时,订购者可收到一本附有创作者亲笔签名的著作、协奏曲乐谱副本,或享受音乐会首场演出欣赏资格等。

众筹融资作为一种商业模式,起源于美国,早期以奖励式众筹为主。2001年,被誉为"众筹先锋"的平台——Artist Share公司诞生,该平台主要面向音乐界的艺术家及其粉丝。Artist Share公司的CEO创建这家公司时的想法是号召粉丝资助音乐唱片生产与发行,并获得只在互联网平台上发布的音乐专辑。音乐家则可以在网上得到更加优厚的合同条款,他们可以在Artist Share网站上通过向粉丝筹集资金,让自己的音乐作品得以顺利发行。Artist Share网站获得了极大的成功,受到资助的音乐项目获得了6座格莱美奖杯和21项格莱美提名。

2009年4月,久负盛名同时也是世界最大的众筹平台——Kickstarter网站正式上线。该网站创立不久就为入驻的创意项目成功募集到资金。由此,这种全新的融资模式引起了社会的广泛关注。除了艺术领域,众筹还被运用到了教育、科技、商业等更加广阔的领域。

专栏4-1

Kickstarter

2009年4月,Kickstarter在美国纽约正式上线,成为当时全球最大的综合性众筹网站,也是最具影响力的一家众筹网站。该网站致力于支持和激励具有创新性、创造性、创意性的活动。

Kickstarter网站的创意来自一位华裔创始人Perry Chen。2002年,他因为资金问题被迫取消了一场筹划中的将于新奥尔良爵士音乐节上举办的音乐会,这让他非常失落,进而他开始酝酿建立一个募集资金的网站。Perry回忆说："一直以来，钱就是创意事业面前的一个壁垒。我们脑海里常会忽然浮现出一些不错的创意，要想看到它们有机会实现，除非你有个富爸爸，否则，它只能停留在创意阶段。"

Kickstarter面向公众为创意类项目及小企业筹集资金，开启了大众化融资方式。Kickstarter是典型的奖励式众筹平台，它给投资者的回报通常是一个产品或会员卡、入场券。目前Kickstarter支持的领域包括影视、音乐、游戏、软件等15个大类，所有项目需要经过事先审核。如果筹资成功，Kickstarter将收取5%的服务费，另外还收取3%～5%的费用作为提供支付服务的Amazon平台的服务费用；如果筹资不成功，则收取8%～10%的服务费。此外，Kickstarter逐渐将业务拓展到了英国、加拿大、澳大利亚、新西兰等国。截至2015年末，Kickstarter一共为9.6万个项目融资20亿美元，平均每个项目筹资额为2万美元，筹资时间为16～30天。其中，科技类、游戏类、设计类项目所获得的筹资额最高。

截至2018年3月，Kickstarter已成功为超过14万个众筹项目筹得资金，筹资总额达到35.65亿美元。

资料来源：牛瑞芳. 互联网金融基础[M]. 北京：中国财富出版社，2019.

2012年4月，美国颁布的Jumpstart Our Business Startups Act(可译为《促进创业企业融资法案》，以下简称乔布斯法案)规定，基于互联网的众筹可以免于在美国证券交易监管协会(SEC)注册，企业使用众筹筹资，1年内筹资累计金额不能超过1百万美元，筹资过程必须由一个合规的中介机构进行。乔布斯法案放宽了对众筹的限制，确立了股权众筹平台的合法地位，推动了众筹行业在美国的快速发展，使股权众筹成为众筹的一种主流模式。2012年8月，Fundable上线，成为美国第一家以股权筹资模式帮助创业者进行股权融资的网络平台。由于有了针对投资者保护的种种措施，使股权成为众筹的可行回报方式，也能够有效地控制项目发起者的道德风险和逆向选择，为未来更大的融资规模提供法规基础。

依托宽松的市场环境，美国成为众筹模式发展最为活跃的国家，众筹网站及融资规模也遥遥领先。英国、加拿大、澳大利亚等国的众筹发展也较为活跃，亚洲、拉丁美洲等国家和地区也引入了众筹融资模式，如新加坡的ToGather等。总体而言，全球众筹融资发展迅速，融资规模逐年增长，2010—2016年，全球互联网众筹融资规模保持80%以上的年复合增长率，2016年达到1989.6亿美元，众筹已成为一种成熟的、行之有效的融资方式。

(二) 国内众筹的发展

国内众筹的发展始于2011年7月，商业模式类似Kickstarter的"点名时间"上线，随后出现了首家股权融资平台——天使汇，以及追梦网、大家投等众筹平台，但用户数量和交易额在2014年以前处于缓慢增长的状态。

从2014年开始，随着京东、苏宁和蚂蚁金服等各大互联网巨头进入众筹领域，国内众筹行业迅速发展，众筹网站数量破百，众筹融资用户规模达100万人。2014年10月，京东众筹诞生了中国首个千万级众筹项目。2014年12月，中国证券业协会针对股权众筹发布了《私募股权众筹融资管理办法(试行)(征求意见稿)》，给投资者设定了与私募风险程度相配套的高门槛，打破了股权众筹一直以来的法律制度空白状态，对股权众筹的性质，股权众筹平台的条件、权利和义务，合格投资者条件，投资者保护，众筹平台的监管等多方面进行了初步的界定。

2015年被称为中国的"众筹元年"，中国人民银行等十部委发布了《关于促进互联网金融健康发展的指导意见》，证监会发布了《关于对通过互联网开展股权融资活动的机构进行专项检查的通知》，明确了股权众筹的定义及监管部门，行业逐步进入规范发展阶段。

从2016年起，随着监管趋严，全国正常运营的众筹平台骤减，行业进入洗牌期。

据众筹家旗下的人创咨询统计，截至2018年6月底，全国共上线众筹平台854家，2011—2018年份上线众筹平台数量如图4-2所示。其中，正常运营的为251家，下线或转型的为603家。运营中平台的类型分布为：股权型平台80家，权益型平台75家，物权型平台48家，综合型平台34家，公益型平台14家。

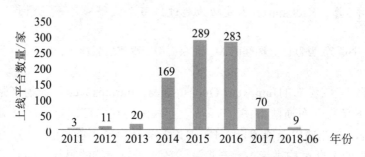

图4-2　2011—2018年上线众筹平台数量

虽然近年来众筹平台的数量骤减，但众筹成功项目数量及融资额都呈上升趋势。2018年上半年，共获取众筹项目48 935个，其中成功项目为40 274个，成功项目融资额达到137.11亿元，与2017年同期成功项目融资总额110.16亿元相比增长了24.46%，成功项目的支持人次约为1618.06万人次。

在互联网金融快速发展的浪潮下，众筹模式得到越来越多人的认可，其平台价值和发展潜力也不断受到社会各界和资本市场的追捧。世界银行报告预测称，2025年全球众筹总募集资金将会突破960亿美元(将近6500亿元人民币)，其中亚洲的占比将大幅提升，而中国将成为世界上最大的众筹投资方，为这个预计达960亿美元的市场贡献近一半的资金，这显示出众筹平台正在成为投融资的重要平台。

第二节　众筹的模式

一、众筹的运营模式

按照回报方式及项目支持者参与动机的不同，众筹模式大体分为购买模式和投资模式，具体又包括奖励式众筹、捐赠式众筹、股权式众筹、债权式众筹等，如图4-3所示。

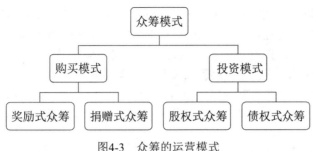

图4-3 众筹的运营模式

（一）奖励式众筹

1. 奖励式众筹的含义

奖励式众筹也称产品众筹、预售众筹或回报众筹，是指投资者根据筹资者对潜在产品或服务的介绍，按照契约规定为项目提供融资支持，项目成功后以产品或服务等非金融形式获得回报，即"我给你资金，你给我产品或服务"。

众筹处于产业链的最前端，可以快速地发现和发掘有潜力的产品项目；项目发起人通过用户的支持，可以验证项目是否符合市场需求，从而大大降低项目失败的风险，还能帮助发起人获得第一批忠实粉丝；众筹后的数据结果将为项目获得进一步融资提供强有力的支撑；众筹网站也会根据项目筹资表现的数据，提供信贷、孵化或投资等金融服务。因此，奖励式众筹的核心诉求并不是直接融资，而是"筹人、筹智、筹资"。

2. 奖励式众筹的特点

奖励式众筹主要有以下几个特点。

(1) 筹资与营销相结合。预售产品是奖励式众筹的重要特征。投资者提供资金给筹资者生产新产品，是基于对该产品有兴趣的"订购"，可使筹资者获得第一批忠实粉丝。同时，投资者拿真金白银支持，可以验证项目是否符合市场需求，大大降低项目失败的风险。众筹后的数据结果，可以用来测试和预测量产规模，培养和精准定位首批用户群，从而起到宣传营销的作用，如利用得好还能带来用户的口碑营销。奖励式众筹解决了项目发起方的筹资问题、客群问题，减少了营销成本，提前完成了项目发起方的回款与销售闭环。

专栏4-2

众筹营销模式

众筹营销利用移动互联网对传统产业进行改造和升级，通过筹钱来降低门槛，提高参与者的发言权，通过分红来刺激参与者传播推广产品，以筹钱为辅，以筹智为主，实践开放、平等、协作、快速、分享的互联网精神，并通过网络找到志同道合的一群人共同打造一款产品，满足个人消费对新产品的终极诉求。可见，众筹营销对消费者有着很强的吸引力，其整个过程也是参与者对产品的DIY过程，可以满足消费者更加个性化、碎片化的需求。

从本质上来讲，"众筹营销"筹的是信任，筹的是"同道中人"，筹的是社会资源。

众筹营销类似淘宝推出的C2M(customer-to-manufacturer，用户直连制造)的概念，意思就是消费者发起产品的订购邀约以及提出一些DIY柔性需求给厂家，而厂家在消费者下单之时起，即可全程提供生产排期和产品追踪信息。该模式实现了两个重大突破：一是用户可以提出自己的一些需求，厂家有针对性地生产；二是改变了以往按照批次进行生产的方式，变成根据订单需求实施线性生产，真正地以订单驱动市场。众筹的核心是按需生产，这个需求包括消费者对产品功能的需求，以及消费者的需求量，对应的生产模式是柔性生产。

由于媒体传播方式的改变，现在的营销传播已经从以前的单向传播转变为互动传播，每个消费者都可能是一个自媒体，都可能是内容的制造者和传播者，因此，对于消费者而言，作为参与者、投资者和消费者的边界更加模糊化，而很多企业也希望通过众筹，筹用户、筹体验，说得更直接点，就是用资金对一个项目前期的市场反应进行投票。

众筹几乎继承了互联网营销新模式的所有基因：O2O体验店、网络推广营销、亲民参与度、个性定制，而它的资金募集方式和资源激活手段，更是在原有基础上达到了极致，堪称企业市场营销与管理模式的大进化、大创新。

一、融资模式：新品曝光

以娱乐宝为代表，一批涉及影视、文学、科技研发、教育培训等多元化创新模式的众筹项目正在涌现，其中包括债券、股权、捐赠、回报等各种投资形式，以众筹融资为关键词的新兴思维正在互联网空间蔓延，众筹正在成为个人或小微企业通过网络渠道进行低成本融资的新渠道。

例如，在国内，拟设在深圳前海新区的全球首个兆瓦级分布式太阳能电站也宣布采用众筹模式融资1000万元，融资者只要出资10万元就可以成为上述太阳能电站的股东。

依托互联网平台，利用社会性网络服务传播特性面向公众筹资，促使互联网新型融资模式打破了创业项目筹资者与投资者之间的固有障碍，让普罗大众成为创业项目的资金来源者。

二、预购模式：消费者交互

根据来自百度百科的概念，众筹是指"用团购+预购的形式，向网友募集项目资金的模式"。现在从众筹的发展态势来看，这一概念显得狭隘，但并不妨碍"团购+预购"已成为众筹营销的一种重要模式。

这种模式也可被看作预消费模式，即先让消费者掏腰包，再制造产品。

更有意思的是，一边是众筹营销，另一边是众包设计，众筹的整个过程也是参与者对产品的DIY过程，迎合的是当下的C2M趋势。互联网时代，消费者的需求更加个性化、碎片化，谁满足了消费者的需求，谁就能赢得市场，市场权力逐渐倾向于消费者。

从某种程度来看，"众筹营销"与其说是一种销售模式，倒不如说是一种企业主动建立品牌形象的过程。

三、赞助模式：主动传播

随着玩法的推陈出新，众筹的外延也在逐渐扩大。

相信每个人都对微信集赞、微博转发并不陌生，在社交网络兴起后，"人际网络"越发成为一种筹码。众筹，有时筹集的是亲朋好友的钱，有时筹集的是关注或传播力。在赞助模式下，很多项目发起人看重的未必是真正筹到的钱，而是在这个"赞助"过程中，一传十、十传百的传播效应；而参与者得到的是真正的优惠，这是主动参与的内在驱动力。发起人得到实惠，赞助者投资情感，品牌方得到传播，整个众筹流程自然良性运转。

在营销创新方面，车企一向敢为人先，很多车企也开始试水"众筹营销"，如现代和道奇。现代和一家网络众筹平台独家合作，开展了一项联合捐助活动，帮助消费者向朋友或亲人筹措购买新车的资金，人均上限为500美元。这样一项活动使得现代在北美实现了1600辆的销量。而道奇则是通过邀请朋友或者亲人赞助一辆汽车不同组件的方式，实现汽车销售。尽管到目前为止，道奇通过这种模式只销售了2辆汽车，但其品牌营销经理梅丽莎·加利克对"众筹营销"颇为满意，并认为该活动提升了道奇在消费者心目中的品牌价值。

资料来源：张惠兰. 互联网金融运营实务[M]. 北京：中国人民大学出版社，2019.

(2) 应用领域广。相较于其他形式的众筹，奖励式众筹的应用领域更加广泛，包括文化、科技、影视、音乐等。同时，奖励式众筹也可以作为其他众筹模式的有益补充。例如，债权式众筹和股权式众筹中都可以加入奖励式众筹的元素，作为其补充手段吸引投资者，从而促进项目的成功。比如，2014年，京东和阿里娱乐宝众筹平台采取奖励式众筹为郭敬明编剧和导演的《小时代3：刺金时代》募集资金，作为对价，项目筹资方承诺为符合条件的投资人提供限量版T恤衫、首日电影票等奖励，甚至还可以安排筹资方到剧组探班。这部电影的拍摄模式取得了巨大成功，即使媒体和观众对这部电影存在许多负面评价，但在奖励式众筹和互联网的宣传推动下，该影片依然获得了5.2亿元票房收入，居2014年华语电影票房收入排行榜前10位。

(3) 大众参与性强。相较于其他众筹模式，奖励式众筹具有门槛低、机制灵活、风险低、易成功等特点。无论是科技、影视、动漫，还是出版，甚至是农产品，只要项目有创意、有特色、有亮点，都可以在众筹平台上募集资金，把产品和服务由小众推向大众市场，加大了产品的曝光率，也极大地调动了大众参与性，从而使社会上的闲散资金得到很好的利用。

3. 奖励式众筹的优缺点

(1) 优点。通过奖励式众筹，项目研发人员可以提前对市场进行测试，了解自己研发的产品是否受欢迎，从而规避风险，更好地把握研发方向；普通用户加入宣传链中会带来巨大的传播效应，而且由于用户能直接参与研发，提出需求，能够打消购买顾虑，同时增强参与感；对于厂商来说，能够预知一些原本发货后才能发现的问题，有助于及时对产品进行调整。

(2) 缺点。奖励式众筹如果运作不够规范，项目发起人发布一些虚假信息，就有可能存在集资诈骗风险；也有一些奖励式众筹项目"筹钱易、交付难"，给投资者造成困扰和损失。

4. 奖励式众筹的平台

根据奖励式众筹的产品特点，可将众筹平台分为综合类众筹平台和垂直类众筹平台。

(1) 综合类众筹平台。项目类别比较丰富，接受项目范围广，融资能力强。代表性平台有京东众筹、众筹网、淘宝众筹等。

(2) 垂直类众筹平台。对众筹领域进行细分，专一性强，是专门为影视、音乐、游戏、农业等某个领域提供众筹服务的平台。代表性平台有音乐众筹平台——乐童音乐、影视众筹平台——淘梦网、游戏和动漫众筹平台——摩点网等。

2014年8月，国内第一家综合类众筹网站——点名时间宣布不再接受设计、娱乐、影视类项目，之后在其官方网站上只会看到智能产品的首发，这预示着点名时间开始向垂直类众筹网站转型。垂直类众筹网站是专门为影视、音乐、游戏、农业等某个领域提供众筹服务的平台，在京东、淘宝瓜分众筹市场，苏宁入局呈三足鼎立的态势下，垂直化转型是流量拼不过BAT巨头的众多众筹网站的唯一出路。

一方面，众筹的实质不同于电商，众筹网站不单是售卖新奇产品的平台，它的初衷是满足人们的精神需求，帮助人们实现创意。垂直类众筹网站小而精，能兼顾筹资人的情怀和梦想。另一方面，垂直类众筹网站直接面对更多具备专业知识的投资者，省去了筹资者介绍项目基础知识的时间，能提高众筹项目的成功率。

专栏4-3

科技众筹——把纸飞机变成智能遥控飞机

奖励式众筹的经典成功案例之一是科技公司PowerUp的科技众筹项目——把纸飞机变成遥控飞机。该项目是由PowerUp于2013年11月在Kickstarter平台上发布的，并设置了5万美元的预期筹资金额。它的项目内容是：设计一套包含螺旋桨、方向舵、远程控制器和电池的装置，将这个装置安装在纸飞机上，可以让纸飞机在空中飞行10分钟，并且还能通过苹果手机来控制纸飞机的飞行航线。

该众筹项目设置了10个档次的筹资回报，具体内容如下所述。

1美元：可以得到一个飞机折纸教程，有393位支持者关注。

5美元：可以得到一个定制的纸飞机模板，带有设计者Shai Goitein的签名，有213位支持者关注。

30美元：可以得到一套基本智能遥控装置(1个螺旋桨)，有3741位支持者关注。

40美元：可以得到一整套基本的智能遥控装置，包括1个螺旋桨、5个PowerUp-certified模板和1块充电电池(不包括无配备电池)，并提供独家Kickstarter版包装。

75美元：可以得到一套完美的智能遥控装置，包括1个螺旋桨、5个PowerUp-certified模板、可充电电池、USB适配器和一个个性化的、带有设计者Shai Goitein签名的纸飞机。

250美元：可以得到测试尝鲜包——加入测试项目，帮助改进产品。PowerUp 3.0生产原型将在项目结束后两周内发送给支持者，包括PowerUp 3.0完美的整套产品和指南手册。

300美元：可以得到一套完整的飞行家装备。除了PowerUp 3.0整套产品之外，还有完整的指南手册以及独家PowerUp 3.0-Branded飞行员帽子和一件飞行夹克，你的名字和"我支持PowerUp 3.0 Kickstarter"将印制在这些衍生品上。

最终，该项目吸引了21 412位支持者，共筹集到1 232 612美元。

该项目以"唤起童年纸飞机的梦想"为主题，成功地唤起人们对童年时希望让自己的纸飞机飞得更高、更远的愿望。通过PowerUp 3.0智能遥控装置，人们可以将自制的纸飞机改造成通过手机App控制的遥控飞机，从而满足了人们曾经的小梦想。

同时，该项目根据筹款的多少来升级产品，以便支持者更好地体验产品，吸引支持者利用自己的社交平台传播产品。在众筹总额的设定上，该项目采用了多级目标，初始目标较低，相对来说是一个比较容易实现的额度。而筹款额度越高，项目研发的内容也会越来越丰富，并进一步满足人们改造飞机、提升飞机性能的需求，这一项目的成功之处便在于此。在众筹平台上，这种逐步升级的模式通过类似游戏中过关斩将的方式展示出来，可让项目更加具有吸引力。

资料来源：希财网. https://www.csai.cn/zhongchouzixun/769098.html.

（二）捐赠式众筹

1. 捐赠式众筹的含义

捐赠式众筹又称公益式众筹，是指出资者以捐赠或者公益的形式，不求任何实质回报地为项目或者企业提供资金。这类众筹是对传统慈善机构的一种补充，通过网络众筹平台对慈善项目或弱势群体的困难进行宣传，以引起社会各界热心人士的关注和无偿募捐。

2. 捐赠式众筹的特点

捐赠式众筹具有低门槛、多样性、依靠大众力量等特点。众筹的本质是聚集大众力量完成某件事情。在公益领域，更加需要大众参与。无论是基金会、注册机构，还是民间组织，都可以作为公益项目的发起人，发起捐赠式众筹。

在捐赠式众筹中，投资者是赠与人，筹资者是受赠人。投资者向筹资者提供资金后并不求任何回报，筹资者也无须向投资者提供任何回报，因此公益众筹具有无偿性。但公益众筹的"捐赠性"是从投资者与筹资者的角度来说的，众筹平台还是会根据项目的筹资进度以及筹资额度收取相应的管理费用。

3. 捐赠式众筹的优缺点

(1) 优点。捐赠式众筹的优点主要在于：第一，扩大公益范围、增强项目创意。传统公益组织开展的项目大多集中于扶贫、救灾等方面，而借助捐赠式众筹开展的公益活动除关注扶贫、救助外，更多强调创新和梦想等。第二，门槛低，为"草根"阶层提供了参与的机会。许多"草根"阶层的家庭成员身患重大疾病时面临没钱治疗的困境，捐赠式众筹为这类家庭筹集费用带来了希望。患者家属只需在众筹平台上进行申请、提交材料并通过审核后，就可以在短时间内筹集到一定数量的费用，且不需要承担还款压力。

(2) 缺点。参与捐赠式众筹不需要项目发起方的回报和回馈，这体现了项目的社会公益性质。但是，这一"不求回报"的特性容易被一些"别有用心"的人利用，如果众筹平台审核监督不力，可能会出现"诈捐"现象，使民众对这种献爱心的方式产生信任危机。

4. 捐赠式众筹的运营模式

捐赠式众筹在英美发达国家已经发展得较为成熟，这与其税收政策和公共福利文化背景有关。国外典型的捐赠式众筹平台有美国的GoFundMe和英国的Prizeo。

在我国，捐赠式众筹平台以三种方式来运营：一种由用户个人发起公众募捐，比如腾讯公益项目，就是利用朋友圈的个人关系为需要帮助的人募集捐款；第二种是由捐赠式众筹平台根据《基金会管理条例》设公募基金会，代替资金需求方向公众发起募捐，但公募基金会申请门槛较高，难以获批；第三种是微公益模式，由有公募资格的NGO发起、证实并认领，捐赠式众筹平台仅发挥纯平台作用，如腾讯公益下的"乐捐"。

（三）股权式众筹

股权式众筹起源于2012年4月，时任美国总统奥巴马签署了乔布斯法案，进一步放松对私募资本市场的管制，法案允许小企业在众筹融资平台上进行股权融资，不再局限于实物回报；同时法案也做出了一些保护项目支持者利益的规定。股权式众筹平台FundersClud是乔布斯法案的产物。2013年，我国出现第一例股权众筹案例。2014年5月，证监会明确了对于众筹的监管，并出台监管意见稿。2014年11月19日，国务院总理李克强主持召开国务院常务会议，要求建立资本市场小额再融资快速机制，并首次提出"开展股权众筹融资试点"，股权式众筹融资逐步得到社会的认同，传统金融机构、股权交易所、互联网企业、科技园区等纷纷试水股权众筹领域。

1. 股权式众筹的含义

根据《关于促进互联网金融健康发展的指导意见》给出的定义，股权式众筹融资主要是指通过互联网形式进行公开小额股权融资的活动。股权式众筹融资必须通过股权众筹融资中介机构平台(互联网网站或其他类似的电子媒介)进行。股权式众筹融资的中介机构可以在符合法律法规的前提下，对业务模式进行创新探索，发挥股权式众筹融资作为多层次资本市场有机组成部分的作用，更好地服务创新创业企业。

股权式众筹是明确以项目股权作为回报的一种众筹方式，其本质属于民间融资。因为回报是资本，所以这也算是一种追逐利润的投资(尽管按照规定，项目发起人不能承诺回报)，受到诸多政策的限制。与私募股权投资相比，股权式众筹主要通过互联网完成"募资"环节，因此可以说"股权式众筹是私募股权互联网化"。

2. 股权式众筹的特点

股权式众筹具有如下特点。

(1) 本质上仍然属于股权投资。从投资者的角度看，股权式众筹本质上仍然属于股权投资，具有股权投资的性质，投资者因出资而享有财产权和经营管理权，不要求偿还本金，但要求较高的投资收益。

(2) 投资门槛相对较低。传统股权投资金额大，大众投资者难以对企业进行投资，但是股权式众筹因投资者数量多，降低了单人投资金额，且因互联网众筹平台的开放性，使得这些股权投资项目对大众投资者敞开。因而，大众投资者也可以进行小额的股权投资，从而对传统企业的股权投资成为可能，对于大众投资者来说，也增加了一种投资渠道。

(3) 高效便捷。对于股权式众筹而言，项目的发布、推介和交易环节均通过互联网实现，大大提高了投融资双方的沟通和交易效率，同时降低了启动成本、营销成本和交易成本。股权式众筹投资方浏览项目、与项目方进行沟通交流、预约、认购、支付、收到分红等也通过互联网在线操作，操作十分便利，交易成本低。

(4) 高风险、高回报。股权式众筹主要解决处于初创阶段的中小微企业的融资难问题，尤其是一些高科技创业项目，如软件、电子游戏、计算机等领域。该类创业项目风险较高，很多投资都无法收回成本，相应地，其投资回报也较高，一旦项目运作成功，会给投资者带来丰厚的回报。为了防控股权式众筹的风险，一般会对投资者的进入门槛有一定的要求。

(5) 专业性强。对于投资者而言，选择好的项目至关重要。即使有一个好的投资项目，还需要好的领投人甚至平台，来参与一定的投资管理，帮扶项目成长。在国外，众筹平台会对项目的估值、信息披露、融资额等情况进行严格审核，只有通过审核的项目才能通过股权式众筹筹资。

3. 股权式众筹的优缺点

(1) 优点。传统的融资方式对企业的要求较高，中小微企业尤其是初创企业很难满足严苛的融资条件。股权式众筹高度体现了互联网金融的特征——去中心化、点对点直接交易，不需要企业支付高额的审计、保荐等费用，也不需要企业支付高额利息或违约金，融资难度较低。对于中小微企业来说，融资渠道不足，上市融资的成本高，股权式众筹的出现迎合了中小微企业的融资需求。作为我国多层次资本市场的组成部分，股权式众筹行业对补齐资本市场短板作用显著。

(2) 缺点。由于引进了新的投资者或者出售了新的股份，会导致公司控制权结构的改变，分散企业的控制权。同时，股权式众筹的资本成本要高于债务筹资。

4. 股权式众筹的运作模式

针对融资企业所处的发展阶段、企业类型以及融资需求，股权式众筹的运作模式分为3种：凭证式众筹、会籍式众筹和天使式众筹。

(1) 凭证式众筹。凭证式众筹是指在互联网平台上，通过卖凭证和股权捆绑的形式来募资，出资人付出资金取得相关凭证，该凭证又直接与创业企业或项目的股权挂钩，但投资者不成为股东。购买了筹资者发行的凭证后，出资者可以获得相关的权利和回报，如电子杂志阅览权、业务培训权等，或者获得相应的分红回报等。

▶ 案例4-1

美微传媒

2012年10月5日，淘宝出现了一家店铺，名为"美微会员卡在线直营店"。淘宝店主是美微传媒的创始人朱某，原来在多家互联网公司担任高管。在美微淘宝店中，消费者可拍下相应金额的会员卡，拥有会员卡的消费者除了能够享有"订阅电子杂志"的权益，还可以拥有美微传媒的原始股份100股。朱某于2012年10月5日开始在淘宝店上架公司股权，4天之内，筹集资金80万元。

在美微传媒的交易还未全部完成时，美微淘宝店于2013年2月5日被淘宝官方关闭，阿里对外宣称淘宝平台不准许公开募股。证监会也约谈了朱某，最后宣布该融资行为不合规，美微传媒向所有购买凭证的投资者全额退款。

按照《中华人民共和国证券法》的规定，向不特定对象发行证券，或者向特定对象发行证券累计超过200人的，都属于公开发行，都须经过证券监管部门的核准。朱某的集资手段明显违规，构成了擅自发行股票罪，最终也受到了相应的处罚。

资料来源：谭玲玲. 互联网金融[M]. 北京：北京大学出版社，2019.

在淘宝上通过销售凭证和股权捆绑销售的形式进行募集，可以说是美微的一个尝试，虽然最终因涉嫌非法集资被证监会叫停，但其中不乏可以借鉴的亮点，比如门槛低，百元也可购买。

目前，国内没有专门做凭证式众筹的平台，但《关于促进互联网金融健康发展的指导意见》明确指出："股权众筹中介机构可以在符合法律法规的前提下，对业务模式进行创新探索，发挥股权众筹融资作为多层次资本市场有机组成部分的作用，更好服务创新创业企业。"所以，未来如何在股权式众筹和非法集资之间找到平衡点，还有待股权众筹机构的尝试和创新。

(2) 会籍式众筹。会籍式众筹是指在互联网上通过熟人介绍，出资人付出资金，直接成为被投资企业的股东。这种模式通常应用于店铺众筹中，投资人通过投资不仅能直接成为被投企业的股东，在获得相应回报的同时还能拓展人脉圈。

▶ 案例4-2

3W 咖啡

2012年，3W咖啡通过微博招募原始股东，每人10股，每股6000元，相当于一个人出资6万元。很多人并不是特别在意6万元，他们认为，花点小钱成为一家咖啡馆的股东，可以结交更多人脉，进行业务交流，这是很划算的。很快，3W咖啡汇集了一大帮知名投资人、创业者、企业高管等。

3W咖啡的成功掀起了中国众筹式创业咖啡的浪潮。没过多久，几乎每个有一定规模的城市都出现了众筹式咖啡厅。应当说，3W咖啡是我国股权式众筹软着陆的成功典范，具有一定的借鉴意义。但也应该看到，出资建立这种会籍式咖啡厅的人，大多不是奔着财务盈利的目的去的，更多股东在意的是其提供的人脉价值、投资机会和交流价值等。

资料来源：http://www.360doc.com/content/15/0425/15/16947915_465907042.shtml.

(3) 天使式众筹。出资人通过互联网寻找投资企业或项目，付出资金直接或间接成为该公司的股东，同时出资人往往伴有明确的财务回报要求，一般适合高科技创业企业或项目。天使式众筹是股权式众筹的典型代表，除了募资环节通过互联网完成外，它与现实生活中的天使投资或风险投资(venture capital，VC)没多大区别。

天使式众筹按照是否有领投人，可分为无领投模式和"领投+跟投"模式。

无领投模式即直接合投模式，投资者在众筹平台上浏览可投资的项目，然后对其创始人背景、行业情况、主要产品、发展潜力等各方面做出风险与收益的权衡，据此选择个人认为有潜力的企业进行投资。如果项目达到目标投资金额，则表明融资成功，投资者随后会收到股权证明、投资协议书等代表股东身份和未来收益凭据的纸质文件。采用这一模式的典型代表是全球最早的股权型众筹平台Crowdcube，其运作流程类似淘宝，它直接把投资者和融资者连接起来。当融资者有项目在Crowdcube上线时，融资者需要提供项目描述、退出机制、投资机会总结、商业计划和未来几年的财务预测。Crowdcube会在72小时内对项目进行审核，审核通过后融资者才能把自己的融资计划发布在Crowdcube上，然后投资者可根据意愿在一定的投资期限(通常为60天)内投资，直至达到目标金额或投资期限截止。

"领投+跟投"模式是指在项目中引入一两个专业投资人作为领投人，负责项目的筛选、推介和投后管理等专业性工作，一般投资人只需要作为跟投人出资即可。而众筹平台作为信息中介，主要负责融资项目的撮合。由于股权投资涉及后续的项目监督、管理和资源支持等一系列事宜，门槛相对较高，需要参与者拥有良好的风险认知和风险承受能力。

目前，"领投+跟投"模式是天使式股权众筹中最理想的模式。

"领投+跟投"模式中，各方具体的权利与义务如下所述。

领投人：负责项目的尽职调查，撰写调查报告，协助披露相关项目信息，负责项目的投后管理，代表所有投资人出席董事会等工作。领投人出钱、出力，可获得额外的管理费收入，这笔费用由跟投人支付，一般不超过跟投人投资收益的20%。

跟投人：基于自己的判断和对领投人的专业认可度做出投资决策，不参与公司的重大决策，不进行投资管理。一般而言，跟投人需要入股专门为融资项目设立的有限合伙企业，通过有限合伙企业间接持有融资企业的股权权益，分享融资企业股权增值的收益。

众筹平台：负责对项目信息进行初步筛选，不对项目的收益进行任何形式的"担保"，也不保证信息的准确性，不过有协助投资人进行投后管理的义务。

图4-4展示了"领投+跟投"模式股权众筹的运作流程。

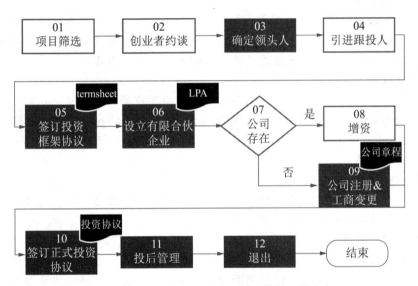

图4-4　"领投+跟投"模式股权众筹的运作流程

专栏4-4

"领投+跟投"模式股权众筹的运作流程

从众筹平台的角度，股权众筹的运作流程包括以下步骤(具体操作过程中，由于项目、平台等差异，或有顺序上的变更)。

一、筛选优质项目

创业者需要将项目的基本信息、团队信息、商业计划书上传至众筹平台，由平台的投资团队对每一个项目做出初步质量审核，并帮助信息不完整的项目完善必要信息，提升商业计划书质量。项目通过审核后，创业者就可以在平台上与投资人联络。

二、与创业者约谈

股权众筹投资标的主要为初创型企业，企业的产品和服务研发正处于起步阶段，几乎没有市场收入，所以决定投资与否的关键因素就是投资人与创业者之间的沟通。据调研得知，很多投资人都会选择学习能力强、有格局、有诚信的创始团队进行投资。

三、选出优秀的领投人

很多股权式众筹平台都采用"领投+跟投"的投资方式，所以确定一个优秀的领投人是众筹成功的关键所在。领投人一般需要履行以下职责。

(1) 负责项目分析、尽职调查、项目估值议价、投后管理等事宜。

(2) 向项目跟投人提供项目分析与尽职调查结论，帮助创业者尽快完成项目融资。

(3) 帮助创业者维护协调融资成功后的投资人关系。

(4) 牵头创立合伙制企业。

四、吸引跟投人进行投资

跟投资人通常是普通投资者，只要跟着领投人投资项目，成功的话就可以获取回报，并且以回报的20%作为对投资人的报酬。

五、签订投资框架协议

投资框架协议是投资人与创业企业就未来的投资合作交易所达成的原则性约定，除约定投资人对被投资企业的估值和计划投资金额外，还包括被投资企业应负的主要义务和投资者要求得到的主要权利，以及投资交易达成的前提条件等内容。

六、设立有限合伙企业

在合投过程中，领投人与跟投人入股创业企业通常有两种方式：一是设立有限合伙企业，以基金的形式入股，其中领投人作为普通合伙人(general partner GP)，跟投人作为有限合伙人(limited partner，LP)；另一种是通过签订代持协议的形式入股，领投人负责代持并担任创业企业董事。

七、创业企业注册或变更

众筹成功后，若该创业企业已经注册了公司，那么直接增资即可；还没有注册公司的话，就需要进行公司注册并办理工商变更。

八、签订正式投资协议

正式投资协议主要规定了投资人支付投资款的义务及其付款后获得的股东权利，并以此为基础规定了与投资人相对应的公司和创始人的权利与义务。协议内的条款可以由投融资双方根据需要选择增减。

九、投后管理及退出

除资金以外，很多股权众筹平台会在企业完成众筹后，为创业者和投资人设立投后管理服务，使双方能够无障碍沟通，这样可以帮助创业企业更快成长。

十、退出

退出是资金流通的关键所在，只有完成了有效的退出，才能将初创企业成长所带来的账面增值转换为天使投资人的实际收益。

资料来源：众投邦. https://www.zhongtou8.cn/help/index/id/21.

▶ **案例4-3**

众投邦股权众筹平台

深圳市众投邦股份有限公司是一家专业的新兴产业金融科技服务平台，创立于2013年，2014年1月正式上线。众投邦是国内首家新三板股权众筹平台，是中国证券业协会批准的首批8家互联网股权投融资试点会员单位之一，主要通过"领投+跟投"的模式帮助拟挂牌或已挂牌新三板的成长期企业进行股权融资。该平台聚焦互联网、移动互联网、文化传播、消费服务、节能环保、新材料、新能源、大健康等新兴领域。在互联网非公开私募股权行业，众投邦排名全国前三，在全国股权众筹平台中排名前十。

一、"领投+跟投"模式

众投邦主要采用专业投资机构领投、合格投资者跟投的模式。一方面，为中小微企业筹资、筹智、筹人等提供支持；另一方面，满足普通人参与股权投资及财富增值的梦想。

众投邦平台对领投人门槛有着较高的要求，如必须是符合我国法律法规相关规定的专业机构投资者或者投资经验丰富的专业个人投资者，熟悉股权投资领域，有成功的股权投资案例和投资经验(两个以上投资案例)，有丰富的行业资源和较强的影响力，有很强的风险承受能力等。众投邦还有签约固定的领投机构，参与优质项目的发现与领投。此外，众投邦平台充分发挥"领投+跟投"模式的优势，在领投人的基础上加入了基金元素，即"新三板领投基金"，并且利用双层的交易结构带动了更多的项目投资，不仅分散了投资者的风险，还扩大了收益倍数。

众投邦平台对跟投人也有一定的要求，如跟投方应是境内合法的自然人或机构，投资资金来自合法渠道，有完全民事权利能力和民事行为能力，对股权投资比较了解，能充分认识股权投资的风险和规则，对可能存在的风险有足够的抗风险能力，对平台项目的内容有充分的认识。

二、运作流程

首先，投资人默认都是跟投方，只有符合领投条件的投资方才能申请成为领投方。成为领投方需要向众投邦及项目方申请，如果有多个投资方有领投意向，需要项目方最终确定一名领投方。众投项目必须选定一个领投方，否则众投失效。领投额度不得低于本轮融资额度的20%。领投方作为项目代表人负责投后管理事宜和重大决策，领投方作为普通合伙人进入公司董事会，跟投方作为有限合伙人。单个项目单次融资的投资人数量不得超过50名。

其次，领投方要对领投项目的投资判断、风险揭示、竞争利益冲突做充分的信息披露，对跟投方进行投后管理的信息披露。

再次，从挂牌到认购共90天时间，投资方的资金自投资后即冻结，在众投期间投资方可以申请退回资金，但真正退回资金必须等众投期结束。众投期结束后，如果认购额(去除申请退回的资金)不满50%，则本次众投失败；超过50%但不足80%，项目方如同意按估值调整募资出让股权比例，则按调整后的股权比例执行，不同意则视为众投失败；如果认购额超过80%但不足100%，需要由领投方补足，具体比例可以由领投方和项目方协商而定，要在融资前将比例清晰地披露给所有投资人。

三、风险控制

众投邦通过4个层面把控风险。

(1) 金融中介机构。与各大券商、律所合作，为平台项目提供尽职调查。

(2) 领投机构。由于清科集团创始人也是众投邦的股东之一，他们所选择的领投机构都是在清科排名前两百的机构。

(3) 众投邦本身的投资筛选能力。众投邦公司里面有许多具有十几年工作经验、考查能力和分析能力强的人，平台每上线一个项目，都需要经过核心团队、风控人员的实地考察。

(4) 跟投人。充分了解项目、具备风险意识的合格投资人，以项目跟投人的身份关注项目发展，也会在很高程度上为项目的风控管理保驾护航。

众投邦的使命是"培育和造就百亿市值公司，让更多新锐科技型企业变得伟大"。从目前的数据来看，众投邦平台已经帮助超100家企业完成融资，60%以上的项目都有不错的回报，而大量单独的项目投资人内部收益率(internal rate of return，IRR)在40%以上。在平台优质项目中，金力永磁于2018年9月21日在深交所上市，沃格光电于2018年4月17日在上交所挂牌，蔚来汽车于2018年9月12日在美股上市，小区管家于2018年12月6日随佳兆业物业成功登陆港股。

资料来源：众投邦. https://www.zhongtou8.cn/.

（四）债权式众筹

债权式众筹是指投资者对项目或公司进行投资，获得其一定比例的债权，未来获取利息收益并收回本金。

P2P是英文peer to peer的缩写，本意是人与人之间的借贷。随着P2P网贷的发展，"人与人的借贷"逐步延伸为"点对点的借贷"，出现了P2B(person-to-business，互联网融资服务平台)等新模式。P2B是个人对企业的一种贷款模式。这种形式的众筹现在已受到了政府基金的青睐，如英国政府基金也到P2B平台上与其他投资人共同投资中小企业。现在，一般仍将P2P与P2B统称为P2P网络借贷。

债权众筹包含P2P、P2B，还包括购买P2P公司发行的证券。例如，Lending Club最初也是通过互联网平台从事个人之间的借贷，没有平台担保，后来由于监管要求，改为类似资产证券化的借贷模式，其交易结构是：首先，信用评分合格的借款人在平台上发布借款请求，通过审核后，由平台合作银行向其发放贷款；其次，银行将债权以无追索权本票的形式出售给Lending Club；最后，平台以每月等额本息还款票据的形式转手卖给投资者。

除了上述几种模式外，近年来在我国兴起了一种新型众筹模式——物权众筹。物权众筹指的是通过互联网向大众筹集资金，用于收购实物资产，通过资产升值变现获取利润，其回报可分为经营分红、租金分红以及物权的未来增值收益。物权众筹具有产权清晰、手续简单、项目资金灵活、资金用途明确等特点，受到投资人的追捧。常见的物权类众筹类型有房地产众筹、汽车众筹、农业众筹等。

专栏4-5

物权众筹的兴起

自2016年下半年以来，物权众筹异军突起，在众筹行业尤其是股权式众筹遇冷的时间段内，物权众筹的快速发展接棒众筹行业的整体热度，成为最受瞩目的众筹类型。据众筹家人创咨询统计，自2017年7月开始，物权众筹平台数量开始呈现爆发势头。7月至12月，半年内，物权众筹平台数量增长率高达185%。其中，房产众筹自2016年下半年开始被政策叫停，二手车众筹成为物权众筹的主要模式。二手车众筹作为物权众筹的主要类型，其快速发展带动了物权众筹的繁荣。据众筹家人创咨询统计，截至2016年11月底，二手车众筹行业135个在线平台的在线项目数量为20 051个，其中共有19 957个项目众筹成功(包括出售中、已回款、溢价回购3种状态)，成功项目已筹金额共计77.35亿元。

但是，物权众筹存在极大的不确定性。

一、蓬勃发展的背后是泡沫

在规模迅速扩张的过程中，物权众筹也开启疯狂下线或转型模式。人创咨询数据显示，与物权众筹平台快速上线一道而来的是下线和转型潮的出现。自2016年8月以来，可明确统计到的下线或转型平台就已经有31家。不到半年时间，下线或转型的平台数占到物权平台总数的近20%，这对于一个正处在高速发展阶段的行业来说并非正常现象。

"跑路"也开始大规模发生在众筹行业。2016下半年以前，平台跑路在众筹行业里还是鲜有发生的个案。但是自以二手车众筹为代表的物权众筹大规模出现后，P2P行业里平台跑路的现象竟也开始向众筹行业蔓延。这是半年前的众筹行业难以想象的情形。以二手车众筹平台为例，人创咨询统计，截至2016年11月25日，在线二手车众筹平台有135家，其中有43家被曝光的问题平台，比例高达32%。

二、物权众筹的未来扑朔迷离

物权众筹合规性仍是未知数，法律和政策风险如达摩克利斯之剑，是未来最大不确定性的根源。众筹行业政策尚未健全，股权众筹的监管归属证监会，债权众筹划归银监会，捐助众筹归属民政部门，而平台数量高居各类众筹平台第一位的物权众筹，仍旧是新型的众筹模式，目前没有明确的监管部门，也没有相关的政策法规予以规范和约束，处于实践先行、监管滞后的状态，政策和法律真空，其合规性不确定。此前，因涉嫌影响房价波动，房地产众筹被叫停，突出体现了监管制度空缺的政策环境下，一旦大规模发生负面事件，物权众筹随时可能面临被政策强行干预一刀切的严峻风险。

物权众筹标的的特殊性，决定了物权众筹还将受到标的所处行业风险的影响。不论是此前的房地产行业还是二手车行业，行业明规则、潜规则繁多，同时牵扯较多利益主体。这类行业的物权与众筹相结合的模式，会把行业问题移植到众筹环节，甚至滋生新的行业问题，放大原有的行业风险。以二手车众筹为例，众筹模式仍无法改变之前二手车行业存在的各种问题，如隐瞒黑车、事故车、抵押车的现象存在，二手车评估鉴定市场没有规范可依，行业标准尚未统一。也就是说，二手车市场原有的不规范管理等各种问题，将传递到二手车众筹行业，为二手车众筹埋下风险隐患。

物权众筹的平台风险更为独特。从此前和现有的物权众筹平台背景来看，有的是P2P平台转型，其中大部分是P2P运营不良的平台；有的是行业企业(房企、二手车商)直接做众筹平台。上述两类平台将导致其运营众筹平台过程中存在不合规的严重隐患。P2P运营不良而转型的物权众筹平台，不过是为了通过转型解平台运营困难的燃眉之急，爆雷的风险仍旧很大。而车商等行业企业运营的众筹平台，又以自融作为行业惯例，并存在自设资金池、发布虚假标的、一标多平台发布、承诺保本保息等现象，这些都将给投资者带来风险隐患。

资料来源：众筹家. http://www.zhongchoujia.com/article/25654.html.

▎二、众筹平台的盈利模式

众筹平台的收入源于自身提供的服务，大部分众筹平台实行单向收费，只对筹资者收费，不对投资者收费。众筹平台的盈利模式主要包括以下几种。

（一）收取交易佣金

众筹平台从成功完成众筹的项目中收取项目筹集资金一定比例的费用，以此作为盈利来源。在这种盈利模式下，众筹平台只是将筹资者和投资者进行撮合，这也是目前主流众筹平台的主要盈利来源，一般按照已筹资金额5%左右的比例来收取。

（二）提供服务收费

对于多数处于起步期的众筹平台来说，众筹市场的规模和影响力仍然处于培养期，众筹平台难以通过抽取佣金的模式获取盈利，这些平台可以通过为项目发起人提供众筹及创业的各项专业服务来收费。如点名时间众筹平台在成立的第3年就宣布转型为职能产品首发模式，进行新盈利模式的探索，此模式即属于提供收费服务的模式。还有一些众筹平台通过开展增值服务来收费。增值服务主要指合同、文书、法律、财务等方面的指导工作，创业者可以把融资的所有事项外包给众筹平台处理，众筹平台收取相应的费用。

（三）整合资源或进行项目投资孵化

众筹平台可以先积累网络流量，这也意味着各种资源的集中，进而可以通过资源的整合创造利润。此外，众筹平台还可以对掌握的优势项目资源进行更严格的审核和挑选，然后直接进行投资，再利用其专业资源对项目进行孵化，以项目未来的成长收益作为盈利来源。对于股权众筹来说，一些众筹平台会以服务换取公司一定比例的股权。

（四）营销费用

营销推广费也是部分众筹平台的收入来源，包括合作营销、广告推广等费用，目前只有少数众筹平台采用这种盈利模式。

▌三、我国众筹运营的发展趋势

（一）行业细分化趋势越来越明显

2015年，以京东、淘宝为主的互联网巨头相继涉足众筹行业，促使行业向专业化、规范化、高端化迈进。目前，众筹行业细分化趋势明显，如众筹+医疗、众筹+房地产、众筹+文化创意等平台纷纷出现。

虽然综合类众筹平台的优势是显而易见的，比如用户规模、品牌效应、资本优势和资源优势，但这些优势恰好也是这些平台的软肋。这些平台在垂直领域不够细分，会让投资者担忧平台的专业度不够，怀疑项目信息的准确性，不易评估项目风险。因此，平台应结合实际和自身特点，在垂直领域加强细分。平台垂直细分化之后，投资者在选择平台的时候不至于太过盲目，选择平台也将更有目的性。

另外，对于平台来说，涉及专业领域，经营起来也会更加得心应手，最大化节省资源，降低业务成本，这样对一个平台的发展也起到了关键性的作用。像专注于大病众筹的

"水滴筹""轻松筹"等，目前的使用率就非常可观。

（二）行业走向集中化

在众筹行业生态圈中，上游是众筹平台，其次是项目发起人和专业投资机构，下游则是个体投资者。随着个体投资者对市场的了解度的提高，他们对上游的品质要求也会逐步提高。能为投资者提供更加完整和准确的信息，提供优质项目的平台，才会获得更大的发展空间。项目发起人也更倾向于与实力强劲的平台合作，以此提高自身项目溢价，隐性提升项目品质和价值，获得利益最大化。

目前，多个互联网巨头已进入众筹行业，这些公司拥有的平台、流量等资源优势，将进一步压缩小平台的生存空间，并且随着行业细分化的不断推进，战场缩小，集中化的速度将加快。

第三节　股权众筹投融资

为拓展中小微企业的直接融资渠道，促进创新创业和互联网金融健康发展，提升资本市场服务实体经济的能力，保护投资者合法权益，防范金融风险，2014年12月，中国证券业协会起草发布了《私募股权众筹融资管理办法(试行)(征求意见稿)》(以下简称《管理办法》)，对我国股权众筹行业做了研究和规范。本节依据《管理办法》及相关规定，从筹资者和投资者的角度来探讨如何运用及参与股权众筹投融资。

▌一、如何利用股权众筹融资

对于股权众筹的融资方——小微企业和初创企业来说，利用股权众筹方式筹集资金，应了解《管理办法》对融资者的要求、股权众筹平台的运营模式(详见本章第二节)、股权众筹融资的步骤等。

（一）《管理办法》对融资者的要求

《管理办法》规定，融资者和投资者应当为股权众筹平台核实的实名注册用户。融资者应当为中小微企业或其发起人，并履行下列职责：向股权众筹平台提供真实、准确和完整的用户信息；保证融资项目真实、合法；发布真实、准确的融资信息；按约定向投资者如实报告影响或可能影响投资者权益的重大信息；证券业协会规定和融资协议约定的其他职责。

融资者不得公开或采用变相公开方式发行证券，不得向不特定对象发行证券。融资完成后，融资者或融资者发起设立的融资企业的股东人数累计不得超过200人。法律法规另有规定的，从其规定。

融资者不得有下列行为：欺诈发行；向投资者承诺投资本金不受损失或者承诺最低收益；同一时间通过两个或两个以上的股权众筹平台就同一融资项目进行融资，在股权众筹平台以外的公开场所发布融资信息；法律法规和证券业协会规定禁止的其他行为。

(二) 股权众筹融资的步骤

从融资者的角度，股权众筹融资可分为融前、融中和融后3个阶段，具体可细分为9个步骤，如图4-5所示。

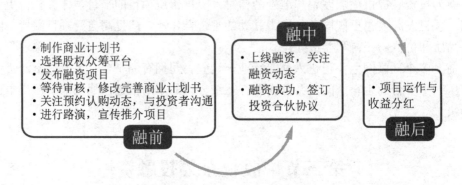

图4-5　股权众筹融资的3个阶段与9个步骤

1. 制作商业计划书

小微企业或创意项目的发起人根据平台的要求，首先必须制作一份商业计划书，明确融资额度和拟出让的股份比例。

传统的商业计划书应包括公司基本情况、公司管理层、产品或服务、行业及市场情况、营销策略、管理方案、融资方案、财务预测、风险分析与控制、项目实施进度等内容。撰写股权众筹商业计划书应注意以下要点。

(1) 平民化。股权众筹平台上的投资方一般以个人投资者为主，他们大都缺乏专业的投资知识。因此，股权众筹商业计划书的结构要力求简单，语言浅显易懂，可将商业计划书的核心关注点和精髓抽取出来，做成可读性和视觉效果更好的材料，注重移动阅读和"美术"体验，增强投资者阅读的趣味性。

(2) 具有招股说明书的性质。招股说明书是就融资或发行股票中的有关事项向公众做出披露，并向非特定投资人提出入股要约的邀请性文件。股权众筹的商业计划书，从某种意义上说就是一份招股说明书，招股说明书的结构、要点、披露范围等对股权众筹商业计划书来说，具有重要的参考价值。

(3) 适合股权众筹特点的交易结构。在股权众筹商业计划书中，要设计适当的交易结构，主要包括：融资额及出让股权比例；众筹期限(一般为项目商业计划书正式对外公布2个月内，如果提前完成融资目标则及时终止)；领投人和跟投人的要求；投资人的特定权益。

(4) 需要符合众筹平台的要求与规范。股权众筹可以充分利用众筹平台的标准化服务和广泛资源，但项目方必须遵从众筹平台对商业计划书的特定要求与规范。众筹项目是否能够融资成功，一方面取决于项目本身，另一方面取决于平台的传播与背书属性。制作股权众筹商业计划书，不但要方便在线浏览，还要方便传播，而前提是要通过众筹平台的审核。

(5) 融资过程中要不断进行内容更新。发布在股权众筹平台的商业计划书，项目方可以随时更新、补充项目资料，保持重要事项的更新和同步。补充的信息可以是产品进展、团队变化、市场反馈，也可以是融资过程中其他投资人的反馈与评价、最新融资进度等。提供具有时效性的资料和及时互动，往往是产生信任感、促进投资人做出投资决策的重要因素。

2. 选择股权众筹平台

项目发起人根据创业项目类型、融资金额，以及股权众筹平台的资质、影响力、投资项目类型偏好、风险控制、对创业者的支持等情况，选择在合适的股权众筹平台上进行融资。

3. 发布融资项目

创业者(项目方)单击平台网页上的"发布项目"栏，即可发布众筹项目。发布信息要填写项目基本信息，并进行公司认证，还需要增加融资计划、已有店铺运营情况、项目简介、项目详情和团队介绍，其中项目详情就是创业者的商业计划书。项目内容填写完毕，提交审核。

4. 等待审核，修改完善商业计划书

项目方发布项目后，等待平台审核结果。平台对项目的审核标准如下：项目信息完整；商业模式或技术方案清晰，有市场可行性；融资额度合理。

如果项目通过平台的审核，则项目方与平台投资经理签订咨询服务协议，并根据平台的要求进一步修改完善商业计划书；如果项目未通过审核，则项目方将会收到平台客服代表告知的原因，项目方可以据此修改商业计划书，并尝试重新提出融资申请或者终止在该平台融资。

5. 关注预约认购动态，与投资者沟通

项目方完善商业计划书后，众筹平台会根据内部评级将项目展示在平台上，进入项目预热阶段。在此阶段，项目在众筹平台上展示，投资人可以浏览项目，约谈或私信项目方，咨询关于众筹项目的具体情况，并且对感兴趣的项目进行预约认购。在这个过程中，项目方需关注预约认购动态，与潜在投资者就项目情况进行深入沟通与交流，对项目展示内容进行修改完善，以提高项目融资的成功率。

6. 进行路演，宣传推介项目

在项目预热过程中，股权众筹平台一般都会组织项目方进行路演，可以采用现场路演方式，也可以采用网上路演方式。通过路演可以更好地展示项目的亮点，也能够让融资方与投资人零距离接触，帮助投资人更好地了解项目。

7. 上线融资，关注融资动态

到了预先确定的融资时间，众筹平台上该项目的状态会变更为"融资中"。在项目融资过程中，项目方仍然需要关注项目页面，查看目前的融资进度，并保持信息沟通渠道畅通，积极与投资者进行沟通，宣传推广自己的项目，促使项目尽快达成融资目标。

8. 融资成功，签订投资合伙协议

如果项目筹资期限结束前，项目达到预定的融资目标，则项目融资成功。平台会主持召开投资确认会议，成立有限合伙企业后，投资者的认购资金便可汇入项目方企业账户。接下来，平台主持签订投资协议。项目方在这个过程中，根据众筹平台的运作模式、具体

要求，以及项目的商业计划书约定的条款，完成公司成立、协议的拟定和签订等事项。

9. 项目运作与收益分红

签订好投资协议后，项目方便可以按照商业计划书和项目投资协议约定的内容，负责项目的运营和管理，开展项目装修施工、人员招聘与培训、试运行、正式运营管理等事务。在经营过程中，项目方应该披露项目进展、经营信息等情况，与投资者积极沟通交流，并针对投资者反馈的信息，及时改进项目的经营。

项目方必须接受融后管理服务协议中约定的第三方融后管理机构的监督管理。项目方的财务支出需遵照项目资金使用计划表，确保每项费用支出真实、合法、合理、有据可循，并且应及时向投资者和第三方监管机构汇报资金使用信息并妥善保管各种票据。项目方应将每个月的月度营业报表上传给第三方监管机构。项目产生净利润并提取企业发展基金后，按各投资人实际出资比例进行分红。每次分红后，将分红详情也上传给第三方监管机构，由第三方机构通过众筹平台向投资人展示。

▌二、如何参与股权众筹投资

股权众筹投资，简称众投，是指投资者采用股权众筹形式进行的投资，即投资者通过购买互联网股权众筹平台上的项目份额，获得一定的股权，以股东的身份获得投资回报。

从投资者的角度，在众投之前，首先应该了解如何选择合适的股权众筹平台和优质的项目，其次要对股权众筹投资的风险有一定认识。

（一）众筹前的准备工作

1. 选择合适的众筹平台

股权投资属于高风险的投资领域，门槛较高。众筹模式的股权投资虽然给普通投资者降低了门槛，丰富了投资渠道，但仍要重视风险问题。投资者在参与众筹前要做好调研分析工作，辨别风险点，谨慎决策。从投资人的角度，股权众筹投资关键在于选择合适的众筹平台和优质的投资项目，做好投资决策工作。

据众筹家旗下的人创咨询统计，截至2018年6月底，全国共上线众筹平台854家，其中正常运营的为251家，其中，股权型平台80家。投资者应该选择哪家众筹平台，主要可从以下几方面考虑。

(1) 平台资质。正规的众筹平台的基本资质应该包含营业执照、税务登记证、组织机构代码等企业法人资质。这些是在工商、税务部门有关网站都能查询到的公开信息。ICP许可证也是一个重要经营资质，ICP(Internet Content Provider)即网络内容服务商，ICP证是网站经营许可证。根据国家《互联网信息服务管理办法》的规定，经营性网站必须办理ICP证，否则属于非法经营。有ICP许可证的平台在其官网的下方一般会将其ICP证号公开。此外，如果是涉及私募基金业务的众筹平台，必须要进行私募基金登记备案，并具备私募基金管理人资质，否则没有资格参与私募基金的管理与销售。

(2) 投资团队的专业度。众筹平台拥有专业化的管理团队，能介入被投资企业调研的全过程，从而了解和掌握项目的全面情况；能迅速而有效地运营，确保整个管理团队与基金募集团队、投资团队的协调机制，确保信息顺畅传递。当然，作为普通投资者，通常难以在短时间内做判断，可以从了解股东背景的真实情况入手。

(3) 信息透明度。"透明度"是用来反映平台信息披露情况的重要指标，包括5部分：分类明细、动态更新、项目表达、平台表达、项目信息。平台能够为合作企业提供所需资金，并且能为投资者提供透明化的信息共享机制，投资人能通过它了解钱款去向、资金使用流程、风险预警、所需签订的法律文本协议及资金亏损的法律解决途径，而不是模糊不清的项目阐述和一句保本保息的空头支票，一旦发生亏损风险，投资人缺失正当维护手段。

(4) 产品风险的把控度。股权众筹，通常资金会被投入到即将上市的公司，或已经上市进行定向增发的公司。这些公司，尤其是新三板公司，由于其运营时间短，经营情况存在变动，需要平台对资金去向做出合理规划，以把控风险，而不是盲目扩张。

2. 选择优质项目投资

投资人选择项目时，应重点关注以下几个方面。

(1) 项目所处的行业。投资人参与股权众筹，要对该项目所处的行业有一定的理解，重点围绕行业的市场规模、发展阶段、未来发展趋势等核心要素进行分析。

(2) 项目解决方案的含金量。股权众筹项目大多处于早期阶段，很多项目创新性非常强。对于创新类项目，需要重点考察项目所提供的解决方案的含金量。比如，该项目填补了市场的哪项空白？在这个领域，潜在的市场需求究竟有多大？市场准入门槛有多高？企业先发优势体现在哪些方面？等等。

(3) 跟投专业投资人。大多数股权众筹项目的参与者属于跟投角色，如果运气好，跟着"领投人"或"领投机构"一起进场是个非常不错的选择。选择专业的投资人跟投是关键成功要素之一。最好的"领投人"是既有资金又专业的产业投资者，他们能够为企业带来不可估量的协同效应，比如能够为企业带来人才、市场资源，或是为企业的战略管理提供支持，或是提供产业整合的机会等。

(4) 项目的商业模式。对项目商业模式的考察，就是搞清楚企业是怎么赚钱的。罗伯特·T.清崎曾提出，"如果某个人向你解释一个投资项目，只要他说明的时间超过2分钟，那么不管你最后听懂了还是没听懂，不管他讲明白了还是没讲明白，或者你们俩都没弄清这个问题，只要出现上述情况之一，你最好放弃这项投资"。理由很简单，如果项目方不能用简单、直接的语言讲述商业逻辑，要么这个逻辑不成立，要么项目方自己也没想清楚。无论是哪种情况，最好都不要轻易投资。

(5) 项目的管理团队。管理团队对项目的成败起着决定性作用，因此，在做出投资决策之前，对众筹项目的管理团队的考察也必不可少。考察的要素包括管理团队的经历、管理经验、专业背景、社会资源、个人诚信情况等。

(6) 项目的竞争优势。项目要想脱颖而出，必须具备一些独有的竞争优势，而这些竞争优势就构成了项目的"护城河"。项目的护城河越深，潜在竞争者进入的壁垒越高，企业就越有机会击败围攻力量，越有利于项目的发展；相反，如果护城河过浅，商业模式很容易被竞争对手复制，企业在市场竞争中很难有一席之地，并且市场份额也容易被竞争对手蚕食。

(7) 项目的投后管理。投资固然重要，投后管理也不容忽视。科学的投后管理，可以有效地避免项目投后"失控"。在众筹模式下，各方参与者在投资前就要对投后管理事项高度重视，要对公司治理、定期召开股东会议、定期向股东代表汇报公司运转情况、披露财务数据等核心事项做出约定，并且需要建立沟通机制，以保障股东和公司之间的信息沟通是对等和畅通的。

(二) 股权众筹投资操作步骤

下面以众投邦为例，介绍股权众筹投资的步骤。

在众投邦股权投资平台上，投资者通过出资入股企业，获得企业相应的股份，从而获得资本增值收益，具体包括11个步骤，如图4-6所示。

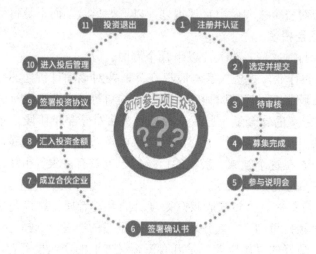

图4-6　股权众筹投资操作步骤

1. 注册并认证

首先登录众投邦网站，用邮箱或手机号码注册，如图4-7所示。在"我的账户"中单击"合格投资人认证"，填写完整资料并提交；众投邦对"合格投资人认证"申请进行审核，通过审核即可成为合格投资人，在众投项目中提交"领投""跟投"意向。

图4-7　众投邦注册页面

2. 选定并提交

投资人通过账号密码登录网站后，就可以浏览众投邦的众筹项目，只有正在融资中的项目才可以投资。投资人如果想对项目有更多的了解，可以按照项目发起人预留的联系方式与项目方约谈。这种约谈有利于双方有更加深入的了解，降低投资人的投资风险。投资人在对该项目的投资回收期、投资回报率以及投资风险等进行综合分析和权衡后，决定投资该项目，就可以预约认购份数，提交"领投"或"跟投"意向(如果已经有"领投"，则只能选择"跟投")。

3. 待审核

投资人提交投资意向后，众投邦按照领投和跟投的要求对投资人进行审核。

4. 募集完成

融资期结束后，项目完成众投募集。

5. 参与说明会

投资人参与项目方组织的线上线下说明会。

6. 签署确认书

众投邦发送"风险揭示书"，投资人在充分认识股权投资的风险和规则、众投项目的内容和存在的风险的基础上，签署投资确认书，确认投资额度。

7. 成立合伙企业

众投邦发送"合伙协议"给投资人，投资人签署合伙协议，成立投资主体企业(有限合伙)。投资者作为有限合伙人，对外无权代表合伙企业，只对合伙企业的债务承担有限责任。合伙企业成立后，再以合伙企业的名义投资融资的项目公司，以合伙企业作为公司股东。

8. 汇入投资金额

投资人先将投资款汇入指定账户或托管账户，待启动合伙企业的工商备案程序后，再将投资款汇入投资主体企业账户。

9. 签署投资协议

由领投方代表投资主体与项目方企业签署投资协议，办理相关工商法律事宜。

10. 进入投后管理

投资项目启动后，领投方定期披露被投企业信息，投资人可以通过股权众筹平台和股东交流群等渠道，继续关注项目进展情况，也可与项目方进行沟通交流。

11. 投资退出

项目盈利后，根据投资协议的利润分配条款，投资人可以获取一定数额的分红，分红信息也可以在项目页面中查看。投资人退出投资的渠道包括IPO上市、管理层回购、股权转让、并购重组、新三板挂牌等。

▶ 案例4-4

"XC科技"项目

"XC科技"项目(见图4-8)是众投邦平台正在融资的项目，该项目披露的信息包括项目介绍、投资亮点、投资要素、风险因素、退出渠道等。

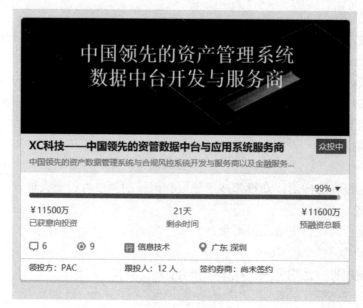

图4-8 "XC科技"项目

一、项目介绍

XC科技是中国领先的资管数据中台与应用系统服务商，致力于为私募基金、资管机构、大型个人投资者和量化机构定制智能资产管理方案，提供数据分析和自动化机器人深度学习服务。XC科技自主研发资产管理服务平台VONE全域资产管理生态系统，助力资管机构实现高效性的风险管理及教育。

二、投资亮点

(1) 全球资管行业蓬勃发展。受益于2008年后的全球牛市，2017年底，全球资产管理规模达到79.2万亿元，全球资产管理规模在2017年增长了12%，这是2009年以来资产管理行业规模增长最快的一年。同时，2017年也是中国资产管理行业规模大幅增长的一年，规模同比增长了22%。截至2017年底，中国资产管理行业规模突破了4.2万亿美元，是全球第四大资产管理市场，仅次于美国、英国和日本。2019年，中国内地进一步放宽对外资企业的所有权限制，全球10大资产管理公司已有9家落户中国，包括贝莱德、桥水等。

(2) 技术领先，自主研发"中国版阿拉丁"。目前标的公司员工近190人，70%为高级研发人员；在深圳、香港、上海、北京和杭州设有分支机构和研发中心；已获得多项资质与荣誉。标的公司自主研发VONE(Vision ONE)全域资产管理生态系统(中国版阿拉丁)，改变过去资管系统平台零散和孤岛建设模式，以数据为基础，以业务为核心，实现资管电子化、机器自动化、AI智能化、全面化。

(3) 客户群体覆盖面广，多层面深入合作。标的公司客户群体主要为基金、信托、券商、保险资管、银行资管、银行理财子公司、企业财务公司等金融机构，目前用户数1000多家，AUM存量资金大于98 357亿元，系统平稳运行超过26 000小时。

(4) 股东背景包括云锋基金、高盛集团、创新工场等。

(5) 本轮投资方包括腾讯、PAC、云锋基金、大湾区基金。新一轮投资方包括腾讯(5000万元)、PAC(北京五道口金融1亿元)、云锋基金(3000万元)、大湾区基金(7000万元)。

(6) 标的公司目前估值10亿元，优先申请创业板或科创板，退出渠道通畅。

三、投资要素

投资期限：3+2年

融资金额：1600万元

起投金额：100万元

认购期限：2020年6月底

四、风险因素

(1) 业务合同管理制度及对外业务合同需进一步完善。公司的《合同管理办法(试行)》以及标准版合同可以覆盖业务发展初期的业务合作需求和业务风险点，但随着公司经营规模扩大，公司需注意总结合作过程中已产生争议点的部分，不断完善公司业务合同管理制度以及对外合同，降低经营风险。

(2) 公司制度体系不完善。随着公司的快速发展和壮大，公司现有的制度体系需要随着公司的发展进程而不断完善。公司股东一致同意实施股权激励计划，应确保公司规章制度可以细化操作且有效。

五、退出渠道

退出渠道主要包括：IPO，二级市场退出。

资料来源：众投邦. https://www.zhongtou8.cn/financing/detail/id/206266.

第四节　众筹的风险与防范

众筹作为互联网金融的新兴业态之一，与其他互联网金融业态一样，面临法律风险、信用风险、操作风险、资金管理风险、投资回报风险等，尤其是众筹行业十分容易触及法律风险。这些风险因素贯穿于整个众筹业务流程中，且各类风险之间又存在复杂的交叉联系。本节将结合案例分析众筹的风险，在此基础上提出防范措施。

▌ 一、众筹的风险

(一) 法律风险

众筹是互联网金融的重要组成部分，作为一个处于发展初期的融资模式，涉及较多法律问题，但我国尚未出台直接规范众筹融资的法律法规。由于缺乏相关的行业准入标准、行业执行标准和运营监管体系，导致众筹市场鱼龙混杂，投资人在整个项目运营中的权益保障制度未能建立，一旦出资人的权益受损，将会面临救济不利的情况。尤其对于股权众筹来说，法律风险是其面临的首要风险。

股权众筹的法律风险，具体来说包括非法发行证券的风险和非法集资的风险。

1. 非法发行证券的风险

在股权众筹融资平台上推介、出让企业股份，并在未来取得权益性回报的募资行为，在本质上属于公开发行证券。《中华人民共和国证券法》第十条明确规定，向社会公开发行股份，必须符合法律、行政法规规定的条件，经国务院证券监督管理机构核准，并由依法设立的证券经营机构承销，未经依法核准，任何单位和个人不得公开发行证券。同时，公开发行证券具有明确的认定标准：①向不特定对象发行证券；②向特定对象发行证券累计超过200人。除此之外，《中华人民共和国证券法》没有给出任何豁免的规定。

这里有两个关键点值得探讨：一是法律法规规定了公开发行的基本条件；二是非公开发行的认定标准具有变通的空间。首先，当前国内兴起的股权众筹平台大多作为"信息咨询""科技服务""投资管理"等类型的平台取得工商注册，显然不具备任何涉及证券发行承销的资格。同时，融资企业在发布股权众筹计划时，项目通常尚未注册成立，并不具备财务记录，不可能达到公开发行证券的条件。因此，在没有政策豁免的情况下，当前我国股权众筹实践大多采用非公开发行的方式。其次，股权众筹具有社会化的显著特点，在互联网信息技术高度普及的时代，通过平台发布的股权众筹计划必然广泛传播，吸引大量投资者参与，触及非公开发行的界限。对于投资人必须为特定对象的要求，平台通常采取会员注册认证的办法予以规避；而对于200人的人数要求，一般采用股份代持的办法进行变通。在实践中，为防止投资人数超过法定股东人数，一个实名股东分别与几个甚至几十个隐名的众筹股东签订代持股份协议，代表众筹股东持有众筹公司股份。最高人民法院颁布的《中华人民共和国公司法司法解释三》已经认可了委托持股的合法性。在这种模式下，众筹股东并不亲自持有股份，而是由某一个实名股东持有，并且在工商登记里只体现出该实名股东的身份。众筹出资人不是公司法意义上的股东，不能直接向融资方主张收益等股东权利，融资方也没有法律上的义务向众筹出资人分红。

表面来看，上述技术性手段在一定程度上规避了非法发行证券的法律风险，但合法性问题依然未能解决。在当前的法规下，股权众筹融资平台除了小范围的私募股权形式之外，并无其他的生存空间。特定对象的概念是否严格认定、股份代持的人数是否穿透计算，都为融资平台乃至整个股权众筹行业未来的发展埋下隐患。

2. 非法集资的风险

股权众筹在我国相当于私募投资的网络版，除募资环节在互联网线上完成外，其余环节并无显著差异。然而，正是由于互联网给众多潜在投资人提供了投资渠道，加之投资者适当性制度尚不健全甚至形同虚设，股权众筹平台的运营模式与非法集资活动极其相似。

我国最高人民法院《关于审理非法集资刑事案件具体应用法律若干问题的解释》第一条明确规定，任何未经有关部门批准、向不特定对象筹集资金，并承诺以货币、实物、股权等方式还本付息或者给付回报的行为，即可认定涉嫌非法集资。从构成要件的分析来看，首先，国家现行的法律法规从未批准过任何股权众筹融资平台，平台运营尚不具备合法性基础。其次，股权众筹平台以互联网网站的形式，供任意个体访问、注册；平台天然地具有向社会公开宣传的本质属性，平台上的投资人基本属于"非特定对象"的范畴。最后，平台向投资人承诺在一定期限内按股权份额给予回报。

可见，股权众筹平台的运营模式与非法集资的构成要件极为吻合，一旦操作不当，极易达到刑事立案追诉标准。因此，股权众筹融资平台面临非法集资的法律风险。

（二）信用风险

众筹平台的业务性质决定了其应当扮演信息中介的角色，是投资者与筹资者之间沟通的主要桥梁。然而与其他互联网金融模式(如P2P网贷)相比，众筹平台与投资者之间、筹资者与投资者之间的信息不对称性更强，正是这种高度的信息不对称性造就了平台欺诈的温床。

众筹的信用风险包括项目发起人的信用风险、众筹平台的信用风险和创意被剽窃造成的信用风险。

1. 项目发起人的信用风险

项目发起人的信用风险主要指虚假信息风险，这种风险产生的根源主要在于我国缺乏健全的信用体系。

优质项目是融资方能够通过众筹获得融资的主要因素。为了获得资金，作为项目发起人的融资方可能会根据情况将自己的项目进行粉饰和包装，影响众筹平台的判断，以图在平台上展示并获得超额融资。这就造成了项目说明和实际情况有很大的出入，损害了投资者的利益，甚至有不良企图的筹资者会杜撰虚假项目，意图通过众筹方式骗取投资者的资金。此外，项目方融资成功后，将所募集的资金汇入企业账户，如果缺乏有效的监管措施，项目企业很可能谎称经营失败，将所募资金据为己有，或者向投资者隐瞒企业经营信息，误导投资者，违规使用资金。众筹的投资者普遍出资额度较小，加之地域限制，开展调查的意愿不强烈，增加了信息不对称所引发的信用风险。

目前，我国征信体系发展滞后，无法提供配套的征信体系服务，造成的后果是不法分子因欺诈违约付出的成本大幅降低，虚假信息提供者被审核发现后，只会被众筹平台取消评审资格，严重的会被拉入平台黑名单。此时，虚假信息提供者完全可以换一个众筹平台继续行骗，不用承担任何处罚后果，无疑增加了因项目方欺诈导致的信用风险。

专栏4-6

盈联影视电影众筹骗局

2018年，一个叫盈联影视的电影众筹投资平台进入大众视野，发起众筹项目，客户可通过投资赚取固定收益。比如，客户投5000元，那么每天分红200元，50天出局。出局即可实现本金翻倍的收益，而且最低投资额只有50元。因为门槛低、回报高，该项目紧紧抓住了投资者的眼球。而众筹的影片更是大众耳熟能详的，高票房影片外加高分红噱头，吸引了许多投资者参与该众筹项目。

盈联影视拿来众筹的电影为《爱回故里》，由北京炫世纪文化发展有限公司、战虎电影有限公司(香港)、深圳市君合影业有限公司、北京东星一合文化传媒有限公司、华疆文化传媒有限公司、电影频道、珠江电影制片厂联合出品。由于门槛低，很多投资者都抱着试试看的想法参与了这个项目，当大家确定每天能按时分红、提现按时到账后，便纷纷追加投资，从开始的几百元到几万元、十几万元，最后增加到几十万元。但万万没想到，等到大家都追加投资后，这个名为盈联影视的平台于11月14日下午4时突然消失了，平时非常活跃的平台管理、客服以及推荐人都没了音讯，这时投资者才确定自己被骗了。而这也证实了所谓的盈联影视《爱回故里》电影众筹投资项目从一开始就是一个骗局。

资料来源：搜狐网. https://www.sohu.com/a/275927710_432621.

2. 众筹平台的信用风险

众筹平台在审核项目时应高度负责，一旦平台对项目审核过松或估值错误就会对投资者产生很严重的误导作用，损害投资者的利益。一些有不良企图的众筹平台还会和项目筹资者合谋高估项目、粉饰项目来骗取投资者的资金，甚至有些不法平台的存在目的就是通过编造虚假项目，并承诺非常高的回报率来诱使投资者进行投资。这无疑是对投资者权益的巨大损害，因此必须有所防范。

3. 创意被剽窃造成的信用风险

众筹平台上发布的大部分是半成品创意，这些项目多数尚处于概念阶段，暂时达不到申请知识产权保护的程度。当这些项目放在平台上展示时，受众十分广泛，由于没有知识产权保护，很容易被剽窃。基于这种情况，也有一些项目发起人只在平台上展示部分创意细节，但这样投资者难以了解创意项目的真实面貌，可能因此降低投资热情和投资金额。面对这种两难的困境，大部分项目发起人为了筹集资金，只能冒险在众筹平台上展示其项目的核心部分，然而一旦创意被剽窃，进而制造出类似的产品，抢占市场份额与先机，囿于尚未申请知识产权保护，真正的项目发起人根本无法通过知识产权保护的途径追偿损失，作为真正权利人的项目发起人往往只能自认倒霉，前期一系列的努力付诸东流。

专栏4-7

Pressy产品创意被模仿

2013年8月，国外创业公司Pressy在众筹网站Kickstarter上发布信息，为自己设计的一款一键万用的Android按钮筹集资金。Pressy的想法非常巧妙——在耳机插孔上装一个按钮，从手机的耳机电路取得驱动电流，再驱动麦克风电路产生简单的按钮电平。最终通过手机上的应用采集麦克风电平，来识别按钮是否被按下，并根据按下的次数和长短做相应的动作(类似于摩尔斯电码)。这个想法很好，在Kickstarter上的介绍非常精彩、吸引人，参与项目门槛也不高，只有十几美金，两位项目发起人迅速募集到超过预期近20倍的资金，大约400万元人民币。

Pressy打算于2014年春发布产品，遗憾的是，春天还没有到，他们的冬天就来了——这个产品很快就被嗅到肉味的"鲨鱼"盯上了。当然每一条"鲨鱼"都号称产品创意是自己独立构思的。这些"鲨鱼"公司的报价只有几元人民币。Pressy的两位创始人打算诉诸法律，寻求保护，可惜由于他们没有及时申请专利且产品还未完全成型，只能默默承受损失。

资料来源：https://www.csai.cn/if/746518.html.

（三）操作风险

操作风险是指由于信息系统或内部控制缺陷导致意外损失的风险。众筹的操作风险主要表现为尽职调查不严导致的风险。

众筹平台对拟上线项目进行尽职调查是项目审核的重要环节。现阶段，平台往往强调项目上线之前会进行尽职调查，众筹平台会派出投资经理及相关职能部门对项目进行严格审核，项目尽职调查通过之后才会上线并开始众筹融资，但实际情况并不尽然。从目前爆发风险事件的项目来看，究其风险发生的根本原因，都存在平台尽职调查不严甚至是不进行尽职调查的情况，导致不合格的项目得以上线融资，由此导致风险爆发。

平台审核不严，究其原因，一是由于行业规范标准缺失、金融监管缺位，在这种大环境下，平台的尽职调查流于形式，不能从严审核拟上线项目，其结果是误导投资者并使投资者承担损失的可能性大大增加；二是受到客观条件制约，一些规模较小的众筹平台资质不高，专业性不强，尽职调查实力和能力都较弱，与专业机构无法相提并论，尽职调查结果不够客观。

专栏4-8

36氪宏力能源陷"罗生门"

2016年6月3日，据钛媒体调查，36氪股权融资平台上线的"宏力能源"项目涉嫌欺诈。"宏力能源"为新三板公司，36氪首次对这一领域的股权融资试水。总的来说，36氪在这次新三板试水中做出了三大"不靠谱"的事：

该项目在投资者交完钱之后，最初公告的"定向增发"变为"老股转让"；

宏力路演时的公司经营数据和最终披露的实际经营数据差距明显，存在虚假包装；

36氪为促动投资者认购，曾承诺平台会认购1000万份额，后来却无下文。

那么，平台是否应该负责任？

如果这些质疑真的存在，36氪就有不可推卸的责任。股权众筹是基于互联网渠道进行投融资，企业一般以出让股份为条件，面向普通投资者进行融资。股权众筹最开始都是面向初创公司，但是众筹平台认为对初创公司发起众筹不足以吸引更多风险偏好低的投资者，于是，如众投邦、开心投、众创星球、中证中创、大家筹、聚梦空间等纷纷把业务目标转向拟挂牌或已挂牌新三板、拟挂牌创业板、主板，或者有被上市公司并购预期的企业。

这次36氪试水的宏力能源就是新三板挂牌公司，既然挂牌，就可以定向增发，开始确实如此，但随即变为老股转让，这两者有很大区别：定增是公司收了股金，增加了公司的股本，溢价部分计入资本公积，由新老股东共享；而老股转让是老股东将自己拥有的股权卖给新股东，溢价部分是老股东的利润，和买股的新股东没有关系。但由于宏力能源自行披露的业务数据显示一路高歌，投资者对"老股转让"也认了，可是两个月后股价暴跌，这时候才查出来原来是"宏力能源"涉嫌数据造假，这明显反映出36氪对此项目的尽职调查不足。

由于目前众筹行业监管不规范、不完善，造成平台的权力过大，筛选、审核、尽职调查、监督全由平台包办。虽然股权众筹确实是一种投资行为，投资者应该为自己的决策买单，但是，如果平台对项目信息造假或是审核不严格，导致投资者根据"虚假信息"做出投资决策，那么平台需要承担一定的责任。

资料来源：搜狐网. https://www.sohu.com/a/100400128_119738.

（四）资金管理风险

作为新兴行业，一些众筹平台在管理方面尚不成熟，尤其是在资金管理方面。

在资金募集过程中，资金管理应该遵循权责分明、审慎独立的原则。目前，规模较大的众筹平台都选择了独立的第三方机构进行资金托管，以确保资金安全。选择第三方托管资金，不仅可以增加投资者对众筹平台的信任度，而且可以提高融资方对众筹平台的认可度，进而吸引越来越多的人在众筹平台进行投融资匹配。然而，我国众筹平台与资金托管方建立合作的模式并非强制关系，一些规模小、经营风险高的平台很难与资金托管机构达成合作意向。此时，众筹平台募集到的资金只能自行管理，从而形成资金池，产生极大的安全隐患。

融资项目成功募集所需资金后，进入资金使用阶段，有些众筹平台会选择一次性将资金汇入项目方，这种做法可能导致平台无法对项目方使用资金的途径进行有效监管，项目方可能会违背融资合同中关于资金用途的承诺，不合理使用资金，甚至挪用资金，最终给投资者造成损失。

专栏4-9

《星际公民》是神作还是画饼？

众所周知，《星际公民》(Cloud Imperium Games，CIG)是一款史诗级众筹大作。近日，《福布斯》撰写了一篇报道，指出了该项目在开发和管理上的一些问题。

《福布斯》报道称，Cloud Imperium Games至今已经募得的资金共计2.88亿美元，其中有2.42亿美元来自玩家，但目前所剩无几，创始人Chris Roberts的银行账户只剩下1400万美元。CIG共有500余名员工，公司目前最大的开销是2017年发放的员工工资，共计3000万美元。Chris Roberts于2018年9月在洛杉矶购置了一套价值470万美元的房子，Roberts称这是用自己的私人储蓄买的。

报道指出，原本按照最初的计划，CIG应该在2014年就完成制作，而实际情况是自2011年立项以来，到2019年为止，8年已经过去了，该游戏仍旧处于A测状态。而且，就算经历了8年的开发时间，目前游戏已经完成的部分距离当初承诺的"建造拥有上百星球的庞大宇宙"相去甚远，可以预见正式上线遥遥无期。

报道称，公司的管理存在很大的问题，Roberts过度干预开发者的工作细节，在一些小问题上花费了大量的时间。一些曾经就职于CIG的高级开发者表示，已经完成的设计被不断否决重做，仅5名角色的设计就花费了17个月的时间，而且这种问题普遍存在。也有人透露，公司要求他们用数周时间制作演示视频，以此来筹集更多资金。

目前，有不少针对CIG的投诉信息，有的玩家贡献了超过1000美金的众筹款项，却发现游戏根本不能好好运行，感觉自己受到了欺骗。美国联邦贸易委员会已经收到了129起与CIG有关的消费者投诉，共涉及24 000美元的退款要求。

CIG究竟是神作还是画饼，让我们拭目以待吧。

资料来源：http://m.kuai8.com/news/268572.html.

（五）投资回报风险

众筹项目给予投资者的回报是投资者持续关注众筹的动力，也是众筹平台获得投资者信任、增加注册用户的催化剂，但一些原因导致众筹投资者没能按照约定获得回报。

由于众筹的筹资者大多是小微企业或初创企业，其发展前景本就不明朗，如果缺乏优秀的管理人才和项目运营经验，就可能导致经营不善、生产产品达不到预期水平、缺乏市场竞争力、破产等情况发生，投资者是否有回报存在极大的不确定性。

专栏4-10

众筹手机项目失败　38名投资者集体状告奇酷科技

2015年4月，南京市民沈先生在京东上看到一个奇酷手机尊享版的众筹项目，沈先生很看好这款手机的商业前景，于是和其他投资者一起分别拿出3599元参与众筹，支持产品研发，如果众筹成功，投资者就可以获得这款手机以及相关的配件。很快这个项目筹到了566.6万元，达到了预期目标。奇酷公司也举行了产品发布会并且公布了产品参数，沈先生等众多投资者认为这个产品很快就能上市销售。

但是让沈先生和其他投资者没有想到的是，这个项目最后失败了。产品方表示，产品因为客观原因做不出来。

在消费者多次要求后，奇酷公司于2015年底发布公告称，因为尊享版手机无法通过奇酷用户体验团队严苛的省电和发热测试标准，所以无法发售。投资者认为，这项说明与之前高调发布的参数内容相矛盾。沈先生认为自己被骗了。

奇酷公司表示，愿意退款并且向每位投资者赠送500元的大礼包。但是投资者认为，他们参与众筹就是为了获取这款手机，现在的结果让他们感觉上当了。而且，到目前为止，沈先生等投资者还没有收到退款。随后，全国38名投资者将电商平台和奇酷公司告上法庭，南京市江宁区人民法院受理了这个案件。

资料来源：中金网. https://www.cngold.com.cn/20160318d1897n65822487.html.

▌ 二、众筹的风险防范

互联网金融具有金融业务的本质属性，这是对其实施监管的基础。作为互联网金融创新的主要模式之一，股权众筹一直受到政府金融监管部门的关注。早在2014年3月初，当时的"一行三会"(中国人民银行，中国银行业监督管理委员会，中国证券监督管理委员会，中国保险监督管理委员会)就对互联网金融的监管责任做了明确分工。其中，股权众筹由证监会负责监管。2014年，中国证券业协会组织起草了《私募股权众筹融资管理办法》并向社会各界征求反馈意见。2015年4月中旬，全国人大财经委员会发布了《中华人民共和国证券法》的修订草案，拟对股权众筹等金融创新模式的法律地位做出明确。私募和公募形式的股权众筹行业的具体监管细则在《中华人民共和国证券法》提交全国人民代表大会通过后逐步推出。2016年10月。证监会、中央宣传部等15个部门联合发布了《股权众筹风险专项整治工作实施方案》，该方案重点整治互联网股权融资平台，明确了整治工作的职责分工。

总之，股权众筹这一金融创新形式的实践才刚刚开始，为有效防控风险，尚需从以下几个方面加以完善。

（一）建立健全众筹相关法律法规

在美国乔布斯法案中，废除了非上市企业在通过私募的方式募集资金时不得公开宣传的限制，但要求参与其中的投资者必须是美国证监会认证的投资人。同时，在乔布斯法案的规定中，这种募集方式不会被作为公开募集。这一规定使非上市公司在募集资金时可以通过更为广泛的宣传来扩大投资者群体。我国的股权众筹与现行的《公司法》《证券法》等法律之间存在冲突。参考国外经验，有必要完善相关立法，明确股权众筹的法律地位，健全股权众筹运行体制，实行合理有效的监管，以降低股权众筹的法律风险。

（二）建立健全投资者权益保护机制

建立健全投资者权益保护机制是监管层在制定相关法律法规以及各众筹平台在制定交易规则时需要慎重考虑的事情。在美国乔布斯法案中，有明确的针对投资者准入的条款，包括对投资者年收入和投资比例的严格限定。建立并完善投资者权益保护机制，要做到投资前防范风险，投资后有法可依，为投资者的合法投资上个"双保险"。当然，保护机制的建立无法一蹴而就。首先，应建立符合基本国情的投资者适当性管理制度，筛选出与市场风险匹配的合格投资者，并对投资者进行风险提醒，以求保护投资者。同时要完善信息披露制度，定期定向地对投资者披露公司财务信息、经营管理信息。此外，应推进股东诉讼制度的建设进程，为投资者权益维护构建最后一道保障。

（三）兼顾审慎性和包容性，采取适度监管

各国金融监管部门对金融创新的立法监管过程往往采取实践先行的模式，即在积累充分的实践经验的基础上，由理论界进行讨论思辨，寻找金融创新的本质属性，形成立法监管的基本理念；而创新实践也对理论演进具有反馈作用，由此形成双向的反馈效应。只有经过理论与实践的积累，监管部门才能确立正确的监管理念和法律框架，进而在此基础上构建具体的监管政策。

由于众筹的特殊性，通过互联网平台进行操作，存在很大的信用风险和欺诈风险，需要制定一定的规则对其运行进行规范。但是众筹还处在发展初期，如果像对待监管成熟的金融产品和金融服务那样对众筹进行监管，会大大增加众筹运作的成本，使许多潜在的投资者因为成本等原因被排除在众筹平台之外。结合我国国情，对众筹的监管要坚持适度原则，既要及时发现众筹平台存在的风险，对其进行防范，又要防止因过度监管给众筹融资带来阻碍。

（四）完善众筹平台风控体系

众筹作为一种新型的融资方式，自身业务有其特殊性，建立风险控制体系是众筹平台建设中必不可少的环节，直接影响着众筹平台是否能够长期健康稳定发展。良好的风控体

系，可以确保平台正常运行，吸引更多的潜在客户。

1. 在众筹筛选环节，建立"初审—反欺诈—实地访查—最后核查"标准化流程

项目筛选作为众筹融资流程的起点，也是风险防范的起点，众筹平台应该设立专门的项目评审部门，严格实行标准的风控流程。

以股权众筹为例，第一关，在初审环节，众筹平台需要明文列示项目企业需要提交的材料清单，包含但不限于项目企业商业计划书、企业市场竞争力分析、企业创始人过往经历、企业录制宣传视频、企业盈利模式简介、企业管理层简介、企业组织架构简介、企业拟融资规模以及企业拟出让的股权比例。股权众筹平台项目评审部必须对材料逐一进行详细查看，选择有融资前景的项目进入下一环节。

第二关，反欺诈环节，股权众筹平台项目评审部对项目进行初审后，与项目企业签订保密协议，然后要求企业提供项目发起人身份证明、企业过往经营状况详细介绍、企业工商营业执照、税务登记执照、企业房屋产权证明、企业房屋租赁证明、企业完税证明以及可以说明企业真实性的其他材料，股权众筹平台项目评审部门对企业信息真实性、完整性做出评价，严格控制项目企业的欺诈舞弊风险。

第三关，实地访查环节，对于符合资料真实性、完整性要求的项目企业，股权众筹平台项目评审部应该进行实地走访，对项目企业管理层及基层员工进行约谈，深入了解企业的各项信息，评价项目企业实际情况是否与提供的材料相符，并将走访材料记录在案。

第四关，最终核查环节，股权众筹平台项目评审部在对前期收集的各项信息进行审核后，对项目进行投票表决，决定项目是否成功突围，进入股权众筹平台展示界面，开始向潜在投资者募集资金。

按照上述标准，建立项目筛选环节风控体系，可以显著降低项目欺诈风险。

2. 完善平台信息披露制度，加强平台管理与安全建设

由于我国当前信用体系不完善，适度地进行信息披露尤为重要，在一定程度上可防止融资方欺诈。

完善众筹平台信息披露制度应从以下4方面着手：一是明确平台有辅助和监督信息披露的义务，并对其进行过错责任追究；二是明确信息披露标准，构建层级式信息披露体系，对于核心信息课以强制性披露义务，对于自发形成的信息则进行有效监管；三是依据客观标准对筹资人信息进行筛选、整理和展示，借鉴美国经验，较为典型的客观标准包括筹资人地理位置、从事行业、发行证券类型、预计筹资金额、筹集进展程度等，平台应保持中立、客观的独立性角色；四是平台应加强网络信息安全建设，防止投融资信息泄露，加强对平台上进行的投融资双方交易信息的审查和监管，降低利用平台进行欺诈活动的风险。

3. 引入第三方机构进行资金监管

在资金安全方面，众筹平台应该与独立的第三方资金托管机构建立合作。在资金募集阶段，投资的资金先汇入资金托管机构指定的账户中封存，如果项目方众筹失败，资金原额退回给各投资者；如果项目方众筹成功，资金应该按照约定标准分时间、分进度、分批次汇入项目方。具体的划款规则应由项目投资人与项目方协商约定，严格防范资金安全风险，保护投资者利益。

此外，应当考虑有资质的商业银行作为资金托管机构，一方面，银行资金管理技术和风险防控经验更为丰富；另一方面，商业银行公信力更强，发生违约的可能性更小，更易获得投融资方信赖。

本 章 小 结

1. 众筹，即大众筹资，牛津词典将其解释为"通过互联网向众人筹集小额资金为某个项目或企业融资的做法"。众筹具有以下特点：开放性、效率高、门槛低、风险小和社交化。

2. 按照回报方式及项目支持者参与动机的不同，众筹模式大体分为投资模式和购买模式，具体又包括4种类型：奖励式众筹、捐赠式众筹、股权式众筹和债权式众筹。奖励式众筹也称产品众筹、预售众筹或回报众筹，是投资者根据筹资者对潜在产品或服务的介绍，按照契约规定为项目提供融资支持，项目成功后以产品或服务等非金融形式获得回报。捐赠式众筹又称公益众筹，是指出资者以捐赠或者公益的形式，不求任何实质回报地为项目或者企业提供资金。股权式众筹是指通过互联网形式进行公开小额股权融资的活动，即"股权众筹是私募股权互联网化"。债权式众筹是指投资者对项目或公司进行投资，获得其一定比例的债权，未来获取利息收益并收回本金。

3. 众筹平台盈利模式主要包括以下几种：收取交易佣金、提供服务收费、整合资源或进行项目投资孵化和营销费用等。

4. 从筹资者的角度，股权众筹融资可分为融前、融中和融后三个阶段，具体可细分为9个步骤：①制作商业计划书；②选择股权众筹平台；③发布融资项目；④等待审核，修改完善商业计划书；⑤关注预约认购动态，与投资者沟通；⑥进行路演，宣传推介项目；⑦上线融资，关注融资动态；⑧融资成功，签订投资合伙协议；⑨项目运作与收益分红。

5. 股权众筹投资，简称众投，即投资者通过购买股权众筹平台上的项目份额，获得一定的股权，以股东的身份获得投资回报。从投资者的角度，在众投之前首先应该了解如何选择合适的股权众筹平台和优质的项目，还要对股权众筹投资的风险有一定认识。

6. 众筹的风险包括法律风险、信用风险、操作风险、资金管理风险、投资回报风险等。对股权众筹来说，法律风险是其面临的首要风险，具体包括非法发行证券的风险和非法集资的风险。众筹的信用风险主要包括项目发起人的信用风险、众筹平台的信用风险和创意被剽窃造成的信用风险。

7. 众筹风险的防范措施有：建立健全众筹相关法律法规，建立健全投资者权益保护机制，兼顾审慎性和包容性，采取适度监管，完善众筹平台风控体系。

思考题

1. 什么是众筹？它有何特点？

2. 简述众筹的几种运营模式。

3. 比较奖励式众筹和股权式众筹的特点及优缺点。

4. 分析众筹的风险，并说明应如何防范这些风险。

1. 上网查找5家左右众筹平台(国内外均可)，了解这些众筹平台的情况，并填写表4-1。

表4-1 众筹平台信息

平台名称	上线时间	平台类型	平台特色	项目总数/个	成功项目数/个	筹资总额/万元	典型成功项目

2. 选取一家众筹平台，注册成为会员，完成实名认证。在平台上选取一个自己感兴趣的众筹项目，查看网站公布的关于该项目的所有信息，然后对该项目做投资分析。

3. 你有要众筹的创意项目吗？尝试拟定一个网络众筹方案。

庞氏骗局——现代金融骗局的始祖

一、庞氏骗局的由来

庞氏骗局是对金融领域投资诈骗的称呼，也是金字塔骗局(pyramid scheme)的始祖，很多非法的传销集团就是用这一招聚敛钱财的。这种骗术是一个名叫查尔斯·庞兹(Charles Ponzi)的投机商人"发明"的。庞氏骗局在中国又称"拆东墙补西墙""空手套白狼"。简而言之，就是利用新投资人的钱来向老投资者支付利息和短期回报，以制造赚钱的假象进而骗取更多的投资。

查尔斯·庞兹是一位生活在19—20世纪的意大利裔投机商，1903年移民到美国。1919年，他开始策划一个阴谋，欺骗投资者向一家事实上不存在的企业投资，许诺投资者将在3个月内得到40%的利润回报，然后将新投资者的钱作为快速盈利付给最初的投资者，以诱使更多的人上当。由于前期投资的人回报丰厚，庞兹成功地在7个月内吸引了3万名投资者，这场阴谋持续了一年之久，被利益冲昏头脑的人们才清醒过来，后人称之为"庞氏骗局"。

二、国际超级庞氏骗局——MMM平台

1994年2月，俄罗斯人谢尔盖(Sergei)创立"MMM金融金字塔"，注册资金仅为10万卢布。MMM当时在俄罗斯几乎所有知名媒体上投放广告，以高回报为诱饵吸引投资者，俄罗斯当时曾有数百万人参与投资MMM。1997年，MMM项目破产，创始人谢尔盖被判4年半监禁。出狱之后，谢尔盖重操旧业，重新建立"MMM互助金融"，并跑到印度、南非、印度尼西亚等发展中国家，推广"MMM互助金融"，再次火爆。

2015年5月开始，MMM平台传入中国。MMM互助金融对外宣称月收益率最低为30%，发布一种名为"马夫罗(Mavro)"的虚拟物品，用户首先必须以提供帮助者的身份购买"马夫罗"。当时，微信朋友圈频繁出现类似信息：投资10 000元，两周后收回11 500元，一个月利息可达30%，邀请亲朋好友加入，还有高额回报。

2015年12月1日—12月15日，MMM平台系统内所有资金被冻结。从12月中旬开始，MMM庞氏骗局系统开始在中国崩盘，当时往系统里面汇钱秒配，提钱却基本提不出来，说明该系统已经无钱可提。据测算，MMM平台从中国"掠夺"的财富可能高达百亿美元。

三、庞氏骗局的共同特征

(1) 低风险、高回报的反投资规律特征。众所周知，风险与回报成正比乃投资铁律，庞氏骗局往往反其道而行之。骗子们往往以较高的回报率吸引不明真相的投资者，从不强调投资的风险因素。

(2) 拆东墙补西墙的资金腾挪回补特征。由于无法实现承诺的投资回报，因此对于老用户的投资回报，只能依靠新用户的加入或其他融资手段来实现。这对庞氏骗局的资金流提出了相当高的要求。因此，骗子们总是力图扩大用户的范围和吸收资金的规模，以获得足够的资金腾挪回补的空间，延长骗局持续的时间。

(3) 投资诀窍的不可知和不可复制性特征。骗子们竭力渲染投资的神秘性，对投资诀窍秘而不宣，努力塑造自己的"天才"或"专家"形象。实际上，由于缺乏真实投资和生产的支持，骗子们根本没有可供推敲的"生财之道"，所以尽量保持投资的神秘性，宣扬投资的不可复制性是其避免外界质疑的有效招数之一。

(4) 投资的反周期性特征。庞氏骗局的投资项目似乎永远不受投资周期的影响，无论是与生产相关的实业投资，还是与市场行情相关的金融投资，投资项目似乎总是稳赚不赔。

(5) 投资者结构的金字塔特征。为了支付先加入的投资者的高额回报，庞氏骗局必须不断发展下线，通过利诱、劝说、亲情、人脉等方式吸引越来越多的投资者参与，从而形成"金字塔"式的投资者结构。塔尖的少数知情者通过榨取塔底和塔中的大量参与者而牟利。

资料来源：谭玲玲. 互联网金融[M]. 北京：北京大学出版社，2019.
https://www.sohu.com/a/378507609_120493553.

传统金融的互联网转型(上)

中国建设银行与阿里巴巴开展战略合作

2017年3月28日，中国建设银行(以下简称"建行")与阿里巴巴(中国)有限公司(以下简称"阿里巴巴")、浙江蚂蚁小微金融服务集团股份有限公司(阿里巴巴旗下控股子公司)在杭州签署战略合作协议和合作备忘录。建行与阿里巴巴双方的战略合作，在当前互联网化快速发展和全面深化改革的形势下，是一个重大标志性事件，意味着传统金融与互联网金融真正进入一个融合创新发展的新时代，不仅对于建行和阿里巴巴各自的未来发展产生巨大的推动作用，而且对中国的互联网金融、整个金融体系乃至商业生态体系的创新发展都将产生深远的影响。

按照协议和业务合作备忘录，双方将共同推进建行信用卡线上开卡业务，以及线下线上渠道业务合作、电子支付业务合作，打通信用体系。未来，双方还将实现二维码支付互认互扫，支付宝将支持建行手机银行App支付。

建行作为最早与阿里巴巴及蚂蚁金服开展合作的银行之一，也是十几年来共同成长的合作伙伴。2007年，建行与阿里巴巴率先开展网络银行信贷合作；2011年，建行成为第一批与支付宝开展快捷支付合作的银行；2016年，建行在"双11"单日受理支付宝交易金额超过270亿元，创历史新高，居同业之首。同时，双方在备付金存管、电子支付、实时代发、跨境电商、资产托管等方面的合作不断深入。

阿里巴巴及蚂蚁金服在全世界范围内树立了中国新实体经济的标杆，其业务的飞速成长为传统金融提供了互联网式的思维和解决方案。目前，蚂蚁金服已涉足支付、微贷、基金、保险、理财、征信等多个业务领域，旗下拥有支付宝、余额宝、招财宝、小贷业务、众安保险等多个品牌。未来，建行将与阿里巴巴及蚂蚁金服共同探寻创新合作模式，顺应"新零售、新制造、新金融、新技术、新能源"的发展趋势，实现强强联合和优势互补。

资料来源：中国建设银行网站. http://www.ccb.com/cn/ccbtoday/newsv3/20170329_1490772759.html.

21世纪以来，全球范围内掀起互联网浪潮，银行、证券、保险、基金等传统金融业纷纷推出"互联网+金融服务"，出现了互联网银行、互联网证券、互联网保险、互联网基金、互联网信托等业态，一方面丰富了互联网金融模式，另一方面使传统金融服务得以转型升级。本章中，我们主要介绍银行、证券、保险这三个传统金融行业的互联网转型，下一章将对基金、信托、消费金融这几个领域的互联网化进行介绍。

传统金融机构的互联网转型是指通过广泛运用以互联网技术为代表的信息技术，对传统运营流程、服务产品进行改造或重构，以提高工作效率，降低经营成本，实现金融信息化、数字化的目的。2013年以来，金融行业信息化进入了创新机遇期。经历了之前十余年的数据和业务的集中建设，包括银行、保险、证券在内的金融行业信息化正在走向一个全新的阶段。基于云计算、大数据、移动与智能以及社交网络等第三类平台的金融服务，正在成为新的金融业务及增值点。

第一节　互联网银行

与传统银行相比，互联网银行提供的金融服务具有低成本、高效便捷的优势，增强了银行客户的体验。

一、互联网银行的界定

国际上对互联网银行的表达方式多种多样，主要有"internet banking""virtual banking""electronic banking""online banking"等。由于互联网银行发展的时间短、速度快，其发展模式处于不断演变之中，人们对互联网银行的认识仍在深化，因此目前尚没有统一规范的互联网银行定义，现有的定义大多出于对互联网银行管理和研究的需要，不同国家、不同组织的定义之间存在一些差异。

1999年，美国货币监理署发布《网上银行监管手册》，认为"网络银行是指一些系统，利用这些系统，银行客户通过个人电脑或其他智能化装置进入银行账户，获得一般银行产品和服务信息"。2000年10月，巴塞尔银行监督管理委员会发布《电子银行集团活动白皮书》，将网络银行定义为"利用电子手段为消费者提供金融服务的银行，这种服务既包括零售服务，也包括批发和大额业务"。我国香港金融管理局于2000年5月发布《虚拟银行的认可》指引，认为"虚拟银行是指主要通过互联网或其他电子传送渠道提供银行服务的公司，但不包括利用互联网或其他电子方式作为向客户提供产品或服务的另一个途径的现有持牌银行"。

在我国，商业银行开展的基于互联网技术的金融业务通常称为电子银行业务。根据中国银行业监督管理委员会于2005年11月颁布的《电子银行业务管理办法》中的有关定义，电子银行业务是指商业银行等银行业金融机构利用面向社会公众开放的通信通道或开放型公众网络，以及银行为特定自助服务设施或客户建立的专用网络，向客户提供的银行服务。电子银行业务包括利用计算机和互联网开展的银行业务(简称网上银行业务)，利用电话等声讯设备和电信网络开展的银行业务(简称电话银行业务)，利用移动电话和无线网络开展的银行业务(简称手机银行业务)，以及其他利用电子服务设备和网络，由客户通过自助服务方式完成金融交易的银行业务。

中国人民银行在2014年4月发布的《中国金融稳定报告(2014)》中对互联网银行的表述是：一般来说，互联网银行是互联网与银行的结合，是商业银行借助互联网和移动通信技术实现资金融通、支付和信息中介功能的新兴经营模式。

　　互联网银行的显著特点是提供"3A"式服务。所谓3A，即任何时间(anytime)，在任何地点(anywhere)，以任何方式(anyhow)提供金融服务。互联网银行突破了时空的限制，利用互联网技术将银行与客户连接起来，在各种安全机制的保护下，客户可以随时随地在不同的计算机终端登录互联网办理各项银行业务，它不只是将现有银行业务移植到网上那样简单，而是金融创新与科技创新相结合的产物，是一种新的银行产业组织形式和银行制度。

二、互联网银行的发展及特点

（一）互联网银行的发展历程

　　早在20世纪50年代就有类似互联网银行的机构出现，只是那时没有因特网，是在专用网络上发展的。互联网银行是伴随着银行的电子化与信息化的发展进程而发展的，大致可以分为计算机辅助银行管理、银行电子化或金融信息化、互联网银行3个发展阶段。

　　1. 计算机辅助银行管理阶段

　　这个阶段始于20世纪50年代，直至20世纪80年代中后期。在这个阶段，银行主要采用计算机模拟原有银行手工业务和部门分工的传统管理模式。银行大多采用各营业网点单机操作的模式，利用计算机进行票据集中录入，实现账务管理的批量处理，加快了业务处理速度，进一步实现了办公自动化。20世纪60年代末兴起的电子资金转账技术及其应用，为互联网银行的发展奠定了技术基础。电子资金转账改变了传统的手工处理票据模式，可以快速有效地处理支付信息，降低处理成本及票据纸张费用等交易成本。此外，电子资金转账还有效地降低了支付时间的不确定性，保证了款项及时转账，提高了现金管理质量和支付效率。

　　2. 银行电子化或金融信息化阶段

　　这个阶段始于20世纪80年代中后期，直至20世纪90年代中期。这一阶段在线银行服务的特点是客户的个人计算机(personal computer，PC)与银行的计算机系统相对独立。信息技术的快速发展以及成本大幅降低，为银行业广泛应用网络信息技术提供了有利条件，银行实现了联网实时交易，并出现了各种新型电子网络，如自助方式为主的在线银行服务、自动柜员机系统、销售终端系统等。

　　3. 互联网银行阶段

　　20世纪90年代开始，各商业银行开始构建自己的互联网网站，最初是静态信息发布网站，逐步转化为具有动态交互式信息检索功能的网站，提供一系列如利率、汇率、行情、新闻等时效性很强的信息，同时，客户可使用一些检索工具进行信息交互式查询。随着安全电子交易协议(secure electronic transaction，SET)和安全套接层(secure sockets layer，SSL)技术的出现，互联网安全得到保障，银行内部网络和外部防火墙之间的隔离被打破，这促使现代网络银行最终形成。1994年10月，美国斯坦福国际信用组织(Standford Federal Credit Union)开始提供互联网金融服务。1995年5月，富国银行(Wells Fargo)首先在互联网上提供银行服务。1995年10月，美国安全第一网络银行(Security First Network Bank)成立，这是全球首家无任何实体网点的银行，它的出现对几百年来的传统金融业产生了前所未有的冲击。随后，互联网浪潮逐渐蔓延至全世界，走进了人们的生活。

互联网银行是基于大数据、云计算、数据挖掘平台、移动便携设备的革新，是利用互联网的互联互通而产生的全新经营模式。近年来，随着科技产品的普及和应用，除网上银行外，商业银行还纷纷推出电话银行、电视银行、手机银行等新型服务渠道。但这些只是应用载体的变化，本质上还是为客户提供在线金融服务。

（二）国内互联网银行的发展

作为亚太地区的重要市场，中国的互联网银行发展迅猛。1996年2月，中国银行在国际互联网上建立了主页，首先在互联网上发布信息，并于1998年3月成功办理了我国大陆第一笔国际互联网间的电子交易，从而拉开了中国大陆互联网银行的序幕。

1998年4月，招商银行率先推出了部分具有互联网银行功能的网上支付业务，并为企业提供企业对企业的资金结算业务。随后，中国建设银行、交通银行、中国工商银行、中国农业银行也不断完善自己的"E"化之路。

各大商业银行借助互联网的新技术、新平台、新理念，打造开放型、综合化的金融平台，主动加强与实体企业的合作共赢，在供应链融资、数据信息处理、风险分散等方面的业务创新层出不穷。2010年11月，中国工商银行率先推出移动金融服务，命名为"工银移动银行"的子品牌。2012年6月，中国建设银行同时上线了两大电子商务平台，其中"善融商务个人商城"定位为B2C平台，面向个人消费者；"善融商务企业商城"定位为B2B平台，面向企业用户。

2014年12月，深圳前海微众银行获得开业批复及金融许可证，注册资本30亿元。2015年6月，浙江网商银行正式开业，注册资本40亿元。截至2017年底，已有6家银行明确走"互联网银行"道路，分别为微众银行、网商银行、新网银行、亿联银行、苏宁银行和百信银行。

（三）互联网银行的特点

互联网银行以为客户提供从资金结算到信贷融资的全方位金融服务为主要发展趋势，与传统电商平台仅提供电商交易服务不同，互联网银行业务更面向广大企业和个人，更立足于金融服务。除去已发展较为成熟的电脑网上银行客户端，互联网银行业务也扩展到了移动互联网领域，手机银行、微信银行等都属于互联网时代下的新型服务渠道。但这只是应用载体的变化，本质上还是为客户提供在线金融服务。

互联网银行具有如下特点。

1. 全面实行电子化交易

互联网银行在经营业务的过程中实现了无纸化，全面使用电子货币代替传统纸币，如电子钱包、电子现金等。整个过程既节约了经营成本，还提高了银行业务的操作速度，又提高了服务的准确性。基于网络运行的电子货币还可以为政府税收部门和统计部门提供准确的金融信息。

2. 运营成本低廉

互联网银行以虚拟的电子服务方式代替了面对面的服务方式。由于通过互联网技术取消了物理网点，降低了人力资源等成本，从而大大节省了运营费用，使其具有传统银行不可比拟的成本优势。据统计，互联网银行的经营成本只占经营收入的15%～20%，而传统银行的经营成本占整体收入的60%。

3. 服务更标准化、多样化和个性化

与传统银行不同，互联网银行以客户体验为中心，将互联网精神融入金融行业中，提供更加标准化、多样化、个性化的服务，避免了传统银行营业网点因个人素质和情绪状态不同而带来的服务满意度差异。

三、互联网银行的运营模式

目前，互联网银行主要有4种运营模式，即网上银行、手机银行和微信银行、直销银行和纯网络银行。

（一）网上银行

网上银行即传统的电子银行模式，也是传统金融业互联网转型的主要业态之一。商业银行80%的利润来自20%的优质客户，其余20%的利润则来自80%的普通客户。因此，20%的优质客户是各家银行争夺的焦点。随着利率市场化的推进和各家银行产品同质化竞争的加剧，传统银行也开始关注以前不被重视的80%的普通客户，但若还靠传统业务渠道只会带来成本的大幅攀升，尤其是目前一系列创新型金融机构正在以低姿态挖掘长尾用户的潜力，它们"以市场为导向，以客户为中心"的友好型定位，动摇了传统商业银行的客户基础。种种不利情况促使商业银行借鉴利用新的信息技术平台，以更好地洞察客户需求、提升客户交互、优化设计产品和服务流程，网上银行在这一背景下应运而生。

网上银行是指现有的传统银行将内部封闭性银行网络系统与互联网相联，建立交易型网站，将互联网作为新的渠道为客户提供一系列金融服务。网上银行通常沿用了现有银行的名称和品牌，是内设于传统银行的一个非独立部门，是传统银行业务在空间上的拓展，是实体机构的辅助和补充。

按照服务对象的不同，网上银行可以分为个人网上银行和企业网上银行。个人网上银行主要适用于个人与家庭消费支付与转账，其主要功能包括账户查询、转账汇款、缴费支付、投资理财、信用卡业务等。企业网上银行主要针对企事业、机关等单位客户，其主要功能包括企业账户管理、支付结算、现金管理、供应链融资、贸易金融、投资理财、财资管理等。

随着电子商务的发展，商业银行也积极布局网上商城，探索新型发展模式。商业银行自建电商平台的模式有两种：第一种是网上商城，例如建行的"善融商务"、交行的"交博汇"、农行的"E商管家"、工行的"融e购"等，其业务领域涵盖商品批发和销售、房屋交易等，业务对象包括企业和个人；第二种是信用卡商城，招商银行、民生银行、中信银行等多家银行上线的信用卡商城，为消费者提供在线购物、分期付款等服务。商业银行拥有庞大的客户资源、便捷的网络支付渠道和较高的信用度，有利于其电商平台的可持续发展。

从国内来看，网上银行作为商业银行在互联网化领域最初的探索，虽然发展时间不长，但发展速度很快。据统计，2005年，我国网上银行交易额仅为71.6万亿元；2020年，网上银行交易额已达1818.19万亿元。随着互联网技术的不断发展和进步，各大商业银行不断丰富网上银行业务品种，使网上银行功能愈加全面。

▶ 案例5-1

招商银行的互联网金融转型之路

招商银行成立于1987年，总部位于中国深圳，是一家在中国具有一定规模和实力的全国性商业银行。招商银行的发展目标是成为中国领先的零售银行，在投身互联网金融方面非常具有前瞻性。

1997年，招商银行率先推出了中国第一家网上银行，先推出网上企业银行，随后推出网上个人银行。2004年，国内银行业整体还处于发展对公业务阶段，招商银行启动第一次战略转型：零售转型。随后几年，依托网上个人银行，招商银行的零售业务从小到大再到强，网上个人银行业务交易量年复合增长率接近100%，个人银行客户数从300多万增加到超过4300万，增长了13倍。2010年，招商银行开始实施"二次转型"战略。2013年，招商银行明确将"轻型银行"作为二次转型方向，并确立以零售金融为主体，公司金融、同业金融协调发展的"一体两翼"转型目标。为此，招商银行把金融科技作为转型动力，着力构建互联网金融"平台、流量、大数据"的整体结构布局，推动业务经营模式向网络化转型。在互联网金融战略框架下，招商银行的零售金融、公司金融、同业金融积极探索，协同发展，在互联网金融领域取得了良好成效。

一、零售金融领域

2014年，招商银行发布网上银行专业版7.0，着力实现人性化、智慧化、扁平化的互联网精神与传统网银的结合，打造一站式移动金融基础服务平台，迈出招行"轻型银行"转型战略的重要一步。

在移动金融方面，招商银行重点打造手机银行和掌上生活两大移动平台，建立并迭代创新以招商银行App为核心的移动金融服务平台，为客户提供理财频道、智能服务、闪电贷、财富体检等多项特色产品；2017年上线掌上生活App6.0版本，以"e系列贷款产品"覆盖全场景、全生命周期的完整消费链金融需求。

二、公司金融领域

2013年，招商银行推出专门面向中小企业客户的开放式、综合化互联网金融创新平台——小企业E家，围绕中小企业"存、贷、汇"等基本金融需求，创新开发了"企业在线信用评级""网贷易""惠结算""我要理财"等互联网金融产品，并实现了与银行中后台系统的对接，初步形成了从客户接触、跟进营销，商机发掘、产品销售到在线业务办理的全链条"O2O"经营模式。

2017年，招商银行推出了网上企业银行第10代产品U-BankX，充分运用金融科技领域的全新技术，打造开放、智能化的互联网服务，全渠道、场景化的支付结算产品，并率先应用区块链技术重塑全球现金管理，创新以大数据支撑企业构建产业互联网生态，推出智能"小U"机器人、移动支付、远期移动支票等多项特色产品及服务。2018年推出了企业级移动服务平台——招商银行企业App。

三、同业金融领域

招商银行致力于打造同业电子渠道与客户服务窗口，依托"手机+PC客户端"，将线下业务线上化运作，与合作机构开展平台化渠道合作，实现优势互补和资源互换，推出国内首家全功能网上托管银行。

2018年末，招商银行零售客户已经破亿，零售业务营收占比已经超过50%，在全国性银行中居首位。金融科技创新没有终点，招商银行的转型也没有终点。

资料来源：部分内容参考《招商银行股份有限公司2014年度报告分析》编辑整理.

（二）手机银行和微信银行

随着移动互联网的发展与智能终端的迅速普及，移动信息化技术日趋成熟，为银行业务发展与管理决策开辟了一条新的思路。手机银行和微信银行也称移动银行，是利用移动通信网络及移动终端办理相关银行业务的简称。与网上银行相比，手机银行和微信银行的应用载体由计算机变成智能手机，其优势更为显著。

1. 手机银行

手机银行以其方便、快捷、低成本的特性在全球快速发展。就其发展路径来说，主要有两种模式。

(1) 手机银行作为传统金融的补充。手机银行主要受惠于政府或社会组织的推进，为传统银行网点难以覆盖的人群提供便捷的金融服务渠道。如全球移动通信协会启动的"无银行账户人群移动金融计划"，对肯尼亚、巴西、南非、菲律宾等国的手机银行业务发展起到很大的推动作用。这种模式的特点在于，它并不是银行的市场行为，银行也不是受益者。这种模式由移动运营商或第三方服务商设立手机钱包，客户首先通过自助设备等渠道将资金充值到手机钱包账户，然后用该手机钱包账户进行支付。这种模式在非洲国家较为普遍，比如，肯尼亚的手机银行M-PESA即由移动运营商主导，目前已经成为全球接受度较高的手机支付系统，在肯尼亚的汇款业务已超过该国所有金融机构的汇款业务之和。

▶ 案例5-2

G-Cash

卡伦·马克迈克在菲律宾首都拥有一家珍珠饰品店。过去，卡伦想要把自己的收入存到银行，就必须每天往返银行网点，并且因为家里人居住的地点是菲律宾偏远地区，根本没有银行，所以她想要向家人汇钱也是一件麻烦的事情。G-Cash手机银行解决了她的这一难题。卡伦利用G-Cash可以实现快速收款，并且能将收入转到银行账户，还可以随时随地向家人转账。

G-Cash由菲律宾的G-Xchange, Inc. (GXI)于2004年推出，GXI是菲律宾一家电信运营商的全资子公司。G-Cash提供转账、取款、收款、支付、还贷、购物等多种服务。在G-Cash模式中，客户并不与银行直接建立合同业务关系，银行只作为运营商的代理商，所以该模式属于非银行主导模式。

菲律宾由于多山的地形特征，有许多偏远农村地区，住户分布比较分散，设立银行网点成本很高，所以菲律宾农村地区的金融覆盖率非常低，但是手机普及率较高，这为菲律宾的电信运营商提供了良好的商机。G-Cash覆盖率高、成本低，还有几千家零售代理商支持存取款、转账汇款等业务。不仅如此，G-Cash与多家乡村银行合作，实现银行与手机银行的实时转账，相比传统银行，服务覆盖度和便利性优势更加突出。

资料来源：谢平. 金融互联网化——新趋势与新案例[M]. 北京：中信出版集团，2017.

(2) 手机银行作为传统金融的替代与延伸。传统商业银行利用自身在账户管理和支付领域的经验，开展网络银行手机化，如我国各银行推出的手机App，通过业务(主要是非现金业务和不涉及实物单证的业务)的延伸，实现对已有客户的增值服务。此种模式的手机银行发展较早，大多数手机银行都属于这种类型。在这种类型中，客户直接与银行签约，开设银行账户，并且将手机号码与银行账户绑定；移动运营商作为银行的代理商，充当客户与银行之间的桥梁，提供运营平台和技术支持，并收取一定的流量费和金融机构支付的专网使用和租赁费。这一模式的特点在于，它是市场行为的结果，是移动金融相关的全产业链的创新发展，银行是主要获益者之一。

与网上银行相比，手机银行的优势比较突出，具体体现为：①手机银行有庞大的潜在用户群。②随着移动通信技术的不断发展，手机银行除具有网上银行所具有的功能外，在近场支付、移动支付等方面的功能要比网上银行强大，尤其是在小额支付领域。③手机银行须同时经过SIM卡和账户双重密码确认之后方可操作，安全性较好；而网上银行是一个开放的网络，很难保证在信息传递过程中不受攻击。④使用更便捷。相对于电脑来讲，手机容易随身携带，手机银行可以在任何时间和任何地点进行操作。⑤区域更广泛。手机银行在GSM网络或3G、4G网络覆盖的地方，都可以提供WAP网站的支付服务，实现一点接入、多家支付。

手机银行这种低成本的金融服务方式的发展潜力巨大。目前，我国各大银行都推出了自己的手机银行，并加大推广力度。据中国互联网络信息中心发布的报告显示，2018年上半年，中国网上银行用户规模为4.17亿人，手机网上银行用户数量达3.82亿人。

专栏5-1

银行业零售金融3.0时代，App 成制胜"利器"

根据《2018中国移动银行用户调研报告》显示，超6成用户在购物消费、转账、生活缴费场景下操作过移动金融App；超4成用户在投资理财、充值场景下操作过移动金融App。

在商业银行零售业务向以智能化、数字化、移动化为标志的3.0时代进军的背景之下，手机银行App已成为银行零售业务转型发展的利器。各大商业银行纷纷加速在移动端发力，根据易观分析发布的数据，2019年第二季度，中国手机银行交易规模达83.3万亿元。

以招商银行股份有限公司(以下简称"招行")为例，招行在2015年就部署并实施了"移动优先"战略。在此之后，招行不断突破自我，以每年一个大版本的节奏对招商银行App进行迭代升级。2018年，招行正式吹响零售金融3.0转型的集结号，其核心就是强化"人+技术"的组合，用专家创造价值，并以科技传递价值。2019年9月，招行零售总客户数突破1.3亿，招行App用户突破1亿，App登录用户数已经占到全行日均流量的90%以上。

零售金融3.0时代，招行重新定义了数字化转型最重要的平台和载体，这就是招商银行App。实施4年的"移动优先"战略，让招行看到了零售业务非线性增长的可能，在招行看来，从"卡时代"向"App时代"的跨越，重新定义了零售银行的服务边界。银行卡只是一个静态产品，而App则是一个生态，更加多维、更加丰满、模式更轻、覆盖面更广。于是，招行在零售金融3.0时代又做出了先人一步的选择——构建App财富生活生态圈。

关于App生态圈的目标与规划，招行有自己的打法。一方面，持续深耕核心金融场景，并以此作为App生态圈重要的立足点；另一方面，随着用户核心金融需求的延伸，招行又自然而然地发现了一些非金融的衍生场景，将社区频道、出行、生活缴费、便民服务等场景引入App，打造出更加丰富多元的App生态。从金融到生活，从低频到高频，顺势而为，"做更好用的财富生活App"，成为招商银行App对自身的定位。

依托App不断丰富的生态，招行的场景经营取得了不俗战绩。根据招行2019年上半年报，截至6月末，招商银行App账户总览、招乎、收支、转账、理财、生活、信用卡、活动8个场景的月活跃用户人数超过千万；App理财投资销售金额3.91万亿元，同比增长30.33%，占全行理财投资销售金额的70%；与此同时，App非金融场景使用率达63.43%。招商银行App已经连接起1亿用户的财富生活。

资料来源：腾讯网. https://new.qq.com/omn/20191119/20191119A06IH300.html.

2. 微信银行

腾讯微信通过为合作伙伴提供"连接一切"的能力，正在形成一种全新的"智慧型"生活方式，已经渗透医疗、酒店、零售、百货、餐饮、票务、快递、高校、电商、民生等数十个传统行业，为其提供标准化解决方案。国内多家商业银行在推出基于微信公众平台的微信客户服务号之后，先后将其升级为微信银行，在查询服务的基础上，服务功能更加完善，可以实现转账汇款、手机充值、预约办理等一系列服务。

商业银行推出微信银行的实质是将商业银行客户端移植到微信上，借助微信庞大的用户群，优化银行的服务理念及服务范围。

微信银行具有如下优势。

(1) 服务成本低。微信银行用智能客服替代传统人工坐席，可以有效节约成本。以信用卡业务为例，2012年招商银行信用卡中心客服的人工话务量超过6000万通，每通电话的成本大约为5元(包含人员工资、通信费、水电、坐席硬件设备等)。如果微信的自助和互动服务能节省10%的话务量，则一年节省的费用大概为3000万元，而实际替代率可能更高。目前，各家银行习惯用短信推送优惠活动信息。短信的发送成本为3～5分/条，以每个月2条短信计算，如果换成通过微信发送，则1000万用户规模的发卡行大约可节省1200万元。由于微信的信息发送成本极低，商业银行可以每天发送新的优惠活动信息。此外，微信银行还可以在很多方面为银行节约成本，如逐步取代信用卡纸质账单，提供新的低成本办卡、放贷、理财产品销售渠道等。

(2) 用户体验好。目前，各银行的微信银行的功能日趋全面，提升了用户体验。以天津银行微信银行为例，其微信银行包含金融服务、生活服务、最新优惠等板块，为客户提供余额查询、明细查询、投资理财、信用卡服务等便捷、安全的金融服务，以及电影票、演唱会门票购买，话费、流量、游戏点卡充值，美食团购、特惠洗衣等多品类、全方位的"线上+线下"一站式生活服务功能。

(3) 实现精准营销。过去，银行要实现精准营销并非易事。以信用卡业务为例，优惠活动信息通常只能按客群批量推送，很多缺乏针对性的信息显然是无效的。有了微信银行之后，情况就大不同了。例如，某持卡人到某城市出差，想了解附近有什么优惠活动，只需打开微信银行，选择"定位"，几秒后，他所在位置周边的优惠活动信息马上显示出来。这种精准营销有利于商业银行以最低的成本实现最有效的促动。

未来，商业银行可以围绕微信银行打造一个服务平台，集中银行各种服务和合作伙伴的资源，形成一个个专属于每个客户的"微生活圈"，这个平台的价值将超乎我们的想象。微信银行将成为银行O2O(online to offline，线上线下打通)的纽带和客户管理的利器。由于即时通信工具本身所具有的超高黏性，微信银行用户活跃度和用户规模增长速度远远超过手机银行客户端。因此，微信银行应定位为银行实现移动互联网战略转型的关键一环，其重要性不逊于手机银行客户端。中短期而言，微信银行对传统银行抢占移动互联网时代先机非常重要，投入必不可少。

(三) 直销银行

直销银行也称直营银行，是互联网时代的新型银行运营模式。在这一模式下，银行没有营业网点，客户主要通过电话、电子邮件、手机等远程渠道获取银行产品和服务。直销银行最早出现在20世纪80年代末的欧美国家，后来由于互联网技术发展和应用的优势，美国的直销银行脱颖而出，数量最为集中，也代表了互联网银行的发展趋势。

1. 直销银行与网上银行的区别

(1) 实体网点。直销银行与传统银行最大的区别就是"去实体化"。传统银行的业务拓展和规模扩张依赖于实体网点和分支机构、人员数量的增加。尽管传统银行也使用电话银行、网上银行等多种渠道，但实体网点始终是传统银行的核心渠道。与传统银行不同，在直销银行，客户从开户到转账、理财等均可以通过网上直接办理，完全不像网点一样受到空间和时间上的制约。对于没有实体网点和ATM机的银行，客户需要现金的时候，可以将直销银行账户中的钱转账至自己在其他银行的关联账户，但整个过程都是免费的。为配合网上服务，有些直销银行也会设立一些实体店，但其主要功能是品牌营销和金融顾问，一般不办理具体业务。

(2) 组织架构。虽然目前我国的直销银行大都从属于各个商业银行的网上银行部，但从国外发展来看，比较成熟的直销银行都是具有独立地位的企业法人。直销银行这种互联网化的运营模式不同于传统网上银行的组织结构。网上银行虽然也是通过线上渠道提供金融服务、售卖理财产品，但仅仅是传统银行的渠道补充，是对传统银行实体网点的一种辅助工具，不可能取得独立法人资格，无法完全脱离传统银行，这是两者的本质差别。

(3) 目标客户。直销银行和网上银行的目标客户也不尽相同。直销银行具有独立法人资格，针对的是增量客户，并且不像网上银行追求大而全的客户覆盖，直销银行仅针对特定的客户群体提供少而精的产品和服务。网上银行是对传统银行渠道的拓展以及辅助工具，针对的是传统银行原有的存量客户。

(4) 业务模式。相对于网上银行来说，直销银行并非传统银行物理网点的补充，而是构建了一种全新的业务模式，进一步以客户为中心，追求全方位的自助化、标准化、现代化的客户服务方式，并且加入了新的渠道和管理模式。从客户定位、产品设计、组织架构、营销手段等各个方面完全颠覆传统银行的业务模式，是一种全面的流程再造，力求通过低成本的运营、多样化的营销以及现代化的服务创造出更多价值。

(5) 产品与服务。虽然直销银行和网上银行都提供理财产品以及存贷款服务，但是直销银行的去实体化运营可以节省一大笔相关的网点建设费用和人力资源成本，规模边际成本极小，因而能够为客户提供更为优惠的价格，更大限度让利客户，比如更低的手续费甚至免收手续费、更高的存款利率、更低的贷款利率等。

此外，直销银行账户是虚拟账户，不需要银行卡号，真正实现了"免注册、免登录、客户直接购买"的目标；而在网上银行业务中，则必须办理银行卡，绑定并且开通网银后才能享受服务。由于直销银行在客户定位上比较明确，所提供的产品简洁明了，在业务处理上效率更高，相对于网上银行而言能够为客户提供更好的服务体验。

2. 直销银行的产生和发展状况

1989年10月，英国的米特兰银行创办了全球第一家直销银行First Direct并取得了成功，它通过位于英国利兹市的呼叫中心为用户提供24小时服务。First Direct在推出不到两年后便获得了10万名用户，并于1994年开始盈利，今天已成为英国影响力较大的直销银行品牌之一。随着First Direct的成功，欧美其他金融业比较发达的国家也相继建立了自己的直销银行。1995年，美国第一家直销银行SFNB正式宣布成立，该银行是世界上第一家完全通过互联网运营的直销银行。1997年，ING集团在加拿大设立了集团第一家直销银行ING Direct Canada，并在日后将该模式逐渐推广到欧美其他各国，成为规模最大的全球性直销银行。德国的DAB Bank于1994年成立，在德国混业经营的金融市场中开创了直销证券经纪模式，后成为欧洲第一家推出网上股票经纪业务的金融机构。目前，在欧美发达国家，直销银行普遍占据了7%～10%的市场份额，成为一支不可忽视的力量。

2013年9月，北京银行与荷兰ING集团在深度合作、充分吸收国际直销银行先进服务经验的基础上，率先引进并推出直销银行。与国外纯粹线上的模式不同，北京银行直销银行更加灵活，采取线上和线下融合、互通的服务模式，实现客户全流程自助操作，获得"在线操作+远程人工服务支持"，达到效率和价值的最大化。从2014年下半年开始，我国直销银行呈现爆发式发展状态，各商业银行推出的直销银行开始大规模上线。

在直销银行的品牌建设方面，我国直销银行发展初期主要以母银行名称加上"直销银行"的后缀作为品牌名称，其发展难以摆脱母银行的声誉影响；而如今，大部分直销银行都选择与母银行不同的名称作为品牌名称，品牌意识日渐强烈，发展更具独立性。在发展模式方面，绝大多数的直销银行都采用纯线上互联网平台作为业务渠道，这些互联网平台包括银行官网、手机App、微信等。其中，有些直销银行拥有独立的网站及独立的App，有些直销银行只具其一，还有一些是母银行官网的子板块或是母银行手机银行App的子功能。在产品方面，直销银行上架产品主要以货币基金、存款产品、理财产品为主。

据中国银行业协会与中小银行互联网金融(深圳)联盟联合发布的《2018中国直销银行蓝皮书》数据显示，截至2018年8月，我国提供独立直销银行App应用的银行共计114家。

从总量结构看，城商行独立直销银行App数量最多，高达70家，占比61.4%；农商行次之，共计26家，占比22.8%；全国性股份制银行共计7家，占比为6.1%。此外，独立直销银行App用户年龄集中在26～40岁，占比超8成。

▶ **案例5-3**

民生直销银行

在银行利率市场化步伐加快及国内互联网金融飞速发展的背景下，为了应对客户消费习惯的转变，民生银行于2013年7月成立了直销银行部。2013年9月16日，民生银行与阿里巴巴签署战略合作协议，决定共同筹备直销银行。2014年2月28日，民生直销银行正式上线。

民生直销银行的经营理念为"简单的银行"，几乎不设立线下实体网点，所有业务流程均可依托线上渠道快速完成。"忙、潮、精"是其目标客户定位，这部分客户的特点是生活工作节奏快、习惯使用电子银行、追求新鲜事物、利息计算精明、容易被实惠高效所吸引。无论是否在民生银行开过户，只要是支付宝用户，都可以通过支付宝购买民生银行的金融产品。以支付宝作为客户入口，民生银行可以在提供金融服务的同时将支付宝用户转化为自己的客户。这种更加精准、同质化的客户定位，颠覆了传统商业银行电子银行"辅助服务"功能，体现了直销银行"拓展新客户、自主经营客户、创造客户价值"的独立的商业模式。直销银行最重要的属性是直销，金融产品以简单快捷的方式，通过直销银行直接卖给了广大的电商客户。所以，直销银行本身与传统银行的概念大相径庭。

在渠道建设方面，民生直销银行充分尊重目标客户的互联网使用习惯，强调渠道的特定性，不考虑线下的有形渠道，而是通过专属网站、手机端App、微信、淘宝等线上的无形渠道提供便捷的服务。同时，民生直销银行也不设立销售人员，更多依靠客户的自主选择来驱动销售。在客户服务方面，民生直销银行开通24小时电话呼叫中心平台，银行员工直接与客户沟通交流，提供咨询、援助等服务。

由于目标客户的精准与渠道的限制，民生直销银行推出的产品数量与设计都力求简单。首期主打两款产品，一是"如意宝"余额理财产品，这款产品对接货币基金，具有购买门槛低、申购无限制、单日最高赎回500万元、实时支取、日日复利的特点；二是"随心存"储蓄产品，1000元起存、随用随取、利息收益最大化。目前，民生直销银行推出的产品除了"如意宝"和"随心存"外，还有"定活宝""民生轻松汇"和"利多多"。截至2017年末，民生直销银行客户数突破1100万、金融资产超越1100亿元，为推进我国普惠金融发展积累了丰富经验。

资料来源：何平平，车云月. 互联网金融[M]. 北京：清华大学出版社，2017.

（四）纯网络银行

随着互联网的发展，信息高度透明化，传统银行提供金融信息的作用弱化了，人们对银行网点的依赖度降低，而人口低密集区域的银行网点的收入有时很难抵消成本支出。另外，近几年人们对互联网安全技术的信任度大大提升，网络购物、网络社交软件的大规模使用培养了用户借助互联网进行交易、办理相关业务的习惯，积累了大量用户数据，这为纯网络银行的产生提供了肥沃的"土壤"。

1. 美国纯网络银行的兴衰

纯网络银行，即狭义的互联网银行，是指完全同传统银行分离，不从属任何一个传统银行、不存在实体网点、只在互联网上运行的银行。纯网络银行的代表是1995年10月成立的美国安全第一网络银行。但经过多年的发展，传统银行实施了"网上、网下业务兼营"战略，生意兴隆，而不少纯网络银行却面临衰退的危险，陷入了利润下滑、亏损，甚至被兼并重组的困境。如美国安全第一网络银行在1998年就出现了发展停滞的迹象，并在同年被加拿大规模最大的皇家银行以2000万美元收购。

美国互联网银行分为全方位发展与特色化发展两种模式，目前，采用全方位发展模式的互联网银行已所剩无几，仅存知名的就是印第安纳州第一网络银行。而选择特色化发展模式的互联网银行在传统银行的夹缝中占据了一席之地，发展较好的有ING Direct USA的直销银行、BOFI等。

2. 我国纯网络银行的发展

国内的纯网络银行一般都以一些发展成熟的互联网企业作为依托。如2014年3月，在国务院批准的首批5家民营银行中，阿里巴巴旗下的浙江网商银行和腾讯旗下的前海微众银行就属于纯网络银行，仅依靠大数据、云计算等创新技术来驱动业务运营。2016年12月，小米联手新希望和红旗连锁创办的新网银行设立，这是中西部首家纯网络银行。2017年11月，中信银行和百度公司发起设立的百信银行在北京宣布正式开业。BAT(百度、阿里巴巴、腾讯三大互联网公司首字母的缩写)至此全部拥有了自己的民营银行。此外，以互联网企业为背景的纯网络银行还包括2017年设立的苏宁银行和亿联银行。

纯网络银行一般都背靠业内知名的互联网公司，各自均拥有坚实的用户基础甚至现成的应用场景，主要服务于传统银行覆盖客户的盲区，具有以下主要特征。

(1) 纯网络银行的收入来源主要为贷款业务的利息差，理财产品代销产生的手续费与佣金等，这一点与传统银行区别不大，只不过相对聚焦在支付、融资、理财等小额高频业务领域。

(2) 纯网络银行运用互联网、大数据等技术，在服务模式、客户群体、风控制度等方面进行创新，为没有享受到传统银行完善金融服务的消费者和小微企业提供服务。

(3) 纯网络银行在服务模式上不设物理网点，主要采取互联网在线的方式展业，绝大多数业务均通过在线申请、云端审批并迅速完成签约。

(4) 纯网络银行基于互联网运营和基于数据分析进行风控的经验相对更为成熟，因而用户转化获取及运营成本也相对更低。

▶ **案例5-4**

微众银行

微众银行是国内首家开业的民营银行，由腾讯、百业源和立业等多家知名企业发起设立，于2014年12月获得由深圳银监局颁发的金融许可证，目前注册资本为人民币42亿元。微众银行致力于为普罗大众、微小企业提供差异化、有特色、优质便捷的金融服务。微众银行的商业模式特点鲜明，依托腾讯这个互联网巨头积累的海量客户和数据，微众银行从创设开始，其业务模式就定位为做互联网平台和金融机构的连接者。

一、主要业务

1. 消费金融业务

消费金融业务是微众银行目前的主营业务之一。该项业务在腾讯集团的微信和QQ平台上开展,为平台上有需求的用户发放消费贷款。"微粒贷"是其中最主要的消费金融产品,也是微众银行首款互联网小额信贷产品,先后于2015年5月15日和2015年9月21日正式在手机QQ和微信平台上线。作为我国两家大型社交平台,截至2016年6月底,微信和QQ分别拥有8.05亿和8.99亿个月活跃账户,为微众银行业务的线上开展提供了庞大的用户基础和丰富的社交数据,这使得微众银行在营销渠道、风险管理等方面都具有独特的优势。

"微粒贷"是微众银行"同业合作"模式下的联合贷款产品,其贷款资金来自微众银行的自有资金以及微众银行20余家合作银行的资金。目前在"微粒贷"联合贷款中,有80%的贷款资金来自合作银行。

2. 平台金融业务

除了依托腾讯旗下QQ和微信平台开展贷款业务,微众银行也与互联网电商平台合作,将银行贷款产品嵌入合作平台的消费场景。平台金融业务于2015年9月23日正式上线,首款产品为微众银行与二手车电商优信合作推出的优信二手车"付一半"产品。

依据合作平台提供的客户基本信息及消费信息,微众银行审核贷款客户资质、给出评分并最终做出放贷决定。贷款客户准入标准由微众银行与合作平台共同制定,风控模式也充分考虑贷款产品基本特点以及合作平台客户的具体行为特点。目前,微众的合作平台包括物流平台"汇通天下"、二手车电商平台"优信二手车"等互联网电商平台。

3. 财富管理业务

财富管理业务即在微众银行App上代销合作金融机构发行的理财产品。微众银行截至目前共代销约20款理财产品,其中"T+1到账型"理财产品收益率为3%~4%,一个月及以上期限理财产品的收益率多为4%~5%。

微众银行对合作金融机构和代销产品进行审核及筛选。首先,微众银行会综合评估合作金融机构的品牌实力及其过往业绩等方面,确定代销其金融机构理财产品的额度。其次,代销产品上线之前,根据监管要求,微众银行会对理财产品以先准入后评级的模式进行管理。

二、经营优势

1. 互联网经营优势

微众银行的最大股东腾讯集团是资深的社交平台经营公司,拥有大量客户资源,掌握大量客户社交数据并具有较强的IT技术力量。微众银行依托腾讯集团的社交平台,为腾讯用户群提供银行服务,降低了获客成本;通过对腾讯社交平台用户数据的分析进行客户风控管理,降低了运营风险;在腾讯集团强大的IT技术支持基础上提升自身技术实力,保障了交易的安全、高效进行。

2. 结构性成本优势

微众银行具有显著的结构性成本优势,以无营业网点及营业柜台、纯线上银行服务的模式经营,无论是服务效率还是运营成本,均显著优于传统银行。

3. 产品简单、线上服务

微众银行以远程销售、自动化交易及纯线上服务为其运营模式特点。与其运营模式相匹配的是,微众银行产品线精简,目前不足10个产品;而传统银行的产品数量一般超过50个。与传统银行仅有5%~10%的业务通过远程销售达成,仅有50%的交易实现自动化,

30%的交易可以线上完成相比，微众银行的远程销售、自动化交易和线上服务都实现了100%互联网经营。

资料来源：廖理.全球互联网金融商业模式——格局与发展[M].北京：机械工业出版社，2018.

四、互联网银行的发展趋势

从目前来看，互联网银行表现出以下发展趋势。

（一）构建银行业的 O2O 模式

O2O模式(online to offline，线上线下结合模式)起源于互联网，互联网金融的兴起冲击了固有的传统金融的发展理念，为银行业的发展提供了新的思路。银行业的O2O模式是指综合线上、线下渠道以满足用户的多种需求。未来银行一方面将注重建立拓展线下服务网点，维系好自己已有的客户规模，另一方面将进一步丰富网络服务渠道的多样性，不仅注重发展通过银行网站、客户端等为用户提供线上服务的传统模式，更注重发展新兴的线上服务模式，比如与社交平台结合的微信银行、自建电商平台等。

（二）业务的设计、推广、运营将发生颠覆性变化

(1) 网上业务的设计将更加注重差异性。传统银行对个人银行业务不够重视由来已久，技术的革新使挖掘用户需求、为其定制专属服务成为可能，用户需求的多样化也会促进业务种类的丰富。

(2) 网上银行业务的推广方式将更加多元化。随着互联网与银行业的融合发展程度逐渐加深，银行对新业务的宣传推广将有更多选择，逐渐尝试在网络媒体、平台宣传新业务将成为网上银行的发展趋势之一。

(3) 网上银行在运营上会更注重电子商务的发展。一方面，网上银行会对已有的电商平台进行丰富、改进；另一方面，网上银行会加强与第三方电商平台的合作。

（三）进一步推进数字化转型

在服务理念层面上，网上银行更注重用户体验。具体表现在充分运用互联网技术，建立服务反馈机制，直接获悉用户的满意度，将重视用户体验贯穿在整个运营流程当中。

在技术层面上，网上银行将更重视数据挖掘和加大创新力度。在大数据时代，对数据进行深度挖掘分析并最大化数据的价值，从技术角度来看已非难事。网上银行将重视并发挥数据在决策、营销、风控等方面的导向作用，提升经营、管理水平。网上银行对产品、服务创新的重视远高于传统银行，为进一步提升自身竞争力，未来网上银行对创新的重视度将只增不减。网上银行将向打造一体化的金融平台进军，集中交易信息、金融信息、物流信息等，进一步推进银行的数字化转型。

第二节　互联网证券

传统的证券发展模式主要依赖证券经纪、自营、承销保荐等传统业务，尤其是依赖通道收取佣金的经纪业务，业务品种单一，盈利模式单一，同质化程度比较突出。证券行业涉足互联网后，快速打破了过去证券公司的渠道覆盖，弱化了区域劣势，带来了业务的快速增长。

▎一、我国互联网证券的发展历程

我国证券市场从成立至今，发展水平不断提高，与此同时其互联网化程度也在不断深入。我国证券市场的互联网化历程大致可分为起步、探索、初步发展、快速发展4个主要阶段。

（一）起步阶段（1997—1999年）

20世纪90年代中期以后，网上证券交易从美国向全球各大证券市场发展，我国网上证券交易也开始起步。1997年3月，中国华融信托投资公司湛江证券营业部最先推出名为"视聆通公众多媒体信息网"的互联网网上证券交易系统，成为中国第一家开展网上交易的券商。该系统在最初的3年增长速度均超过126%。1999年，闽发证券的互联网交易额达到8亿元，分别占其深沪营业部的20%。原君安证券、广发证券等公司也随后开通了互联网证券交易服务。

这一阶段，中国互联网证券交易发展相对缓慢，一方面是因为互联网尚处于起步阶段，网民过少，截至1999年初，中国上网总人数大约有200万人，同期美国拥有网民约6000万人；另一方面，当时的互联网证券交易业务在全球都还算新兴事物，很多证券公司对互联网证券交易业务还不了解，仍处在观望阶段。

（二）探索阶段（2000—2011年）

2000年4月，中国证监会颁布实施了《网上证券委托暂行管理办法》和《证券公司网上委托业务核准程序》，标志着我国网上证券交易进入规范化发展轨道。截至2000年末，有45家证券公司的245家营业部开通了互联网证券交易业务。2000年，全国互联网证券交易占比达到了2.97%。2001年以后，互联网证券交易业务发展速度加快，交易量成倍增长。2012年，我国互联网证券交易用户数超过1350万户，比2001年增长了1000多万户，年复合增长率达到13.64%。

2000年底至2001年初，基于短信平台的手机炒股开始流行。2004年，中国移动推出面向全球通用户的"移动证券"，随后中国联通推出"掌上股市"，手机炒股进入WAP(wireless application protocol，无线应用通信协议)方式炒股和客户端炒股时代。

从2002年开始，证券公司开始了证券交易系统的集中建设。2004年8月，华林证券在深圳证券通信中心设立的集中交易系统正式启用，这是我国证券公司首次对主要核心交易系统进行托管，降低了技术系统建设成本和系统风险，体现了证券市场专业化分工的经营原则。到了2005年，几乎所有证券公司都能为客户提供互联网证券交易服务，当年互联网证券交易额占沪深交易所交易总额的19%，2006年升至40%，2011年已达到90%。网上证券交易普及率高，为互联网证券的发展打下市场基础。

（三）初步发展阶段（2012—2013年）

自2012年5月券商创新大会以来，中国证监会先后出台多个关于互联网经纪业务政策指引的文件，从信息技术指引到非现场开户步步推进。银行与券商以互联网为依托，重组改造业务模式，加速建设网上创新平台。

2012年11月，中国证监会发布《证券公司代销金融产品管理规定》，证券公司拥有全市场最完整的金融产品业务线，互联网证券交易不再局限于股票、债券的买卖，还包括金融产品的销售等。2012年12月，中国证券业协会发布《证券公司证券营业部信息技术指引》，将证券公司营业部划分为A、B、C类，其中C类营业部既不提供现场交易服务，也不需要配备相应的机房设备，这顺应了互联网时代证券公司业务发展的要求。在2013年证券公司新申请设立的营业部中，C类占比超过70%。

2012年9月，证监会颁布了《证券公司开展网上开户的业务建议》。2013年3月，中国证券登记结算有限责任公司发布《证券账户非现场开户实施暂行办法》，监管部门准许网络开户，标志着证券业务进入全网络时代。开户的互联网化，使互联网对于券商而言不仅是一项服务内容，还能成为获客手段，从而推动盈利模式变化。

（四）快速发展阶段（2014至今）

2014年，中国证券业协会向中信证券、国泰君安证券、银河证券、长城证券、平安证券和华创证券6家券商下发了《关于同意开展互联网证券业务试点的函》，这标志着我国证券行业正式加入互联网金融的大潮之中。互联网证券业务，并不是简单地将线下业务向线上平行迁移，也不是对现有平台和信息技术模块做简单整合，而是在"电子化—互联网化—移动化"的趋势下，从执行层面对公司传统业务实施从销售渠道、业务功能、客户管理到平台升级的架构重塑及流程优化，架构符合互联网商业惯例和用户体验的综合金融服务体系。截至2015年3月，我国共有55家券商获得开展互联网证券业务试点资格，占券商总数的44%。

为进一步支持资本市场创新发展，中国证券登记结算有限责任公司决定自2015年4月13日起，取消自然人投资者开立A股账户的"一人一户"限制，允许自然人投资者根据实际需要开立多个沪、深A股账户及场内封闭式基金账户。取消证券账户"一人一户"制，为互联网券商带来发展机遇。

二、互联网证券的运营模式

（一）国外互联网证券的运营模式

以美国为例，根据利用互联网深度的不同，可以将国外互联网证券的运营模式分为以下3种。

1. E-Trade模式

E-Trade公司在1982年成立，起初主要为金融企业提供信息服务。E-Trade公司在为证券公司提供信息服务的时候，逐渐开始熟悉证券业务流程，在获得证券牌照之后，公司开始为投资者提供经纪和投资咨询服务。1996年，E-Trade重组为一家纯网络经纪公司，设立自己的网站(https://us.etrade.com)，直接向投资者提供在线证券交易服务，公司业绩进入爆炸式发展阶段，并于当年8月成功上市。

E-Trade公司的优势是交易成本低，其佣金费率在同服务水平的证券公司中，处在很低的位置，平均每笔佣金仅约10美元。低佣金的主要原因是E-Trade公司有较强的技术开发能力、便捷的网上交易通道，同时未设立实体营业网点，客户可以在线上提供订单，由E-Trade公司根据订单提供服务。目前，E-Trade网站已经成为全球最大的个人在线投资服务站点，客户遍及全球100多个国家。E-Trade公司的劣势在于提供的投资咨询服务较为简单，缺乏长期积累的投资顾问和客户群体。

2. 嘉信模式

1971年，嘉信理财成立，主要从事证券经纪业务。1975年，美国证券交易委员会决定在证券交易中实行议价佣金制，从此，嘉信理财开始专注于为客户提供低价服务。1979年，嘉信理财认为计算机电子化的交易系统发展前景良好，建立了自动化交易和客户记录保持系统。1987年，嘉信理财公司在纽交所上市。20世纪90年代中期，嘉信理财又适时推出基于互联网的在线理财服务，但嘉信理财不是纯粹的互联网证券公司，嘉信理财还通过门店为客户提供线下服务，这是与E-Trade公司很大的不同点。

嘉信模式的典型特点是中等服务和中端收费。目标客户群主要集中在中小客户，尤其是有成为高净值客户潜力的中小客户。嘉信理财降低咨询服务的佣金，同时提高咨询服务的客户体验和服务品质，很好地适应了有高净值潜力的中小客户的价格偏好以及风险偏好。通过将专业理财咨询服务的优势与低廉的交易佣金率相结合，嘉信理财迅速在市场竞争中脱颖而出，曾一度成为全美第一大证券公司。

3. 美林模式

美林证券成立于1885年，总部位于美国纽约，是全球最大的证券零售商和投资银行之一，同时也是全球顶尖的金融管理咨询公司。面对来自互联网证券公司的竞争，为了避免客户流失、保住自身在业界已有的地位，美林公司也于1999年正式进入互联网领域，推出了自己的交易网站MLDirect和Unlimited Advantage网上经纪业务，为客户提供全面、个性化的服务。

2008年9月，美林证券被美国银行收购，从此美银美林集团诞生了。在证券业务方面，该公司聚焦于高净值客户和机构，通过强大的投资研究和产品开发能力并结合市场需求为客户提供多项高收益服务。虽然美银美林利用互联网的程度不及E-Trade公司和嘉信理财，但它的网络经纪业务吸引了很多客户，主要原因是美银美林基础实力雄厚、营销渠道完善和产品种类丰富。美银美林主要定位于高端客户，这也使其客户群体存在局限性。

（二）国内互联网证券的运营模式

根据提供服务主体的不同，我国目前涉足互联网证券的证券公司可分为3类：券商自建网站模式、独立的第三方网站模式和券商与互联网平台合作模式。

1. 券商自建网站模式

券商自建网站是较为普遍的互联网证券运营模式，几乎所有的券商都有自己的网站。自建网站的功能包括营销、客服、交易、管理等，可以为客户提供更全面、多渠道、人性化的服务。该模式的优点是平台设计更符合证券公司的需求，证券公司也可以对交易的所有流程进行控制，同时有利于树立品牌优势。但是自建电商平台模式在流量和产品数量方面并没有优势，而且前期需要投入非常多的建设费用以及营销费用。

2. 独立的第三方网站模式

独立的第三方网站模式是指网上服务公司、资讯公司和软件系统开发商等负责开设网络站点，为客户提供资讯服务，证券公司则在后台为客户提供网上证券交易服务。目前，国内典型的第三方网站有同花顺、大智慧、东方财富等。同花顺与多家证券公司之间建立合作，客户可以通过"股票开户"功能完成开户，但其本身没有经营经纪业务的资格，如果需要证券交易，可以通过"添加新的券商"这一功能来实现。与同花顺不同，大智慧和东方财富通过收购证券公司获得全部证券业务的经营资格，本身具有经营经纪业务的资格。这种独立的第三方网站模式的缺点在于，其证券服务的内容和专业水平要得到客户的认同需要一段时间。

3. 券商与互联网平台合作模式

证券公司做互联网金融面临的主要问题是客户流量有限，品牌认知度比较低，而与互联网平台合作，可以利用互联网平台庞大的用户群，解决流量问题，增加公司产品的浏览量，提高销售额。证监会松绑非现场开户之后，国泰君安、华泰证券等券商纷纷开启网上开户模式。经纪业务收入排名前30位的券商中，超过80%已和腾讯、网易、新浪以及京东等大型互联网平台接触和沟通，探索通过电商平台开展互联网证券业务的可能性。如2014年2月20日，国金证券与腾讯公司合作推出"佣金宝"产品，投资者通过腾讯网站在网上开户即可享有万分之二的佣金费率。除了"万二开户"这一大特点外，"佣金宝"还提供保证金余额理财服务与投资咨询服务。

专栏5-2

头部券商与互联网巨头合作

科技浪潮席卷金融全行业之际，主动拥抱金融科技带来的机遇成为头部券商的共识。

2018年1月，银河证券与阿里云签署全面合作框架协议，希望以技术智能合作为契机，全面提升银河综合运营服务能力，加速其核心业务的互联网化进程和数字化转型。在2019腾讯全球数字生态大会上，银河证券又与腾讯正式签署金融科技战略合作协议，将共同探索云计算技术在证券行业互联网技术架构转型中的潜在应用，以及大数据、人工智能技术在金融级身份认证、金融舆情、智能投顾、智能风控、企业图谱等场景下的技术研发和应用落地，以安全合规的高效率技术架构和智能化金融应用产品，提升银河证券运营效能和服务智能化水平。

除了倾力打造自身系统，借力大型互联网科技企业显然成为更多券商的共同选择。

2017年9月，中金公司与腾讯签署认股协议，腾讯认购中金新发行的2.075亿股H股，占中金总股本的4.95%。

2018年1月，中信集团与腾讯签署战略框架协议，宣布将推进云和大数据、区块链、人工智能等技术领域的业务合作。

2018年6月，招商证券国际与阿里云达成战略合作，成为第一家与阿里巴巴集团结成战略合作的在港中资金融机构。

2018年11月，国泰君安与腾讯签署金融科技战略合作协议，将积极探索以云端金融科技提升业务运营及创新效率，为投资者提供系统化的高质量智能金融服务体验。

2018年12月，财通证券与蚂蚁金服签订战略合作协议，将在金融云、智能风控平台、金融产品服务等方面展开合作。

除BAT企业外，东北证券与恒生电子、国元证券与品钛等科技公司也在大数据、智能投顾等方面展开合作。

资料来源：百度. https://baijiahao.baidu.com/s?id=1634250702140231978.

▍三、互联网证券的发展趋势

从我国互联网证券的发展来看，呈现以下几大趋势。

（一）传统竞争格局改变，突显综合服务能力

中国证券登记结算公司推出"一码通"之后，投资者能够在多个券商开立账户，将不同的账户进行关联、整合、管理，这极大地冲击了以价格战为主的竞争格局，更有利于综合金融服务能力较强的证券公司发展。

（二）逐步实现差异化服务

以往广大用户对证券行业的定位只是服务于资本市场渠道，这一观念根深蒂固，从而导致证券业很难完成差异化经营，但互联网的介入带来了转机。在互联网金融的大环境下，技术的发展为实现差异化经营提供了可能。通过互联网可以获得用户交易频率、金额以及交易习惯等相关数据，证券公司可以据此刻画用户的肖像和投资风格，清楚地识别客户需求，继而为其提供个性化服务，由此形成稳定的客户群。根据不同需求划分和管理客户群将成为未来网上证券的重要发展方向。

（三）向一站式金融综合服务平台转变

一站式金融综合服务平台是互联网证券行业发展的主要方向。券商将不仅仅是从事股票交易的服务商，更是理财服务商、金融提供商。互联网将推进券商从单一业务模式向一站式金融综合服务平台转变。

第三节　互联网保险

互联网技术和保险业的结合开创了保险业的新纪元。互联网的平等共享精神使得保险向普惠化方向发展，越来越多的人开始享受保险服务。互联网保险颠覆了保险营销员与客

户面对面交流沟通的传统模式，开创了全新的保险销售方式和渠道，以及全新的经营理念和管理模式。

一、互联网保险的定义及优势

（一）互联网保险的定义

2015年，保监会出台的《互联网保险业务监管暂行办法》中对互联网保险的定义是：互联网保险是指保险机构依托互联网和移动通信等技术，通过自营网络平台、第三方网络平台等订立保险合同、提供保险服务的业务。其中，自营网络平台，是指保险机构依法设立的网络平台；第三方网络平台，是指除自营网络平台外，在互联网保险业务活动中，为保险消费者和保险机构提供网络技术支持辅助服务的网络平台。

（二）互联网保险的优势

与传统保险经营模式相比，无论是从保险公司的角度，还是从客户的角度，互联网保险都有自身独特的优势。

1. 产品场景化

在网络时代，保险产品碎片化是一个重要发展趋势，保险供给者通过场景互动向客户提供风险管理服务，这有利于激发客户的风险规避需求。场景化保险的代表性产品有退货运费险、共享单车险等，结合特定场景，保险服务更加便捷、透明、低成本。随着大数据、区块链和人工智能技术的深入应用，社交、购物、理财等领域将出现更多场景，不断催生新的保险需求。

2. 降低销售成本

传统渠道的保险佣金和人工费用不断攀升，降低了传统渠道的产品收益，而互联网保险打破先前的销售渠道，将佣金直接转为客户收益，大大降低了管理成本和产品费率，提高了同一险种的年化收益率。另外，互联网保险公司将产品开发、核保、核赔等经营管理工作通过互联网开展，极大地减少了分支机构和经营网点的设立，降低了固定设备支出和经营成本。

3. 信息透明，便于互动

互联网保险具有直销特点。在保险产品销售过程中，客户由传统营销方式中的被动接受者转变为主动参与者，促进了买方与卖方的互动，有助于保险公司更好地了解客户需求，开发有针对性的产品，进行精准营销。互联网保险大多是标准化产品，条款清晰简单，信息公开透明，也便于客户与电子客服更有效地沟通。另外，互联网保险打破了消费者与卖方之间的信息不对称性，客户可以自主选择产品并在不同的平台在线比较，这使得销售渠道更透明、C2B成为现实。

4. 打破上门销售的限制

互联网保险可以超越时间和空间的限制，有利于买卖双方的信息交换，能随时随地为客户提供24小时全球性保险营销服务，并能深入具有不同需求的人群，拓展业务客户。

二、国外互联网保险的发展

（一）国外互联网保险发展概况

1. 美国

美国是发展互联网保险最早的国家，由于在网络技术方面的领先地位和优越的市场经济环境，美国在20世纪90年代中期就开始出现互联网保险。目前，美国的互联网保险业在全球业务量最大、涉及范围最广、客户数量最多、技术水平最高，几乎所有的保险公司都建立了自己的网站，在网站上为客户提供全面的保险市场和保险产品信息，并可以针对客户独特需要进行保险方案内容设计，运用信息技术提供人性化产品购买流程。在网络服务内容上，涉及信息咨询、询价谈判、交易、解决争议、赔付等；在保险品种上，包括健康、医疗人寿、汽车、财险等。

美国互联网保险业务主要包括代理模式和网上直销模式，这两种模式都是独立网络公司通过与保险公司进行一定范围的合作而介入互联网保险市场。两者也有一定的区别，代理模式主要是通过和保险公司形成紧密合作关系，实现网络保险交易并获得规模经济效益，其优势在于其具有强大的网络辐射能力，可以获得大批潜在客户。相比之下，网上直销模式更有助于提升企业的形象效益，能够帮助保险公司开拓新的营销渠道和发展新的客户服务方式。1995年2月创立的InsWeb公司是美国互联网保险代理模式的成功案例。

除代理模式和直销模式这两种主流互联网保险运营模式外，美国市场上还出现了纯粹进行网上保险销售的公司，例如eCoverag，这是美国第一家，也是100%通过互联网向客户提供从报价到赔偿服务的公司。

2. 欧洲

在欧洲，互联网保险发展迅猛。1996年，全球最大保险集团之一的法国安盛在德国试行网上直销。1997年，意大利KAS保险公司建立了一个网络保险销售服务系统，在网上提供最新报价、信息咨询和网上投保服务。英国保险公司的网络保险产品不再局限于汽车保险，还包括借助互联网营销的意外伤害、健康、家庭财产等一系列个人保险产品。近十几年来，互联网保险在英国发展迅速，个人财产保险总保费中网络营销的比例，从2000年的29%增加到2008年的42%，而传统的保险经纪份额从42%下降到29%。德国互联网保险因其互联网覆盖率高和全民网购习惯的形成而发展迅速，埃森哲咨询公司发布的相关报告显示，2009年德国约有26%的车险业务和13%的家庭财险业务是在互联网上完成的，而在仅仅一年的时间里，这一份额就分别上涨至45%和33%，可见互联网保险在德国发展之迅速。德国重视互联网保险的商业模式创新，率先开发出一种新P2P保险模式，具有防止骗赔、节约销售和管理费用以及方便小额索赔等优势。

3. 日本

1999年7月，Alacdirect.com网络保险公司成立，这是一家完全通过互联网推销保险业务的保险公司，主要服务于40岁以下客户。1999年9月，日本索尼生命保险公司开通电话及网络销售汽车保险业务，到2000年6月，通过因特网签订的合同数累计突破1万件。在多种因素的综合作用下，2008年出现了一些以互联网为主要销售渠道的人寿保险公司。此后，在线人寿保险公司的市场份额在日本人寿保险市场中稳步增长。

（二）国外互联网保险的运营模式

国外互联网保险运营分为B2C和B2B两种模式。

1. B2C模式

互联网保险B2C模式大致可分为保险公司网站、第三方保险超市网站及互联网金融超市三种形式。

（1）保险公司网站是一种典型的B2C电子商务模式。保险公司开设的网站旨在宣传公司产品，提供联系方式，拓展公司销售渠道。按照是否从事销售活动，可以进一步将网站细分为两类：宣传公司产品型与网上销售产品型。宣传公司产品型网站可以宣传公司及产品，方便客户联系，树立公司及产品形象，提高知名度，但只能称为"保险电子化"。网上销售产品型网站不仅能帮助用户选择合适的互联网保险产品，充分利用网络渠道的优势，还能开发专门适用于互联网的保险产品。比如，美国林肯金融集团建立了一个名为eAnnuity.com的网站，提供名为eAnnuity的专业互联网年金产品。

（2）第三方保险超市网站为保险人和客户提供了一个交易场所。众多保险人和客户在这个超市中接触，使保险人发现合适的客户，使投保人找到自己需要的险种。这种保险超市可以细分为3类：连接保险公司型、连接代理人型、第三者管理型。连接保险公司型网站提供网上比价功能，将客户与保险公司相连接，保险公司每收到一个连接都要向该网站支付一定费用，但不发生真正的网上销售，比如美国的InsWeb网站。连接代理人型网站与连接保险公司型网站相似，这类网站也不发生真正的网上销售，不同的是其将顾客与代理人连接，比如美国的NetQuote网站。第三者管理型网站运用其数据库来确定消费者的最佳交易，他们是注册代理人，而其电话代表并不是代理人，几乎不提供咨询建议，比如美国的Insure.com。第三方保险超市网站的数量在全球迅速增加，并积极扩展服务范围。但由于市场容量有限、许多产品可比性差、供应商议价能力较强等因素，这类网站面临激烈的市场竞争，生存者必须在市场营销和品牌战略等方面下大力气。

（3）互联网金融超市模式也为客户提供了一个交易场所。互联网金融超市与保险公司网站的关系犹如传统超市与专卖店的关系。

2. B2B模式

B2B模式大致可分为互联网风险市场和互联网风险拍卖两种形式。

（1）互联网风险市场可使不同国家和地区间的商业伙伴不受地域、国别限制，共同分担风险，尤其是地震、洪水、泥石流、风暴等巨灾风险。如Global Risk Mark Place和提供巨灾风险交易的CATEX都是采用这种模式，Global Risk Mark Place提供全球性的风险交换服务，CATEX则把巨灾风险的交易搬至虚拟网络。

（2）互联网风险拍卖就是大型公司或其他社会机构通过互联网把自身的风险"拍卖"给保险公司。集团式购买比较适合这种方式，比如，汽车协会可以为其成员挑选一种最便宜的保障。这种模式产生不久，但由于它关注了投保人的需求，具有强大的生命力。

三、我国互联网保险的发展

(一) 我国互联网保险的发展历程

我国互联网保险的发展历程分为4个阶段：萌芽期、探索期、全面发展期和规范发展期。

1. 萌芽期(1997—2004年)

1997年底，中国第一个面向保险市场和保险公司内部信息化管理需求的专业中文网站——互联网保险公司信息网产生，这标志着我国保险业也步入互联网时代。该网站由中国保险学会联合北京维信投资顾问有限公司一起设立。2000年8月，平安保险和太平洋保险均开通了自己的网站。2000年9月，泰康人寿网站和友邦保险上海分公司网站开通。

此阶段互联网保险作为销售代理而存在，各大保险公司都建立了自己的官方网站，发布保险产品的相关信息，但由于互联网金融规章制度尚未健全，法治环境尚不成熟，人们对于互联网保险的认识也存在很多不足，互联网保险对于保险公司业务发展的作用并不明显，主要起到宣传及普及保险知识的作用，此时互联网保险处于萌芽期。

2. 探索期(2005—2011年)

阿里巴巴、京东商城等电子商务平台的兴起为中国互联网市场带来了新一轮的发展热潮。伴随着新的市场发展趋势，互联网保险开始发生市场细分。一批定位为保险中介和保险信息服务的保险网站纷纷涌现。有些网站在风险投资的推动下，得到了更大的发展，如慧择网、优保网和向日葵网等。2005年4月正式实施的《中华人民共和国电子签名法》标志着互联网保险进入加速发展阶段，截至2009年底，互联网保费收入规模达到 77.7 亿元。

此阶段，随着互联网用户的迅速增多，人们越来越倾向于通过互联网来获取金融保险产品和服务。同时，各保险机构也致力于通过创新网络渠道营销，逐步探索保险电子商务营销方式。

3. 全面发展期(2012—2013年)

2012年，中国保监会发布《保险代理、经纪公司互联网保险业务监管办法》，标志着互联网保险走向专业化和规范化。2012年，平安人寿发布"平安人寿E服务"App客户端；国华人寿通过"淘宝聚划算"销售平台推出3款产品，短短3天时间内就实现了1.05亿元保费收入；泰康人寿则分别与携程、淘宝等互联网平台合作打造互联网保险销售平台，取得了较好成效。2013年11月6日，由阿里巴巴、中国平安、腾讯公司共同筹资建立的"众安在线"财产保险有限公司正式开业，标志着我国互联网保险进入机构专营阶段。同年，淘宝理财频道首次参与"双11"活动，保险产品成为新主角。

这一阶段的互联网保险通过创新实现了跨越式发展，基于电子商务及信息技术的发展需求开发了与此相宜的保险险种(如退货运费险、游戏账号装备险、微信支付安全险等)，主要依托第三方电子商务平台、保险公司官方网站、保险超市等多种方式，逐步探索出其特有的业务管理模式，从而更好地为投保人提供专业服务，打造优质体验。互联网保险不仅仅是保险产品的互联网化，更是保险公司对商业模式的全面颠覆和创新。

4. 规范发展期(2014年至今)

2014年12月，中国保监会发布《互联网保险业务监管暂行办法(征求意见稿)》。2015年7月，发布《互联网保险业务监管暂行办法》(保监发〔2015〕69号)，这是互联网金融领域第一个出台的细分领域监管办法，标志着互联网保险监管政策日趋完善。针对互联网保险领域出现的"非法经营互联网保险业务"等问题，2016年10月，十五部委联合印发了《互联网保险风险专项整治工作实施方案》(保监发〔2016〕31号)，整治重点包括3个方面：一是互联网高现金价值业务；二是保险机构依托互联网跨界开展业务；三是非法经营互联网保险业务。2017年9月，保监会发布《关于在互联网平台购买保险的风险提示》，提醒消费者在互联网平台购买保险时要注意风险。这些监管规章的出台，意味着互联网保险从此步入规范发展的轨道。

此外，根据中国银保监会下发的《2018年保险监管现场检查工作方案》的安排，监管机构计划分3个阶段开展财险公司分支机构、人身险公司分支机构、法人机构评估、中介法人及分支机构、法人机构综合5项现场检查，其中在2018年8—10月份的第3阶段，监管机构将开展法人机构综合检查，强调财会部的偿付能力数据真实性全面检查、风险综合评级全面检查，资金部的保险资金运用现场检查，这些检查都强化了对互联网保险的监管。

由于一系列监管规章文件的连续出台，互联网保险监管变严，行业准入门槛抬升，互联网保险行业发展速度放缓。尽管如此，互联网保险的发展前景仍吸引不少互联网企业竞相介入。2017年5月，由阿里巴巴发起成立的信美人寿相互保险社开业；9月，百度通过旗下投资公司"百度鹏寰资管"全资并购黑龙江联保龙江保险经纪有限责任公司，并完成4000万元增量注资；11月，腾讯旗下保险平台"微保"上线。此外，京东、苏宁、唯品会、乐视、小米等大型互联网公司都对互联网保险进行了一定程度的布局。互联网巨头的介入必然会给行业带来巨变，一方面，保险销售端会被更多的渠道分流，标准化产品可能会更多地向流量巨头聚拢；另一方面，巨头深耕互联网保险将最大化地丰富保险场景，创新保险经营模式，让大众更高频、便捷地接触保险。2017年9月28日，众安在线财产保险股份有限公司在中国香港联交所主板上市，成为国内首家上市的互联网保险公司。

尽管近年来我国互联网保险市场发展迅猛，互联网保险的保费规模已经占到总体保费规模的4%左右，但和金融行业的其他细分类别相比，互联网化程度偏低。此外，我国互联网保险的渗透率为4.24%，而国际上互联网保险发展水平较高的国家，一般财产险渗透率都超过20%，人身险渗透率超过10%，这说明我国互联网保险的发展水平仍然较低。

(二) 我国互联网保险的运营模式

现阶段，我国互联网保险业务的运营主体主要包括传统保险公司、电子商务平台、保险中介代理机构、专业互联网保险公司、新型网络互助保险平台(机构)等。不同的互联网保险运营主体根据各自业务发展策略的不同，所采取的商业模式也不同。

1. 官方网站模式

官方网站模式是各大保险公司最早采用的互联网保险模式，是指传统保险公司通过自己建立的官网来展现自身品牌，发布保险产品信息，开展保险产品销售，提供在线咨询和服务等。如平安、太平洋保险、中国人寿、中国人民保险、泰康等传统保险公司均通过官方网站销售保险产品并提供支付、理赔、保单查询、续保、咨询等一站式服务。

建立官方网站的保险公司通常需要具备三个条件：一是资金充裕；二是有丰富的产品体系；三是有管理和运营能力。传统保险公司通常会选择该种模式。该模式可以借助官方网站树立品牌形象，具有销售成本低廉、手续简单、流程极快等特点，可以帮助保险公司获得价格优势，并有效拓展投保群体。但官网模式也有一些缺点：首先，建立一个功能齐全的保险公司官方网站，前期需要配备软件和硬件设施，也要注重提高安全技术以保证客户的资金和信息安全，后期保险公司需要对网站进行维护，需要付出较高的网站运营成本。其次，保险公司自建的网站产品数量不如第三方平台，用户选择范围较小，加上保险产品本来就不是"渴求型"产品，所以提高流量是保险公司建立官方直销网站时必须考虑的问题。为此，保险公司必须增加营销支出，加大广告、搜索引擎排行等投入力度。

2. 第三方电子商务平台模式

第三方电子商务平台模式是指保险公司与第三方电子商务公司合作，在第三方电子商务公司的网站上开展保险业务。第三方电商平台包括两类：一类是综合电商平台，包括淘宝网、苏宁易购、京东网、腾讯网、新浪网等；另一类是保险中介电商平台，主要由保险专业中介机构(包括保险经纪公司、保险代理公司等)建立网络保险平台，目前有优保网、慧择网、中民保险网等。这类平台的网站并不是保险公司的网站，而是保险公司技术服务的提供者，它可以被保险公司及中介等相关机构和个人共用，可以为多数保险公司提供网上交易及清算服务。借助第三方平台开展互联网保险业务的保险公司，通常没有较高的客户关注度，只能先通过该平台来展示和销售保险产品，等聚集了一定的知名度和人气后，再选择开通自己的官网销售渠道。

电商模式的特点是流量大、用户多、产品全、信息透明、便于比较，用户可以像购买普通商品那样随时与店家沟通，购买体验较好，与目前互联网行业中多数生活服务领域的业务相似，为大众所普遍接受。从金融监管的角度看，第三方电子商务平台模式存在诸多漏洞。一些在售保险产品的第三方平台网站没有保险中介资质，在实际意义上不受监管约束，从而给消费者带来一定的风险。

▶ 案例5-5

淘宝保险

淘宝保险是目前中国最大的保险第三方平台。2010年，淘宝保险平台正式上线，已开设中国人保财险、中国平安、阳光人寿保险、泰康人寿等多家保险旗舰店，产品线涵盖了车险、旅游险、意外险、健康险等多个险种，并实现了保险产品的在线保费计算、购买、支付、完成投保等功能，拥有会员体系、积分兑换体系、网站联盟等多种服务系统。

目前，淘宝保险的产品线主要有三条：一条是由各险企旗舰店提供的产品，由淘宝保险平台集中展示，伴有销量和评价的呈现；第二条是淘宝专供的保险产品，主要是针对淘宝和天猫等平台的货品售卖定制的配套保险产品；第三条是淘宝和险企一同研发的创新型保险产品，如赏月险、吃货险。

淘宝网有巨大的流量和庞大的用户数，在互联网保险时代具有得天独厚的优势。凭借强大的数据处理能力和后台技术实力，能够从容应对海量访问；同时在淘宝网上积累的客户体验方面的经验有助于其打造专业化的互联网保险交易。淘宝保险最大的特点是独立于交易双方而存在，在互联网保险中只承担交易平台的角色。截至2016年，与淘宝保险合作的保险公司或保险中介机构共62家，其中财险保险公司20家，人寿保险公司33家，代理经纪公司9家。

资料来源：何平平，车云月. 互联网金融[M]. 北京：清华大学出版社，2017.

3. 网络兼业代理模式

2011年9月，保监会下发的《保险代理、经纪公司互联网保险业务监管办法(试行)》文件规定：只有获得经纪牌照或全国性保险代理牌照的中介机构才可以从事互联网保险业务。大量垂直类的专业网站不具备上述监管要求的条件，可以技术服务形式使用兼业代理的资质与保险公司合作开展业务。

网络兼业代理模式是在互联网时代衍生的保险产品代理模式之一，它的优点在于办理简单、门槛低和对经营主体的规模要求不高，现已经成为互联网保险公司中介代理模式中主要的业务模式之一。这种模式是指航空、银行、旅游等非保险企业，通过自己的官方网站代理保险企业销售保险产品和提供相关服务等。网络兼业代理机构一般销售与其主业有一定关联的保险产品种类。如航空公司代售航空意外险；银行代售投资连结保险产品。

网络兼业代理机构可以提供给客户更好的增值服务，同时也能获取收益；缺点是兼业代理机构大都以自己的主业为主，代理的保险产品种类较单一，因而对保险产品的销售也不会投入较大的财力和物力，从而影响客户的体验度。

4. 专业中介代理模式

专业中介代理模式是指由保险经纪或代理公司搭建自己的网络销售平台，代理销售多家保险企业的产品并提供相关服务，客户可以通过该平台在线了解、对比、咨询、投保、理赔等，这些公司实际发挥的是中介代理的作用。

专业中介代理模式包括两类：一类是聚焦保险产品的垂直搜索平台，利用云计算等技术精准、快速地为客户提供产品信息，从而有效解决保险市场中的信息不对称等问题，典型代表有富脑袋、大家保等；另一类保险门户定位于在线金融超市，充当网络保险经纪人的角色，为客户提供简易保险产品的在线选购、保费计算以及综合性保障安全等专业性服务，典型代表有大童网、慧择网等。

随着我国互联网保险的迅猛发展，利用专业中介网站销售保险产品，即第三方网络保险平台销售模式日渐风行。迄今，我国第三方网络保险平台主要有车盟、慧择网、搜保网、捷保网、中民保险网、优保网、开心保网等。

▶ 案例5-6

慧择保险网

慧择保险网是中国银行业保险监督管理委员会批准的首批在线保险销售平台之一，目前已与中国平安、中国人寿、中国人保等100多家保险机构达成战略合作，已合作开发1000余款保险产品，服务了超过5000万用户。

自2006年成立以来，慧择多年沉淀海量用户、深耕保险行业，更理解行业，懂得消费者的痛点，不仅在保险产品形态上不断创新，还不断完善闭环服务体系，先后推出了智能核保、自助保全、一键续保、服务记录可追溯、快速理赔等服务项目，贯穿购前咨询到出险理赔的全服务链条，以科技的力量不断完善服务品质。

为了让用户对产品的选择更便利，慧择提供了智能化和自助化的产品对比、需求测评以及智能核保工具，方便用户对比不同产品、优化产品组合方案，提前向用户提示被拒保的风险。在理赔方面，通过多个官方渠道提供7天×24小时的协助理赔服务，并配有专业的理赔协助专家一对一全程协助用户申请理赔，具体包括理赔流程指引、指导准备资料、提示注意事项、理赔案件预审、提示理赔进展、分析理赔结果。索赔金额在2000元内的理赔案件，责任无误且资料齐全，3个工作日内垫付理赔款。

慧择保险网基于互联网的平台化发展模式，始终致力于前沿科技与金融业务的有效融合，成为目前国内保险垂直领域科技领先的保险电子商务平台之一。

资料来源：慧择保险网. https://www.huize.com/about/about-about.html.

5. 专业互联网保险公司模式

专业互联网保险公司由保险企业、互联网企业或其他主体专门设立来经营互联网保险业务。专业互联网保险公司利用互联网开展业务，没有线下分支机构，保险业务全程通过网络完成。专业的互联网保险产品根据电子商务保险需求设计险种，产品更具有针对性和个性化。众安在线财产保险股份有限公司、泰康在线财产保险股份有限公司、安心财产保险有限责任公司、易安财产保险股份有限公司是目前我国具有保险牌照的4家专业互联网保险公司。

专业互联网保险公司的经营范围比较有限。专业互联网保险公司缺乏线下服务能力，其优势体现为与生俱来的互联网基因，即不断捕捉场景并开发设计出优质产品的能力，能够独立、完整地通过互联网实现销售、承保、理赔、退保等全流程服务的保险业务，因此，专业互联网公司与传统保险公司，特别是大型保险公司实行错位竞争。互联网场景类产品，如众安在线的银行卡盗刷资金损失保险、泰康在线的互联网消费信用保险，以及纯线上标准化产品，如意外险，这两类产品成为专业互联网公司的一致选择。

专栏5-3

4家专业互联网保险公司2018年缘何全面亏损？

目前，我国监管部门共批准设立了4家专业互联网保险公司，分别是众安在线、安心财险、泰康在线、易安财险。数据显示，这4家互联网保险公司2018年均为全面亏损。

其中，众安在线2016年、2017年、2018年保险业务收入分别为34.08亿元、59.5亿元、112.6亿元，净利润则分别为937万元、-10亿元、-18亿元；安心财险2016年、2017年、2018年保险业务收入分别为0.75亿元、7.94亿元、15.3亿元，净利润则分别为-0.73亿元、-2.99亿元、-3.6亿元；泰康在线2016年、2017年、2018年保险业务收入分别为6.75亿元、16.56亿元、67.8亿元，净利润分别为-0.85亿元、-2.87亿元、-3.5亿元；易安财险2016年、2017年、2018年保险业务收入分别为2.24亿元、8.48亿元、37.14亿元，净利润分别为157万元、711万元、-6.45亿元。

专业互联网保险公司缘何"赔本赚吆喝"？科技投入是多家专业互联网保险公司都提及的业绩亏损原因，因为投入和产出的时间差可能会很长。以众安保险为例，众安保险的亏损主要源于技术上的巨额投入。数据显示，2018年，众安科技研发投入达到8.5亿元，占总保费的7.6%。不过，这正是专业互联网保险公司的特色和优势所在。业内人士认为，科技投入通常都是前期投入，这也是它的核心竞争力，在以后的年份中可能会逐渐释放效能。短期来看，互联网保险公司是赔本赚吆喝，从中小企业成长的规律看，短期亏损问题不大，但未来互联网保险公司也需要去积极探索适用的、可持续的商业模式。

业内人士还指出，4家专业互联网保险公司成立时间较短，虽然保费增长很快，但绝对规模还比较有限，规模不太大的中小型公司通常会面临固定成本难以有效分摊的困境，因此亏损很正常，需要随着业务规模逐渐扩大来分摊成本，摆脱亏损的状况。

从行业的角度看，2018年产险公司经营互联网保险规模695亿元，同比增长41%。其中，互联网车险保费规模达369亿元，互联网非车险业务保费规模达327亿元。而这4家拥有牌照的专业互联网财产公司2018年总保费收入为233亿元，占行业市场份额约34%。其中，众安互联网非车险业务占市场份额高达31%，位居同业首位。

资料来源：零点财经. https://www.zcaijing.com/hlwgnzt/171787.html.

（三）我国互联网保险的发展趋势

1. 数据作为保险行业"核心资产"的地位将进一步加强

在未来互联网充分普及的大环境下，数据成为构建核心竞争力的关键。对保险公司而言，数据就是核心资产，数据分析能力就是核心竞争力。保险公司能够通过数据处理、分析、整合、挖掘等技术获得有价值的信息。

从数据收集来看，不仅要获得消费者的行为数据，也要获得潜在消费者的行为数据，为将来拓展市场和开辟新市场做准备；从数据应用来看，保险公司应利用大数据分析能力充分挖掘消费者需求，通过数据采集了解每位消费者的特征及需求，为其提供更具个性化、定制化的服务与产品。

消费者可能采用不同的支付方式在任何时间、任何地点使用不同的移动终端进行消费，从而形成大量不规则的、碎片化的消费信息，对保险公司收集、整合、处理、分析信息的能力提出了巨大挑战，也对保险公司的运营能力提出了极高要求。

2. 进一步场景化，更多碎片化的保险需求将得到满足

互联网不断普及和发展的伴生物就是高频化、碎片化的各类需求，而场景化则是挖掘、满足这些需求的有效途径。线下场景催生了传统保险产品的发展，伴随互联网技术的不断普及和发展，很多线下场景将逐渐迁移到线上，线上场景的出现为互联网保险产品的异军突起提供了契机。

未来的保险公司将会更多地基于互联网生态圈的高频化、碎片化风险需求，开发出可以嵌入互联网生态圈某一个环节的应用场景(或者多个环节的应用场景)的"碎片化"创新产品。它将实现互联网保险产品设计和营销的突破，将互联网保险产品无缝嵌入互联网消费的购买、支付、物流等各个环节，从而在不影响用户体验的前提下，以较低成本满足消费者高频化、碎片化的保险需求。

3. 产品持续创新，保险市场范围不断扩大

互联网改变了消费者的生活，在推动保险产品创新、引导和创造客户需求、提升公众特别是年轻消费群体的保险意识方面发挥重要作用。保险公司基于大数据、云计算深度挖掘数据，为精准营销、精准定价提供了可能性，也为制定个性化、定制化、差异化的保险产品打下了基础。

与此同时，互联网伴生的移动终端和大数据将持续拓展保险市场范围。消费者能够利用网络随时随地进行购买和支付，网络消费、网络支付等网络行为中蕴含的风险能够派生新的保险需求，为保险行业开辟新市场。随着大数据技术的深入应用，保险公司能不断提升风险定价与风险管理能力，可以将以前无法或难以有效管理的风险纳入保险范围。2010年，华泰保险与淘宝合作在"天猫"交易中推出"退货运费险"，并根据出险率进行保险定价。这是国内首个针对网络交易设计的创新险种，也是首个实现保险产品动态定价的创新产品。未来类似"退货运费险"这类保障消费者互联网消费、支付行为的创新型保险产品将大量涌现。

随着经济形势的变化和市场化发展，保险市场还将出现大量的细分领域，保险公司在借助技术实现对原有消费者资源的深入挖掘的同时，也能进一步覆盖不同地域、不同行业的消费者，提供传统上规模不经济的产品和服务，从而占领广阔的"蓝海"市场。

▌四、互联网保险的风险与防范

随着互联网等技术在保险行业的不断深入运用，互联网保险业务作为保险销售与服务的一种新形态，深刻影响了保险业态和保险监管。互联网保险业务在快速发展的同时也暴露了一些问题和风险隐患，给行业和监管带来了挑战。

（一）互联网保险的风险

1. 信用风险

互联网保险领域的信用风险主要是指由信息不对称引发的风险，具体表现为逆向选择和欺诈风险两方面。

（1）逆向选择。逆向选择是指保险公司在不了解投保人真实信息的情况下，出险概率更高的客户更倾向于购买保险。由于网络的虚拟特征，互联网保险平台难以识别客户身份，加之互联网保险的场景化、碎片化特征，加剧了逆向选择风险。

（2）欺诈风险。互联网的虚拟特征使得信息更加不对称与不透明，从而加剧了欺诈风险。这里既有投保人的欺诈风险，也有承包人、保险代理人的欺诈风险。例如，利用淘宝网运费险进行诈骗的"骗保师"，互联网保险平台的虚假宣传和保险代理人的误导销售，等等。

专栏5-4

利用运费险漏洞的"骗保师"

网购的江湖，很难风平浪静。前有"差评师""缺货师""维权师"……让卖家闻风丧胆，最近又有媒体曝光了"骗保师"这个灰色职业——他们利用淘宝网的"七天无理由

退货"和退货运费险，来赚取赔付的"运费险"和实际退货运费之间的差价。

据了解，同样针对网购风险保障的保险，除了华泰保险的"退货运费险"以外，还有阳光保险的"拒签运费险"，同样免不了被高明的"骗保师"利用，成为犯罪分子"空手套白狼"的赚钱工具。

2018年，黄浦区人民检察院办理了淘宝网运费险诈骗系列案。检察机关先后依法起诉了19名被告人，犯罪金额合计150余万元，为保险公司追回经济损失80余万元。在该系列案中，淘宝买家和淘宝网外包客服人员相互勾结，买家使用自己控制的淘宝账号，在自己或同案犯控制的淘宝店铺内进行虚假货物交易，为骗取最高额的运费赔付，虚构境外收货地址并投保退货运费险。随后买家使用虚假快递单号以虚构卖家发货和买家退货的事实，向淘宝网申请运费险理赔。遭淘宝网系统拒绝赔付后，买家将订单发送给淘宝外包客服人员，由该客服人员利用其负责复审运费险理赔申请的职务便利，违规审核通过骗保订单，帮助买家骗得运费险并共同分赃。该过程都是在电脑或手机上操作完成的，犯罪分子借助网络通信和支付平台的便利，在短时间内大量作案。

本案的9名淘宝买家，在2016年下半年至2017年的8个多月时间里，共计虚构6万多笔淘宝网购订单。10名淘宝网外包客服人员半年里帮助买家审核通过虚构订单，骗得保费几万元至数十万元不等并共同分赃。最终，法院采纳了检察机关的公诉意见，认定19名被告人均构成保险诈骗罪，根据被告人各自的犯罪金额和情节，分别判处有期徒刑10个月至10年不等的刑罚，并处罚金。

资料来源：搜狐网. https://www.sohu.com/a/198987169_169428.

2. 合规风险

在开展互联网保险业务时，保险公司容易在产品设计、营销方式、经营范围3个方面触碰监管红线，为公司带来合规风险。

(1) 产品设计不合规。互联网保险产品的产品设计不合规主要表现在两个方面：一是过度创新造成产品异化，偏离保险本质，导致其违背保险原则；二是产品展示设计上存在误导现象。互联网保险产品的过度创新、产品异化主要表现为个别保险产品的费率厘定不符合公平性原则或违背保险原理。为了销售便利，部分互联网保险产品名称设计得较为模糊。比如，个别第三方网销保险平台在销售产品时过分包装保险产品名称，"恋爱险""退房险""扶老人险"等字样频现，这些产品实质为责任险或意外险。这种做法不符合监管规定，存在歧义与误导。

(2) 营销方式不规范。为了扩大市场、提高客户留存度，一些互联网保险公司及代理人存在不规范营销行为，主要体现为产品信息不真实，如提供虚假信息、蓄意夸大或隐瞒产品相关信息等。如夸大保险产品收益，而弱化或隐瞒产品的风险。保监会发布的保险消费投诉显示，2017年，保监会机关及各地保监局共收到涉及保险公司的保险消费投诉93111件，其中互联网保险投诉达到4303件。这些保险消费投诉反映的问题主要集中在销售告知不充分或有歧义、理赔条件不合理、拒赔理由不充分等方面。

(3) 经营范围不合规。在创新发展的浪潮中，一批互联网保险和互助保险平台涌现，其中一些并无保险经营资质，属于违规经营。同时，市场上存在不法机构和人员通过互联网利用保险公司名义或假借保险公司信用进行非法集资的现象。部分互助保险平台，根据保监会的规定也涉嫌违规经营。这些平台以相互保险的名义开展业务，采取预收费模式，成立之初会员需缴纳一定金额的会费。如果承保的风险发生，会员可获得互助平台上以会费作为来源的偿付。这样的模式存在非法设立资金池的嫌疑。

专栏5-5

保监会提示防范在互联网平台购买保险的两类风险

近年来，互联网保险业务蓬勃发展，在给保险消费者带来便捷的同时，也出现了一些风险隐患。中国保监会保险消费者权益保护局提醒广大消费者，在互联网平台购买保险时要注意两类风险。

一类风险是产品宣传藏"忽悠"。目前，互联网保险险种主要涉及电商类保险、旅行类保险、车险、意外险、健康险，以及一些场景创新类产品(如航班延误险、退货运费险等)。有的保险公司为片面追求爆款、吸引眼球，存在保险产品宣传内容不规范、网页所载格式条款的内容不一致或显示不全、未对免责条款进行说明、保险责任模糊等问题，容易造成消费者误解。

另一类风险是不法行为"鱼目混珠"。一些不法分子利用互联网平台虚构保险产品或保险项目，假借保险之名非法集资，具体表现为：承诺高额回报引诱消费者出资；冒用保险机构名义伪造保单，骗取消费者资金。

上述风险侵害了保险消费者权益，对行业形象造成负面影响。为此，中国保监会保险消费者权益保护局提醒以下两点。

一是针对销售误导风险。在互联网平台购买保险时一定要仔细阅读保险合同。建议保险消费者：一方面要主动点击网页上的保险条款链接，认真阅读保险合同和投保须知，了解保障责任、责任免除、保险利益及领取方式等重要内容；另一方面不要望文生义，如果有疑问，及时咨询保险公司客服。

二是针对不法行为"鱼目混珠"的风险。保险的主要功能是为社会公众提供风险保障，而不是提供高额投资回报。建议保险消费者：首先，要合理评估自身需求，选择符合自身保险保障实际需求的保险产品；其次，在网上投保后，可通过拨打保险公司统一客服电话、登录官方网站或前往保险公司等方式核验所购保单的真实性；最后，要提高警惕，不盲目相信高收益宣传，不随意在可疑网站提供个人信息，自觉抵制诱惑，谨防上当受骗。

保监会保险消费者权益保护局表示，消费者在享受保险服务过程中，如果合法权益受到侵害，请及时投诉；如果遭遇以保险为名实施的诈骗，请尽快通知开户银行和保险公司，并向公安机关报案，维护自身合法权益。

资料来源：中新网. http://www.chinanews.com/fortune/2017/09-20/8336029.shtml.

3. 经营风险

互联网保险的业务结构单一，导致其存在一定的经营风险。互联网保险产品销售主要是在线上进行，现阶段的互联网保险产品主要以车险、定期寿险等条款标准化的产品为主。同时各家公司的主打产品过于集中，在互联网保险领域形成"一险独大"的局面，这增加了公司的整体风险，也容易受到政策变动的影响。例如，2017年，受商车费改的影响，互联网车险保费收入307.19亿元，同比增长-23%；受中短存续期产品新政的影响，互联网人身险中包括万能险和投连险在内的理财型业务保费收入合计296.6亿元，较上年同期大幅减少880亿元，降幅达74.8%，导致互联网寿险保费收入首次出现了负增长现象。从这些数据可以看出，互联网保险单一险种占比过高受政策方面的影响是巨大的，这不利于互联网保险业务稳定经营。

此外，与其他互联网金融形式一样，互联网保险产品购买、审核、理赔各交易环节均在网络上完成，互联网技术的使用会带来信息技术风险，包括网络安全风险与数据安全风险。

（二）互联网保险的风险防范

为了有效防范互联网保险风险，保护消费者合法权益，提升保险业服务实体经济和社会民生的水平，2020年底，银保监会发布实施了《互联网保险业务监管办法》。该办法共5章83条，具体包括总则、基本业务规则、特别业务规则、监督管理和附则。重点规范内容包括6个方面：一是厘清互联网保险业务本质，明确制度适用和衔接政策；二是规定互联网保险业务经营要求，强化持牌经营原则，定义持牌机构自营网络平台，规定持牌机构经营条件，明确非持牌机构禁止行为；三是规范互联网保险营销宣传，规定管理要求和业务行为标准；四是全流程规范互联网保险售后服务，改善消费体验；五是按经营主体分类监管，在规定"基本业务规则"的基础上，针对互联网保险公司、保险公司、保险中介机构、互联网企业代理保险业务，分别规定了"特别业务规则"；六是创新完善监管政策和制度措施，做好政策实施过渡安排。

除了要加强监管，还要从以下几方面防范互联网保险的风险。

1. 优化产品设计，完善经营模式

优化互联网保险服务体系可考虑从以下两个方面进行。

(1) 要对产品进行适度创新。互联网保险的销售模式与传统保险行业有着很大区别，监管部门应鼓励互联网保险相关企业进行创新，通过差异化产品，为客户提供个性化服务。但是，创新应在符合社会公众利益的前提下进行，要与社会发展相符合，创新需落到实处而非注重形式。

(2) 要对互联网保险产品的预期收益率进行精准计算。对预期收益率的准确估计关系到保险产品条款的设计和后期的理赔程序，也是保险资产投资方式与期限选择的基础。合理的预期收益率能够保证保险资产与负债在期限上的匹配，有利于保险公司兑现承诺，获得客户的信任。另外，互联网保险产品的销售与服务应形成一个完整的闭环，实现流程化，并加强线上线下服务的协同，这对用户提高对互联网保险的认可度大有益处。

2. 建立互联网保险数据共享平台，防范安全性风险

互联网保险的发展基础是大数据，有效安全的保险数据共享平台不仅会增加客户的信任度，也能推动互联网保险行业发展，具体包括以下几个方面。

(1) 银保监会等部门要尽快出台互联网保险数据信息安全管理相关法规，从制度上对互联网保险信息的安全问题做出明确规范。

(2) 加快建立完善的保险数据共享平台，在不侵犯个人信息安全的基础上，公开对行业发展有利的信息，便于精准营销。

(3) 要建立健全客户信息安全机制，加强对保险从业人员的统一管理，加大审查力

度，保护客户信息数据安全。目前，区块链技术的运用为互联网保险数据和信息平台的发展提供了新思路，区块链技术能够保障参与者信息不被他人窃取，也可以使参与者在完成交易的同时不受到其他信息的干扰。

3. 尽快完善保险信用体系，细化信息披露规则

目前，我国还没有完全建立以市场为基础的信用服务体系，然而互联网保险这种以网络技术为载体的新兴商业模式可能会增加道德风险和逆向选择的可能性，因此，完善互联网保险信用体系迫在眉睫。互联网保险行业应该引入第三方保险信用评级机构，利用互联网评级技术专业化地提供信用风险信息，提升参与主体对信用管理和风险控制的意识和能力，提高信用审批效率。另外，监管部门应定期跟踪评估保险机构的服务和信用等级，并建立相应的信用奖罚机制。除此之外，保险信息的披露也至关重要。监管部门应监督互联网保险机构明确披露保险责任等条款，设立线上线下信息披露的公开标准，在防止销售误导的同时也利于监管的实施。

4. 加快培养互联网保险专业人才

互联网保险行业亟须培养一批年轻化、专业化的复合型人才，这些人才不仅具备保险行业的专业知识，也要对互联网技术有较深入的了解。高校可开展分层次、分体系、分专业的适应性培养，提高保险业人才的精算、管理和营销能力，不断为互联网保险行业注入高质量的人力资源。第三方培训机构作为高校和企业之间的桥梁，可以将理论与实践结合起来，适应互联网保险行业的人才需求。不仅如此，监管部门还需要加强监管队伍建设，采取措施提升监管队伍的整体素质，加强对监管人员相关知识的培训和考核，明确职能分工，提高监管人员的工作效率。

本 章 小 结

1. 互联网银行是互联网与银行的结合，是商业银行借助互联网和移动通信技术实现资金融通、支付和信息中介功能的新兴经营模式。互联网银行的特点：全面实行电子化交易，运营成本低廉，服务更标准化、多样化和个性化。

2. 互联网银行主要有4种模式：网上银行、手机银行和微信银行、直销银行、纯网络银行。网上银行即传统的电子银行模式，也是传统金融业互联网转型的主要业态之一。手机银行和微信银行也称移动银行，是利用移动通信网络及移动终端办理相关银行业务的简称。其中，微信银行的实质是将商业银行客户端移植到微信上，借助微信庞大的用户群，将银行的服务理念及服务范围实现最优化。直销银行也称直营银行，是互联网时代的新型银行运营模式，在这一模式下，银行没有营业网点，客户主要通过电话、电子邮件、手机等远程渠道获取银行产品和服务。纯网络银行，即狭义的互联网银行，是指完全同传统银行分离，不从属任何一个传统银行、不存在实体网点、只在互联网上运营的银行。

3. 互联网证券是在"电子化—互联网化—移动化"的趋势下，对传统证券业务的销售渠道、业务功能、客户管理及平台升级等，从架构到流程进行全面优化的过程。根据提供服务主体的不同，我国目前涉足互联网证券的证券公司可分为3类：券商自建网站模式、

独立第三方网站模式和券商与互联网公司合作模式。

4. 互联网保险是指保险机构依托互联网和移动通信等技术，通过自营网络平台、第三方网络平台等订立保险合同、提供保险服务的业务。我国互联网保险的运营模式包括官方网站模式、第三方电子商务平台模式、网络兼业代理模式、专业中介代理模式、专业互联网保险公司模式。

5. 互联网保险面临的风险主要有信用风险、合规风险、经营风险、技术风险等。

1. 什么是互联网银行？它有哪些特点？
2. 简述我国互联网银行的运营模式。
3. 列举我国互联网证券、互联网保险的几种模式。
4. 简述我国互联网保险的风险与防范措施。

1. 选择一家银行网站，浏览其网页，列举其开展的金融产品和服务，并从中选取一个特色产品和服务加以介绍。
2. 你是否使用过手机银行或微信银行办理业务？请描述过程及体验。
3. 查找资料分析互联网银行面临的风险以及如何防范这些风险。
4. 选择一家证券公司网站，完成在线证券开户等业务操作，并描述操作步骤。
5. 选择一家互联网保险平台，简要介绍其保险产品、运营模式及特点。

商业银行互联网贷款监管升级

为规范商业银行互联网贷款业务经营行为，促进互联网贷款业务平稳健康发展，银保监会制定了《商业银行互联网贷款管理暂行办法》(以下简称《办法》)，自2020年7月17日起施行。

《办法》共七章七十条，分别为总则、风险管理体系、风险数据和风险模型管理、信息科技风险管理、贷款合作管理、监督管理和附则。《办法》具体包括如下内容：一是合理界定互联网贷款内涵及范围，明确互联网贷款应遵循小额、短期、高效和风险可控原则。二是明确风险管理要求。商业银行应当针对互联网贷款业务建立全面风险管理体系，在贷前、贷中、贷后全流程进行风险控制，加强风险数据和风险模型管理，同时防范和管控信息科技风险。三是规范合作机构管理。要求商业银行建立健全合作机构准入和退出机制，在内控制度、准入前评估、协议签署、信息披露、持续管理等方面加强管理、落实责任。对与合作机构共同出资发放贷款的，《办法》提出加强限额管理和集中度管理等要求。四是强化消费者保护。明确商业银行应当建立互联网借款人权益保护机制，对借款人数据来源、使用、保管等问题提出明确要求。《办法》还规定，商业银行应当加强信息披露，不得委托有违法违规记录的合作机构进行清收。五是加强事中事后监管。《办法》对商业银行提交互联网贷款业务情况报告、自评估、重大事项报告等提出监管要求。监管机构实施监督检查，对违法违规行为依法追究法律责任。

时隔半年，商业银行互联网贷款业务监管再升级。2021年2月20日，中国银保监会发布《关于进一步规范商业银行互联网贷款业务的通知》(以下简称《通知》)，针对2020年7月《办法》实施过程中遇到的实际问题，细化了审慎监管要求。《通知》大幅度收紧了互联网贷款政策要求，是对《办法》的进一步细化和修正，主要目的在于落实中央关于规范金融科技和平台经济发展的一系列要求，进一步加强金融监管，更好地防范金融风险。

一、划定互联网贷款"三条红线"

近年来，商业银行积极拓宽线上渠道，互联网贷款业务规模增长较快，但在业务发展过程中也暴露了诸多风险。《通知》正是在这一背景下出台的。具体来看，《通知》要求商业银行强化风险控制主体责任，独立开展互联网贷款风险管理，自主完成对贷款风险评估和风险控制具有重要影响的风控环节，严禁将关键环节外包。同时，明确三项定量指标，包括出资比例，即商业银行与合作机构共同出资发放贷款，单笔贷款中合作方的出资比例不得低于30%；集中度指标，即商业银行与单一合作方发放的本行贷款余额不得超过一级资本净额的25%；限额指标，即商业银行与全部合作机构共同出资发放的互联网贷款余额不得超过全部贷款余额的50%。

此次细化的"三项定量指标"也被业内称为互联网贷款"三条红线"。不过，在业内专家看来，"三条红线"对商业银行的影响有所不同。对联合贷款出资比例实行限制，主要是为了约束中小银行借助联合贷款业务过快扩张。这一比例要求与《网络小额贷款业务管理暂行办法(征求意见稿)》对小贷公司的出资比例要求一致。

二、地方银行不得跨区展业

《通知》还规定："严控跨区域经营，明确地方法人银行不得跨注册地辖区开展互联网贷款业务。"这对已经开展互联网贷款业务的中小银行将带来较大冲击。

事实上，此条要求与近年来监管严格要求地方法人银行回归本地、回归本源的总体原则是一致的。2017年，原银监会印发《关于集中开展银行业市场乱象整治工作的通知》，将"未经批准擅自设立分支机构、网点"作为市场乱象的相关表现形式进行整治。2018年，印发《关于进一步深化整治银行业市场乱象的通知》，持续将"未经审批设立机构并展业"纳入违法违规范畴进行整治。同年12月，银保监会发布《关于规范银行业金融机构异地非持牌机构的指导意见》，要求银行业金融机构专注主业、回归本源，坚守市场定位，着力提升服务实体经济的质效，避免盲目扩张。

2019年1月，银保监会发布《关于推进农村商业银行坚守定位 强化治理 提升金融服务能力的意见》要求，农村商业银行应专注服务本地、服务县域、服务社区，专注服务"三农"和小微企业。2021年1月，银保监会、央行联合下发《关于规范商业银行通过互联网开展个人存款业务有关事项的通知》也进一步明确，中小银行要聚焦本地发展。其中提到"地方性法人商业银行要坚守发展定位，确保通过互联网开展的存款业务，立足于服务已设立机构所在区域的客户"。

三、合理设置过渡期

《通知》合理设置了过渡期，对于集中度风险管理、限额管理的量化标准，监管部门表示，将按照"一行一策、平稳过渡"的原则，督促指导各机构在2022年7月17日前有序整改完毕。同时，对出资比例标准和跨地域经营限制，实行"新老划断"，要求新发生业务自2022年1月1日起执行《通知》要求，允许存量业务自然结清。对此，业内专家表示，较长的过渡期，给银行留出了充分的整改时间，有助于保持银行业务平稳过渡，减少对客户的影响。

从长远来看，商业银行互联网贷款业务持续规范，有利于增强对实体经济发展和消费升级的支持力度，不断满足小微企业和居民日益增长的融资需求。

资料来源：新浪财经. https://finance.sina.com.cn/roll/2021-02-23/doc-ikftpnny9162427.shtml.

第六章
传统金融的互联网转型(下)

个人理财市场的春天

《2020年全球财富报告》显示，中国家庭财富总额仅次于美国，超越了日本，位居世界第二。

国内居民财富的快速增长，带来对金融产品和专业理财服务的大量需求，其中表现最活跃的就是个人或家庭对理财的需求。个人理财是指根据财务状况，建立合理的个人财务规划，并适当参与投资活动。其中个人的财务状况包括个人收支、资产、债务、税负、保险等。家庭理财是指通过客观分析家庭的财务状况，并结合宏观经济形势，从现状出发，为家庭设计合理的资产组合和财务目标。

在互联网金融出现之前，银行和其他传统金融机构的理财产品稀缺，资本市场理财产品门槛过高，市面上的理财产品明显供应不足，在很长一段时间内，国内居民以房产作为主要的投资渠道，金融类资产配置明显偏低。

互联网金融是普惠金融、草根金融，互联网金融时代也意味着大众理财时代的到来。互联网金融的兴起，唤起了大众、小微企业的理财理念。在投资方式上，到银行柜台购买理财、到线下网点咨询理财服务不再是主流，互联网理财逐渐被越来越多的人所认可。不论是传统金融机构，还是财富管理公司、互联网公司，都把互联网理财服务列入发展重点，各类互联网理财产品层出不穷。

互联网正在用新的形态和模式改变着传统金融机构的业务，这种改变并不是单纯将传统业务搬到网上进行销售，而是利用互联网思维与技术改变整个产业链。前一章已经介绍了互联网银行、互联网证券和互联网保险，本章介绍互联网基金、互联网信托和互联网消费金融。

第一节 互联网基金

一、互联网基金的内涵

（一）互联网基金的定义

互联网基金(internet fund)即互联网货币基金的简称。可从两个不同的维度理解互联网基金的概念：一种是指新型的基金销售模式，相对于传统基金线下销售这种方式，互联网基金是指运用互联网平台进行基金理财活动。互联网仅是销售渠道，而基金才是真正的产品。另一种是指纯互联网基金，即互联网公司对接由基金公司开发的货币基金，并通过互联网渠道进行销售的理财产品。互联网基金通过互联网媒介实现投资客户与第三方理财机构的直接交流，从而绕开银行介入，是对传统金融理财服务的延伸和补充。互联网基金融合了互联网开放、创新的特质，突破了时间和空间的界限，充分体现了长尾理论的精髓，为一大批不被商业银行重视的微小客户群体提供了前所未有的客户体验，具有很大的产品优势。

2013年6月，天弘基金联合阿里巴巴推出了余额宝，此后，"宝类"理财产品层出不穷，让货币市场基金这一投资品种"老树开新花"。"宝类"产品的推出，受益的是广大投资者，在享受如活期储蓄般便利的同时，获得了活期利率十几倍的收益，产品起步金额低至0.01元，成为投资者小额理财的有效工具。自上线至2020年底，余额宝为用户累计赚取收益2282.29亿元。

（二）互联网基金与传统基金的联系与区别

1. 互联网基金与传统基金的联系

互联网基金产品是基金与互联网平台相结合的产物，其本身并没有脱离传统基金产品的本质，互联网基金依然属于基金范畴，具有集理财、专业运作、组合投资于一体等特点。不论是互联网基金还是传统基金都是通过发行基金份额的方式来募集资金，并将资金投向不同的领域以谋取收益，这是基金运作的本质所在，无论任何形式的创新都离不开这一本质要求。互联网基金的运作也是围绕这一目标展开的，这就是互联网基金与传统基金的联系之所在。

2. 互联网基金与传统基金的区别

(1) 与传统基金相比，互联网基金所依托的载体更加多元化。传统基金的营销渠道主要局限于银行网点、证券公司代销等，营销渠道过于单一；互联网基金由其所依托的互联网平台使其在营销渠道方面十分多元化，基金公司本身、商业银行以及第三方互联网金融平台都可以成为基金销售的渠道。

(2) 互联网基金在经营理念上与传统基金不同。传统基金的销售群体大多为有一定基础的客户，对客户的收入水平要求较高并且受区域经济发展水平的限制较大；而互联网基金着眼于中低收入阶层，充分发挥互联网的长尾效应，最大限度地服务众多有理财需求的草根客户。此外，互联网基金还能够突破时空和地域的限制，让每一位投资者享受普遍均等的理财服务。

(3) 互联网基金在产业链条的整合以及服务的优化方面也与传统基金有所不同。与传统基金相比，互联网基金更加注重提升客户的投资理财体验，从而提高客户对平台的黏性。另外，从基金产业链的角度来看，互联网基金更加注重整个产业链条上下游的整合，力图将与互联网基金相配套的服务相连接，打造一个属于投资者的多功能理财型账户，最大限度地满足客户的理财以及其他方面的需求。

二、互联网基金的分类

按照推出及销售机构的不同，可将互联网基金分为4类：由基金管理公司直接发售的"基金系"，由银行推出的"银行系"，由电商等互联网平台推出的"互联网公司系"，由基金代销平台代销的"第三方基金代销系"。

（一）基金系

基金系互联网基金，是由基金管理公司在其官网上推出的在线货币基金产品，或开发移动端向客户销售的货币基金产品。在互联网基金中，基金系产品占据了半壁江山。目前几乎所有的基金管理公司都拥有网站等直销平台，推出的"宝类"产品对接自家旗下的某只货币基金，并提供赎回实时到账、信用卡还款、申购费率折扣等增值服务。表6-1列出了部分基金系互联网基金产品。

表6-1 基金系互联网基金产品

产品名称	对接基金	平台
华夏活期通	华夏现金增利货币A/E	华夏基金
现金宝+	南方现金通E	南方基金
现金宝	汇添富现金宝货币	汇添富基金
博时钱包	博时现金宝A货币基金	博时基金
钱袋子	广发钱袋子货币基金	广发基金
盛钱宝	长盛货币市场基金A	长盛基金
壹诺宝	新华壹诺宝货币A	新华基金
利是宝	国泰利是宝货币市场基金	国泰基金

（二）银行系

银行系互联网基金由商业银行推出。2013年12月，平安银行携手南方基金推出互联网基金"平安盈"，对接南方现金增利货币A和平安大华日增利货币。此后，2014年2月，民生银行与汇添富合作的"如意宝"正式上线，对接汇添富现金宝货币和民生加银现金宝货币。工商银行也与旗下基金公司工银瑞信基金合作，于2014年2月推出工银"现金宝"，对接工银货币和现金快线。2014年4月，兴业银行推出"兴业宝"，与大成基金合作，对接大成现金货币增利A。表6-2列出了部分银行系互联网基金产品。

银行系互联网基金的销售渠道分为网上银行渠道和直销银行渠道。

1. 网上银行基金销售

网上银行基金销售是相对于银行传统的线下销售模式而言的，商业银行通过网上银行的方式完成基金销售、费用扣缴以及收益划拨等，这样可以在很高程度上减少客户的理财成本。从功能上看，这类产品更类似于一个网络虚拟基本账户。以平安银行的平安盈为例，平安盈分别与南方现金增利A、平安大华日增利货币基金对接，将投资起点降至1分钱，除可实现T+0实时转出等功能外，还可支持购买其他基金、理财产品，以及进行转账或者信用卡还款等操作，该类产品最突出的特点体现在安全性上。由于有银行作为信用背书，相关产品的风险控制相对来说更加成熟，资金的安全性也更有保障。

2. 直销银行基金销售

直销银行业务模式最早出现在20世纪90年代末的欧美国家，作为一种新型基金销售模式，主要通过电话、在线客服等远程渠道获取银行产品和服务，客户的开户、转账、理财等业务均可通过网上平台直接办理，经营成本较传统银行更具优势。此外，直销银行业务所提供的金融产品和服务，在价格方面比传统银行业务更有吸引力。以往的手机银行、网上银行多作为营业网点的补充，消费者在物理网点开办储蓄账户或购买投资理财产品成为该银行的客户后，即可在网上银行查询个人的账户详情及投资收益等。而直销银行业务几乎完全脱离物理网点，纯线上操作，产品简单，客户目标群定位精准。相比网上银行而言，直销银行进行基金销售的互联网化程度更高，由于直销银行完全可以摆脱物理网点而独立存在，在节约成本方面有其独特的优势，因此成为互联网基金销售的重要渠道之一。

表6-2　银行系互联网基金产品

产品名称	对接基金	平　　台
平安盈	南方现金增利货币A、平安大华日增利货币	平安银行
如意宝	汇添富现金宝货币、民生加银现金宝货币等	民生银行
现金宝	工银货币、现金快线	工商银行
兴业宝	兴全添利宝货币	兴业银行
朝朝盈	招商招钱宝货币B	招商银行
薪金宝	信诚薪金宝货币、华夏薪金宝货币、嘉实薪金宝货币等	中信银行

（三）互联网公司系

互联网公司系是指电商等互联网公司直销的互联网基金。在此类互联网基金中，以BAT(百度、阿里、腾讯)三大互联网巨头对接的货币基金占据主导地位。2013年，天弘基金凭借余额宝登上公募基金第一的宝座，互联网巨头正以迅雷不及掩耳之势杀入基金销售领域。从2018年5月起，余额宝平台开始陆续接入除天弘余额宝货币基金外的其他货币基金，多家基金公司与蚂蚁财富合作后，客户数量与销售规模均获得增长。腾讯旗下理财通自2014年1月上线，对接了4只货币基金，分别是华夏财富宝、汇添富全额宝、南方现金通E、易方达易理财，截至2018年3月末，4只货币基金合计规模达3422.89亿元。百度旗下的度小满金融共有4款活期理财产品：百赚利滚利版、百赚、余额盈和长江天天盈，其中前三者对接的都是货币基金。除BAT之外，苏宁、京东等互联网企业均已打造了互联网基金产品，如苏宁的零钱宝、京东的小金库等。借助于自身网购平台的强大"吸金"能力，此类互联网基金俘获了大批"草根"投资者。表6-3列出了部分互联网公司系互联网基金产品。

表6-3 互联网公司系互联网基金产品

产品名称	对接基金	平台
余额宝	天弘余额宝货币等	阿里巴巴
理财通	华夏财富宝、汇添富全额宝、南方现金通E、易方达易理财	腾讯
百赚	华夏现金增利	百度
零钱宝	广发天天红、汇添富现金宝	苏宁
小金库	嘉实活钱包、鹏华增值宝	京东

（四）第三方基金代销系

2012年，央行开始向第三方理财机构开放基金牌照申请，而在此之前，除了基金公司的直销外，国内具备基金销售资格的主要是银行、券商等金融机构。获得基金销售牌照的第三方理财机构可以从事基金销售，更准确地说是基金代销，这些第三方理财机构采取和基金公司合作的形式。据中国证券投资基金业协会官网资料统计，截至2020年4月，共有376家公司获得基金代销牌照，其中剔除银行、证券、保险、期货4类金融机构，共计116家第三方理财机构获得基金代销牌照。

随着第三方理财机构相继获得基金销售牌照，互联网第三方基金销售平台纷纷上线，如天天基金网、好买基金网、众禄基金网等，客户可以在第三方基金销售平台实现申购、赎回等一站式操作。第三方基金销售机构与基金公司合作，由基金公司发行和销售基金，并将其嵌入第三方基金销售平台来代销，该模式为基金业的互联网化提供了更为广阔的发展空间。以天天基金网为例，现已覆盖了几乎所有公司的产品，截至2018年12月31日，共上线128家公募基金管理人的6470只基金产品，基金销量保持持续增长。表6-4列出了部分第三方基金代销系互联网基金产品。

表6-4 第三方基金代销系互联网基金产品

产品名称	对接基金	平台
活期宝	银河银富货币A、汇添富和聚宝货币、博时现金宝货币B等	天天基金网
理财宝	民生加银家盈理财月度债券A、招银理财7天债券A	同花顺
储蓄罐	南方天天利货币B、博时合惠货币B、鹏华安盈宝货币	好买基金网
盈利宝	农行汇理14天A、民生加银家盈理财月度A	金融界
众禄现金宝	诺安聚鑫宝货币A、银华货币A、融通易支付货币	众禄基金网

2015年4月，蚂蚁金服斥资近2亿元收购了杭州数米基金销售有限公司，将第三方基金销售牌照收入囊中。同年8月，蚂蚁推出"蚂蚁聚宝"(后更名为"蚂蚁财富")App，基本覆盖所有主流基金公司，首批接入的基金数量近千只。截至2019年，蚂蚁财富有超过3500只基金在售，基金销售收入规模已超越天天基金网，与天天基金网形成了双寡头局面。

2017年4月，京东金融获得基金销售牌照后推出京东行家。2018年1月，互联网巨头腾讯也获得第三方基金销售牌照，并在6月成立腾安基金，正式进军第三方基金销售。同年8月，百度也正式获批基金销售资格。

至此，中国四大互联网巨头BATJ均已成功布局基金销售业务，第三方代销渠道逐渐形成了蚂蚁财富和天天基金网两家独大，腾讯、京东、百度虎视眈眈的多头格局。随着BATJ业务的不断推进，未来基金的代销格局也将发生改变。

▌ 三、互联网基金的运营模式

互联网基金是利用互联网从事基金产品的销售。在业界最为典型的案例就是阿里巴巴于2013年推出的余额宝。正是余额宝的出现将互联网金融发展推向了时代的风口，余额宝作为经典商业案例被哈佛商学院收录。本节以余额宝为例，介绍互联网基金的运营模式。

（一）余额宝简介

2013年6月，支付宝推出了一款新产品——余额宝。余额宝业务的实质为货币基金性质的金融产品，是阿里巴巴集团在旗下支付宝平台的基础上，与天弘基金公司合作建立的一项集储蓄、转账、增值、理财等功能于一体的综合业务。用户向余额宝账户转入资金，即被默认为购买了由天弘基金管理有限公司提供的名为"增利宝"的货币基金(以下简称天弘基金)，而用户选择将资金从余额宝转出或使用余额宝进行购物支付，则相当于赎回天弘基金的基金份额。天弘基金公司将直销系统嵌入支付宝网站前端，且以支付宝的余额增值业务——余额宝作为唯一的直销推广平台，天弘基金与余额宝进行对接。因此，余额宝实质上是一款通过互联网渠道销售的货币基金产品。

自2013年6月余额宝推出以来，它便以操作方便、高收益、低风险等优势，在短时间内吸引了大量的用户和资金。从0元到2500亿元，余额宝用了200多天的时间；而从2500亿元到4000亿元，余额宝只用了大约30天的时间。截至2014年3月底，在不到10个月的时间里，余额宝拥有了8100万个用户，资金累积量将近5000亿元，创造了货币基金行业的奇迹。截至2018年底，余额宝累计交易用户突破6亿，基金累计交易用户则超过6000万，资产规模达1.13万亿元人民币，是国内规模最大的货币基金。

（二）余额宝的运营主体

余额宝在其运营的过程中涉及4个主体：支付宝公司、天弘等基金管理有限公司、支付宝用户及中信银行，各参与主体的职能如表6-5所示。

从余额宝主体架构可以看出，余额宝公司作为基金销售服务商，为基金销售提供网络通道、电商平台和客户资源等服务。对于支付宝公司来说，把支付宝庞大的注册用户群提供给天弘基金开发，可以说是为天弘基金提供了一个投资者"金矿"，同时支付宝公司也成功规避了监管部门政策上禁止第三方支付公司代销基金产品的监管规定，还可以获得一定的技术服务费。余额宝最终实现支付宝公司、基金公司和支付宝用户的三方共赢。

表6-5　余额宝各参与主体的职能

参与主体	提供服务	获取收益	资金运用
天弘等基金管理公司	提供货币基金的投资管理服务	按基金规模收取0.3%的管理费	余额宝的合作对象是天弘增利宝等货币市场基金。资金最终投资于银行协议存款、短期债券等
支付宝公司	扮演基金"网上交易直销自助式前台"的角色	从天弘基金管理有限公司处收取技术服务费,金额接近按基金规模收取的0.25%的销售服务费	
中信银行	提供货币基金的托管、清算等服务	按基金规模收取0.08%的托管费	
支付宝用户	—	获取货币市场基金3%～4%的投资收益	

（三）余额宝的业务流程

互联网基金业务流程完全通过互联网平台操作实现,主要环节包括用户注册申请(对于非互联网平台公司的注册客户)、利用银行卡进行实名认证、绑定银行卡、用户申购、申购确定和用户赎回。在余额宝的业务流程中,余额宝为支付宝客户搭建了一条便捷、标准化的互联网理财流水线,其业务流程包括实名认证、转入、支付、转出几个环节,具体的运营流程如图6-1所示。

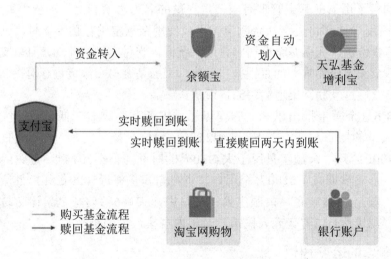

图6-1　余额宝运营流程

1. 实名认证

支付宝是一个第三方电子商务销售基金的平台,根据监管规定,第三方电子商务平台经营者应当对基金投资人账户进行实名制管理。因此,未实名认证的支付宝客户必须通过银行卡认证才能使用余额宝。

2. 转入

转入是指支付宝用户把支付宝账户内的备付金余额转入余额宝,转入单笔金额最低为1元,最高没有限额,为正整数即可。在工作日(T)15:00之前转入余额宝的资金将在第二个工作日(T+1)由基金公司进行份额确认;在工作日(T)15:00后转入的资金将会顺延1个工作日

(T+2)确认。余额宝对已确认的份额开始计算收益，所得收益每日计入客户的余额宝总资金。

3. 支付

余额宝与支付宝一样，在客户购买商品时可以进行便捷的实时支付，这也是余额宝与同类产品中强有力的竞争者——理财通最大的差异所在。客户的支付操作，视为对持有的基金进行实时赎回和变现转出。

4. 转出

余额宝转入本金和产生的基金收益总额可随时申请转出，转出有两种方式：第一种是转出至银行卡，对于已绑定银行卡，页面会显示该卡转出至银行卡到账时间以及该卡转出限额；对于新增银行卡，若账户当日转出至银行卡累计超过15万元，需单击"添加快捷银行卡"后再继续操作转出(快捷卡转出的额度100万元/日)。第二种是转出至支付宝账户，单日单月无额度限制。2016年10月12号之后，通过支付宝余额转入余额宝的资金仅能转出到余额；银行卡申购余额宝，理财赎回或者分红的资金、余额宝收益等可转出到本人银行卡。对于实时转出金额(包括网购支付)，则不享受当天的收益。

（四）余额宝的优势

1. 操作流程简单

余额宝客户无须办理传统基金认购过程中的一系列烦琐手续，整个流程有如网购般便捷，客户只需要将资金从支付宝转入余额宝，或者从绑定的银行卡转入余额宝，实际就是对增利宝基金进行认购，在认购后的第2个工作日便可在支付宝的余额宝界面查看收益，操作便捷，流程简单。

2. 准入门槛低

传统的银行理财产品起购点通常为5万元，对于收益率较高的产品，其起购点更高，甚至有些产品明确规定高级VIP专享。银行理财产品的高门槛无疑将一些普通用户拒之门外，而余额宝的起购价仅为1元，作为普通大众都可以参与的理财产品，它将被银行拒绝的具有投资热情的用户纳入自己的生态圈。

3. 收益高，灵活性强

在传统理财产品中，收益高的产品往往灵活性较低，而与一般的理财产品相比，余额宝不仅收益率高，时刻保持增值，而且全面支持网上购物消费、转账、信用卡还款等功能。

4. 庞大的客户资源

余额宝是支付宝在理财方面的一个延伸，支付宝的客户群是余额宝的潜在客户。作为国内最大的第三方支付平台，这无疑会增加余额宝的潜在客户量。

5. 卓越的客户体验

客户在认购传统银行理财产品或基金时，往往需要耗费一定时间办理开户手续，并且在理财业务到期和基金赎回之前银行与客户基本无联系。而余额宝开户手续简便，仅需对账户进行实名认证，点一下"转入"就能轻松实现购买，余额宝每天会将收益体现在客户的账户上，客户每天可以清晰地看到自己的收益情况，并且能够随时将余额宝中的资金转出，提升了客户体验。

四、互联网基金的风险与监管

（一）互联网基金的风险

1. 投资风险

投资风险是指对未来投资收益的不确定性，在投资中可能会遭受收益损失甚至本金损失的风险。对于互联网基金产品来说，投资风险主要来自两个方面。

（1）投资标的本身的风险，这与传统理财是相同的。虽然互联网"宝类"理财产品属于货币基金，投资的都是一些高安全系数和收益稳定的短期货币工具，投资风险相对较小，但货币市场的利率浮动仍然会影响收益率，甚至有亏损的可能。如2006年6月8日晚间，泰达荷银货币基金当日每万份基金净收益为-0.2566元，7日年化收益率降至1.6260%，成为年内第一只当日收益出现负值的基金。同年6月9日，易方达货币基金的日收益也出现负值。当日，易方达货币基金的每万份收益为-0.0409元，7日年化收益率为2.2280%。

（2）在宣传方面，风险提示不够。一些互联网基金在宣传时往往会片面强调"高收益、低风险"，完全或者基本没有风险提示，在产品介绍中刻意忽略甚至隐瞒重要的信息，容易给投资者造成误导。

2. 技术风险

和其他互联网金融业务模式一样，互联网基金也是依托互联网开展业务的，其采用信息技术和信息系统，在开放的网络环境下，也可能会遇到黑客攻击、个人信息泄露、账户资金被盗、服务中断等风险。特别是互联网基金涉及的人群规模往往更大，所包含的客户信息更加敏感，如客户的信用卡、个人金融资产信息，一旦泄露，造成的危害也更大。

专栏6-1

余额宝被盗刷事件

很多人使用余额宝一方面是因为购物方便，另一方面则是因为可以获得一定的收益。但是，在一系列便捷背后，余额宝的负面消息层出不穷，余额宝被盗刷的新闻屡见不鲜。

兴业银行储户陈先生存在余额宝上的5万元，一夜之间被人盗刷，一并被盗刷的还有绑定支付宝的兴业银行卡账户中的5300块钱。在与银行和支付宝方面没有达成赔偿协议的情况下，陈先生将兴业银行和支付宝网络科技公司告上法庭，请求两家单位共同赔偿自己的损失。

法院一审审理后认为，按照余额宝的提现流程，涉案款项5万元从余额宝提现到兴业银行账户，需要输入登录密码，登录支付宝账户，支付时还需要输入支付密码，支付宝的账户名、登录密码以及支付密码由原告设置并保管，支付宝公司按照协议约定，在接受指令后才完成向原告陈先生绑定的银行卡支付的行为。对此，陈先生没有证据证明支付宝公司在此过程中违反合同约定或法定义务，因此不应当向陈先生赔偿被盗刷的5万余元。

资料来源：http://wap.ppmoney.com/wdlccp/592629.html。

3. 流动性风险

流动性风险，也称巨额赎回风险，是基金面临的主要风险之一，是指因市场剧烈波动或其他原因连续出现巨额赎回现象，基金管理人可能无法变现已投资的资产，从而无力兑付投资者的赎回。互联网基金一般采取$T+0$的及时赎回方式，但是货币基金只能在每日收盘时进行结算。在非交易时段内要想实现$T+0$赎回，就只能由基金管理公司垫付。比如余额宝，如果遇到类似"双11"的大型促销活动，极有可能出现客户集中大规模赎回，此时基金管理公司就有可能难以承担巨额垫资，发生流动性风险。

4. 法律风险

与其他的互联网金融业态相比，互联网基金更倾向通过互联网渠道来销售传统金融模式下已经存在的金融产品，或者对传统金融产品进行改良，相较而言，法律风险并不是很高，主要来自以下几个方面。

(1) 未取得相关经营资质。例如，销售基金产品需要获得基金销售牌照，一些互联网平台在未获得相关资质的情况下就开展基金销售业务，涉嫌违规经营、超范围经营。

(2) 违规公开销售私募产品。如按照现有的监管规定，信托计划、私募基金等属于私募类产品，不允许向不特定对象公开宣传募集，但一些互联网基金销售平台在实际操作中出现了违规公开销售私募产品的情形。

(3) 违规销售基金。《证券基金销售管理办法》规定，基金销售机构从事基金销售活动，不得采取抽奖、回扣或者送实物、保险、基金份额等方式销售基金。但一些互联网基金销售平台仍采取送红包、送基金份额等促销手段，违规销售基金。

专栏6-2

互联网基金促销"红包"名目繁多

在一些互联网基金销售平台上，常见五花八门、名目繁多的红包，已涉监管雷区。目前，基金促销"红包"大致被包装成以下几种形式。

一、奖学金

打开某金融App，投资者就能发现，在这里学习基金基础知识还能获得200元奖学金，广告语打在首页，十分抢眼，关键是获奖条件特别简单："完成基金小知识学习，即可获得优惠券，数量有限，先到先得。"其中，奖学金分为5元、15元、108元、188元4个等级，申购专属基金额度越高，可得到的奖学金额度就越大。

二、承诺保本保息

同花顺爱基金App首页宣传语是"怎么样都赚""保本保息还有额外高收入"。在产品历史业绩介绍页面上显示，有一款产品最终年化收益率为29.5%。在同花顺精选好基金目录里，有一款年化18.10%的基金宣传语是"基金经理连续6年都赚钱，基金经理任职期间100%都赚钱"。这些信息对于投资者来说真是相当诱人。

三、送体验奖励

同花顺爱基金同时推出了"送20%(年化收益)"体验奖励，为方便后续奖励发放，同花顺爱基金要求报名者将体验同花顺钱包的基金账号与同花顺账号绑定，报名后在活动期间，赎回任意金额基金到同花顺钱包，就可获得1天年化收益20%的钱包赎回体验奖励，赎回金额可以累加，活动结束后，以基金份额的方式发放奖励。

四、送福利

除了第三方基金销售平台，一些基金公司干脆直接在线上送福利。光大保德信基金在做促销活动时，首页大标题就是"福利发派送 最高赢取100元"。投资者输入手机号码并分享给好友，即可领取100元红包，信息提示该红包在购买基金产品时使用。

资料来源：http://toutiao.chinaso.com/cj/detail/20180326/100020003297572152202654674 5439170_1.html.

（二）互联网基金的监管

目前，我国互联网基金销售业务由证监会负责监管。2015年，中国人民银行等十部委联合发布《关于促进互联网金融健康发展的指导意见》，明确指出：基金销售机构与其他机构通过互联网合作销售基金等理财产品的，要切实履行风险披露义务，不得通过违规承诺收益方式吸引客户；基金管理人应当采取有效措施防范资产配置中的期限错配和流动性风险；基金销售机构及其合作机构通过其他活动为投资人提供收益的，应当对收益构成、先决条件、适用情形等进行全面、真实、准确的表述和列示，不得与基金产品收益混同。第三方支付机构在开展基金互联网销售支付服务过程中，应当遵守中国人民银行、证监会关于客户备付金及基金销售结算资金的相关监管要求。第三方支付机构的客户备付金只能用于办理客户委托的支付业务，不得用于垫付基金和其他理财产品的资金赎回。

互联网基金与直接融资市场密切相关，互联网基金对于促进中国多层次资本市场发展、普及金融理财服务、增加居民财产性收入、提高社会养老保障水平有重要的意义。因此，在监管政策上应积极支持和鼓励互联网基金的创新和成长。对于互联网基金可能出现的风险，应当通过进一步完善监管规则和加强行业自律等手段加以解决。

1. 健全互联网基金监管法律法规

互联网基金是基金销售的创新模式。我国现有的《证券投资法》《证券投资基金销售业务信息管理平台管理规定》等，主要规范传统线下基金的销售，部分内容已经不能完全适用基金销售模式的发展需求。因此，有必要完善现有法律法规，依据明确的监管法规对互联网基金销售全过程进行监管。

2. 应加强信息披露和对金融消费者的保护

强化互联网基金业务开展过程中的信息披露要求，加强投资者教育，确保投资者能够正确理解和承担相应的投资风险，预防和打破"刚性兑付"的思维定式。在互联网基金销售过程中，进一步强化投资者适当性制度。对于违法违规行为，引入集体诉讼制度，保障普通投资者的合法权益。

3. 加强行业自律

在现有的中国证券业协会、中国证券投资基金业协会、中国证券登记结算公司、上海证券交易所、深圳证券交易所等行业自律组织的基础上，进一步强化此类行业自律组织在互联网基金方面的管理职能，扩大会员范围，加强对会员的监督和指导，逐步统一行业标准，促进互联网理财的规范运作。

4. 提高互联网支付技术的安全性

互联网基金主要通过互联网平台销售，需要进一步提高互联网交易安全性。具体来说，一要强化对用户信息安全意识教育，提高用户使用加密技术、认证技术、防病毒软件等保障技术的能力，提高用户互联网交易的安全性；二要加强对互联网基金销售平台的监管及检查力度，保障交易安全。

第二节　互联网信托

信托是一种基于信任关系建立起来的投资方式，委托人将自己的资产交给受托人进行管理，由受托人进行投资从而实现财富增值。在我国金融体系中，信托与银行、证券、保险并列，是四大传统金融子行业之一。2013年以来，传统产业与互联网的融合势不可当，在此背景下，互联网信托应运而生。互联网介入信托行业有助于改变信托长期以来被诟病的门槛高、流动性差、信息不对称等问题，对拓宽我国中小微企业的融资渠道以及降低融资成本，进而促进我国多层次资本市场和普惠金融的发展具有积极意义。

2015年，中国人民银行等十部委发布的《关于促进互联网金融健康发展的指导意见》提出了互联网信托这一概念，并明确其是互联网金融的主要业务之一。

▎一、互联网信托的定义

（一）信托及其类型

传统意义上的信托是指委托人基于对受托人(信托投资公司)的信任，将其财产委托给受托人，由受托人按委托人的意愿以自己的名义，为受益人的利益或者特定目的，对财产进行管理或者处分的行为，即"受人之托，代人理财"。

信托是一种理财方式，是一种特殊的财产管理制度和法律行为，同时又是一种金融制度体系。信托业务一般涉及三方当事人，即投入信用的委托人、受信于人的受托人以及受益于人的受益人。

信托分为资金信托和财产权信托。其中，资金信托的分类较为多样化，按照委托人数的不同，可划分为单一资金信托和集合资金信托；按照信托公司责任划分，又可以分为主动管理信托和被动管理信托。事务类信托归属于被动管理信托类别，主要包括家族信托、消费信托和企业年金信托。信托类型如图6-2所示。

近年来，我国单一资金信托占比不断下降，而集合资金信托及管理财产信托占比不断上升，2018年第三季度的比例分别为44.31%、39.93%和15.75%，资金信托的占比仍大幅高于财产信托。此外，从信托产品的功能方向来看，融资类、投资类、事务管理类产品呈现三足鼎立之势。

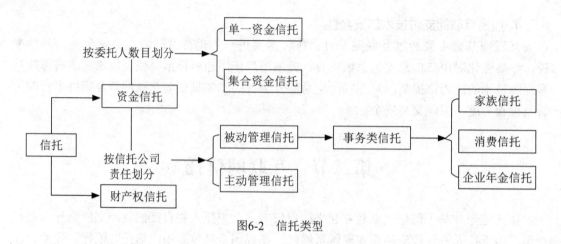

图6-2　信托类型

（二）互联网信托的定义

互联网信托，即通过网络平台开展的信托业务。与传统信托一样，互联网信托也涉及三方当事人：委托人、受托人和受益人。具体来说是委托人基于对受托人的信任，将其财产权委托给受托人进行管理或者处置，获取固定投资收益回报，最终达到资产增值的目的。

互联网信托平台在操作原理上与传统信托相似，即投资人基于对互联网平台线下征信服务的信任，对通过平台审核的借款项目进行出资，在一定期限内获取收益回报。不同于传统信托的是，互联网信托平台面对的是比传统信托范围更广的大众闲置资金。传统信托的资金门槛较高，一般在百万级以上，并且投资期限较长；而互联网信托则有投资门槛低、期限短的特点，大众闲置资金的分配和调整相对更灵活。

▌二、互联网信托的运营模式

互联网信托是在网上运作信托业务，其流程包括通过网络签订信托合同、查询信托信息、转让信托产品等。尽管互联网信托是《关于促进互联网金融健康发展的指导意见》(银发〔2015〕221号)所认可的一种业态，但因为信托具有私募属性，与互联网的公开、涉众性存在天然的不匹配，所以与其他互联网金融业态相比，互联网信托的发展相对滞后，至今并未出现相对成熟的、大面积推开的业务模式。

目前，互联网信托主要有4种业务模式——互联网信托直销、互联网消费信托、基于互联网理财平台的信托受益权质押融资和信托拆分。从实际运营情况看，除了互联网信托直销外，其他三种模式在合法合规方面均存在一些争议，未能形成持续的、成熟的商业模式。

（一）互联网信托直销

2007年银监会出台的《信托公司集合资金信托计划管理办法》禁止信托公司通过非金融机构进行产品推介，2014年4月银监会下发的《关于信托公司风险监管的指导意见》重申禁止第三方理财机构直接或间接代理销售信托产品，之后信托公司纷纷建立自己的直销平台。

互联网信托直销，即信托公司通过互联网渠道(包括官网、手机App和微信平台等)销售信托产品。在实务当中，信托产品的销售一般要求投资者面签，并提供身份证明。2015年12月，中融信托开通了首个视频开户和视频面签系统，使得所有产品的销售都可以在线上完成，从而实现了真正的互联网直销。

一般来说，信托公司为客户提供的在线信托金融服务包括以下几种。

1. 持有份额查询

客户登录互联网信托后，可以查询自己持有的信托收益份额及收益分配明细。

2. 信托产品查询

客户可以查询信托公司所有信托产品的产品交易结构、产品详情以及净值型产品的当前净值，系统会第一时间向目标客户推送新发行产品信息。

3. 在线预约

大部分互联网信托提供产品在线预约功能，预约成功后由专门的客户经理再通过线下与客户对接。

4. 在线认购、申购

少数信托公司，如建信信托、上海信托和华宝信托，实现了信托产品的在线认购、申购和赎回，投资者风险承受能力在线测评，在线下单，通过大额支付渠道实现在线支付，在线签订电子合同。为了满足监管要求，还提供客户经理与客户在线实时视频面签，并能录制音频和视频。

5. 在线转让

互联网信托直销平台能提供信托产品转让发布服务，有意向的投资者可以在线提交购买意向，并与出售方在线议价。平台提供在线估价服务，根据信托产品收益率、持有期限，自动对拟出售信托产品进行估值，供交易双方参考。双方确定交易价格后，可以实现在线转让、在线支付。

不同于银行及证券公司等其他金融机构，信托公司缺少营业网点，销售能力受限，搭建自己的直销平台则开辟了新的销售渠道并减少了对第三方平台的依赖，合规争议也不大。因此，互联网信托直销有望成为互联网信托的主流业务模式。

▶ 案例6-1

上海信托"现金丰利"信托计划

上海国际信托有限公司(简称"上海信托"或"上国投")成立于1981年，是国内较早成立的信托公司之一，公司注册资本人民币50亿元，是目前国内信托行业业务品种齐全、产品服务体系完备的专业投资机构之一。依托上海浦东发展银行强大的股东背景和雄厚的资金实力，上海信托一直位列行业的第一梯队，2015年成功打造上信赢通财富管理有限公司、上信信托有限公司(香港)等平台公司。

上海信托推出的"现金丰利"，全称为"现金丰利系列集合资金信托计划"，是上海信托现金管理王牌产品。该产品为开放式，合格投资者通过受托人直销柜台交易或通过其他渠道加入信托计划的单笔资金金额最低为人民币 5 万元(含5万元)，并可按5000元的整数倍增加。该信托主要投资于价格波动幅度小、信用风险低并且流动性良好的短期货币市场金融工具，7日年化收益率为3.2%～4%。该产品已实现在赢通平台交易、预约和转让等功能，具体操作流程如图6-3所示。

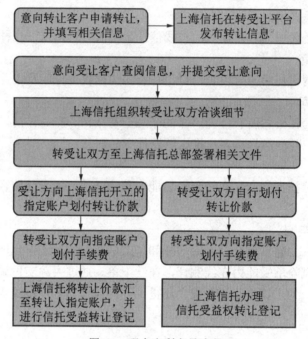

图6-3　现金丰利交易流程

资料来源：上海信托. http://www.shanghaitrust.com/front.

（二）互联网消费信托

消费信托指连接投资者与产业端，为投资者提供消费权益的同时，对投资者的预付款或保证金进行投资理财，从而实现消费权益增值的信托产品。

互联网消费信托指借助互联网手段发售的消费信托。总体上互联网消费信托有两种形式。

(1) 信托公司与互联网平台合作推出互联网消费信托产品。如2014年9月百度联合中影股份和中信信托推出"百发有戏"，通过百度金融中心及百度理财App进行发售。

(2) 信托公司打造消费信托产品，借助互联网手段进行发售。2017年3月，华融国际信托推出消费信托产品"融华精选"，通过其微信公众号发售。初期是通过互联网渠道销售有机蔬菜、鸡蛋等生鲜产品，消费者的资金放在特定的账户中，按次向商家结算。对于消费信托账户余额部分，信托公司可以进行低风险理财，为客户提供"消费+理财"的双重服务，让投资者在购买信托产品获得消费权益、达到保护消费者权益的同时，还可以实现消费权益增值的目的。

消费信托产品基本都包括两个信托关系:一是消费权益信托;二是资金信托。消费者在购买消费信托产品后,享有标的商品或服务的消费权益,同时支付的款项作为保证金或预付款,由信托公司进行低风险的投资理财管理,获得的收益以现金或为消费权益增益的方式回馈给消费者。然而,消费信托产品中的资金信托关系较易引起合规问题。一般认为,如果消费信托产品投资收益用于消费权益增益,则可将其归类为事务管理类的消费信托,法律关系相对简单。如果投资收益以现金形式回馈给消费者,则会形成资金信托关系,可能面临较为严格的集合信托监管。

▶ **案例6-2**

百发有戏

"百发有戏"是百度金融消费金融业务与电影文化产业相结合所推出一个最新系列产品,由百度金融中心与中信信托、中影股份、德恒律师事务所合作推出。"百发有戏一期"的大众电影消费项目为《黄金时代》,于2014年9月22日10:28起正式上线,最低支持门槛仅为10元,其包含多种多样的极具参与性与互动性的套餐。例如,获得明星专属感谢视频,参与庆功晚宴,获得制片人权益章等。

"百发有戏"包含消费信托和资金信托两部分,除消费权益有效期间已实现的消费权益之外,产品到期后,用户的现金补偿全部回到中信信托消费信托账户中,消费信托账户中的资金会通过中信信托进行信托理财(享受1000万元资金级别的富豪待遇),客户可通过"百发有戏"平台的小金库界面查看自己资金的收益情况。此外,客户也可以随时提现,提现的唯一入口在百度金融的小金库中,类似于百赚利滚利的赎回操作。

资料来源:希财网. https://www.csai.cn/if/651646.html.

(三)基于互联网理财平台的信托受益权质押融资

信托产品的流动性一直是困扰信托发展的一个症结。一些信托公司、互联网平台尝试通过多种方式提升信托产品流动性,信托受益权质押融资便是其中一种。

受益权质押融资是把信托资产作为增信手段进行融资的一种模式。它的交易流程为:信托受益人以其合法享有的受益权为质押担保,在互联网平台上发布借款信息,投资人按照约定给信托受益人借款并成为该信托受益权的质权人,在约定期限截止时由信托受益人偿还投资人的本金及收益。由于信托受益权质押融资在法律上仍属空白,在合规方面较为模糊,只有少数信托公司开展了此项业务,主要有以下两种模式。

(1) 信托公司自建互联网平台,为本公司的存量信托投资客户提供信托受益权质押融资。2015年6月,中融信托旗下中融金服上线,后因业务模式调整等原因于2017年4月关停。平安信托则于2014年底推出"平安财富宝"App,至今运营良好。

(2) 第三方互联网理财平台模式。在2014—2015年的互联网金融热潮中,出现了多家从事信托受益权质押融资业务的P2P平台。在2016年互联网金融风险专项整治启动之后,开展该业务的P2P平台已经不多。

（四）基于互联网平台的信托拆分

信托持有人或受益人享有信托受益权。尽管信托受益权和信托收益权在法律上并没有具体界定，但一般认为，信托受益权是包括收益权等财产权利在内的综合权利。在2014—2015年的互联网金融热潮中，出现了多家涉足信托受益权拆分转让业务的第三方互联网理财平台，代表者是梧桐理财和信托100。由于监管趋严，这些平台在合规的压力下纷纷转型。

▌三、互联网信托的监管

随着我国金融创新的不断深入，信托在资产管理和投融资领域扮演起日益重要的角色，信托资产规模和信托资本规模均在持续增长。截至2018年末，全国68家信托公司管理的信托资产规模达22.7万亿元，巩固了资产规模第二大金融业态地位。

同房地产信托、土地信托、资金信托、知识产权信托、家族信托等概念相比，互联网信托并不是新出现的信托产品类型，而是信托机构综合运用互联网思维、互联网架构和互联网技术所推出的新型信托业务经营模式。互联网信托的推出，实现了信托业务由线下交易迁移至线上交易的服务升级，在线下与线上服务的深度融合中，推动了信托服务的网络转型，拓宽了信托机构的投融资渠道，激发出普惠金融的市场活力。

这种转型，一方面，标志着中国信托业彻底放低"身段"，真正迈入了大众化时代，走进了普通公众的日常生活；另一方面，也标志着整个信托行业开始了新布局，在互联网金融创新中寻觅更多富有想象力的可能性。

从现有政策取向上看，《关于促进互联网金融健康发展的指导意见》(以下简称《指导意见》)肯定了互联网信托这种新型金融业务模式，提出了一系列鼓励创新、防范风险、支持互联网信托健康发展的政策措施，同时明确互联网信托业务由中国银监会负责监管，并确立了分类监管的具体原则。

需要强调的是，互联网信托并未改变信托的本质属性，也未改变信托业务的风险结构，因此要控制好互联网信托风险的隐蔽性、传染性、广泛性和突发性，就必须严格遵循监管规定，加强风险管理，确保交易合法合规。《指导意见》强调，信托公司在开展互联网信托业务中，要遵守合格投资者等监管规定，保守客户信息，制定完善的产品文件签署制度，保证交易安全。

问题是，互联网信托与互联网支付、P2P、股权众筹等新兴金融业态一样，除了既有的信托公司利用互联网技术和信息通信技术创新开展信托业务外，一些拥有互联网技术和客户资源优势的互联网企业也在积极筹划"进军"或"试水"这一新兴业务领域。《指导意见》对互联网企业创新开展信托业务并无正面回应，是否需要对该类企业实施"牌照管理"，是否对其适用相关监管规定，如何正确区分互联网信托与P2P、股权众筹等，目前的政策指引都不够明确。

第三节　互联网消费金融

2015年7月，中国人民银行等十部委发布《关于促进互联网金融健康发展的指导意见》，互联网消费金融作为互联网金融的业态之一首次出现在官方文件中。发展互联网消费金融对于扩大内需、促进消费、促进经济结构合理化发展具有重要意义。

▌ 一、互联网消费金融概述

（一）消费金融发展概况

消费金融是向各阶层消费者提供消费贷款的现代金融服务方式。

20世纪80年代，我国商业银行开始开展消费金融业务，最早开办的是个人住房贷款，以后又陆续开办了汽车贷款、耐用消费品贷款、教育助学贷款、旅游贷款等。为加大金融对扩内需、促消费的支持力度，2009年7月，银监会发布《消费金融公司试点管理办法》，启动消费、金融公司试点审批工作，首批在北京、上海、天津和成都4个城市进行试点。2013年11月，银监会又重新修订并发布了《消费金融公司试点管理办法》，规定消费金融公司是指经银监会批准，在中华人民共和国境内设立的，不吸收公众存款，以小额、分散为原则，为中国境内居民个人提供以消费为目的的贷款的非银行金融机构；消费金融公司向借款人发放的是以消费(不包括购买房屋和汽车)为目的的贷款。2015年6月，消费金融公司试点扩大至全国，截至2018年底，共有23家消费金融公司获批成立。

2016年3月，中国人民银行、银监会联合印发《关于加大对新消费领域金融支持的指导意见》，提出推动专业化消费金融组织发展，鼓励消费金融公司针对细分市场提供特色服务，加大对养老消费、信贷消费、绿色消费、休闲消费、教育文化消费、农村消费六大领域的支持，消费金融在一系列外部环境变革下逐渐成为金融创新发展的风口。

根据商务部发布的报告显示，2018年我国消费金融市场(不含房贷)规模为8.45万亿元，市场渗透率为22.36%，预计到2020年我国消费金融市场规模将达到12万亿元，届时渗透率将达25.05%。从渗透率判断看，我国消费金融处于发展初期，仍有较大的增长空间。

（二）互联网消费金融发展概况

1. 互联网消费金融的定义

互联网消费金融是"互联网+消费金融"的新型金融服务方式，它以互联网等技术为手段，以小额、分散为原则，向各阶层消费者提供以消费为目的的贷款。与传统消费金融相比，互联网消费金融的受众广泛，主要是一些薪酬稳定的中低端收入人群，且具有单笔授信额度小、审批速度快、无须抵押担保、贷款期限短、提供服务方便快捷等特点，受到消费的普遍欢迎。

根据互联网消费金融业务是否依托于场景、放贷资金是否直接划入消费场景中，可将互联网消费金融产品分为消费贷和现金贷。由于消费金融机构不能完全覆盖各类生活场景，直接给用户资金的现金贷成为有场景依托的消费贷的有力补充。

2. 互联网消费金融的优势

(1) 获客能力强。传统消费金融机构主要通过地推、上门推销的方式开展业务；而互联网消费金融主要运用海量的用户数据进行有针对性的推送和主动授信，通过营销活动能够使存量用户迅速转化为有效的金融客户。

(2) 产品设计更加场景化。传统消费金融机构需要客户到网点申请办理，而且要频繁往返网点进行签约、提现；而互联网消费金融是以无形的方式嵌入到消费场景中，申请更便捷，使用更方便，在购物和支付行为中客户体会不到申请贷款的难度和困扰。

(3) 风险管理更加技术化。互联网消费金融采用大数据技术构建有效的风控模型，并不断利用云计算、区块链、数据挖掘、人工智能等先进技术丰富和完善系统评估的数据维度、策略体系，不断提升系统风控的质量和效率，将传统金融机构需要大量人力服务的业务，转变成无须人工审核的线上自动化贷前风险识别、贷中与贷后风险管理。

3. 我国互联网消费金融的发展概况

2013年以来，我国陆续出现了一些消费领域的互联网金融融资平台。2013年8月，分期乐(乐信)成立。2014年2月，京东发布了消费金融产品——京东白条，随后，阿里和苏宁也分别推出了自己的互联网消费金融产品。电商巨头的进入，让更多人开始关注互联网消费金融领域，广阔的市场空间也成为创业公司的沃土。

2015年7月，中国人民银行等十部委发布了《关于促进互联网金融健康发展的指导意见》，一方面明确了互联网消费金融的业务边界及监管要求；另一方面不仅鼓励消费金融机构依托互联网技术，积极开发基于互联网技术的新产品与服务，而且支持消费金融机构与互联网企业开展合作，拓宽金融产品销售渠道，创新财富管理模式。此后，越来越多的商业银行、消费金融公司、电商平台等机构开始抢占互联网消费金融市场，涵盖购物、租房、装修、旅游、教育等各个垂直细分领域，覆盖白领、蓝领、大学生及农民等各类人群。例如，以大学生为主要用户的"趣分期"、专注于蓝领人群的"买单侠"、租房分期市场的"斑马王国"、装修领域的"小窝金融"等。

2016—2017年，我国互联网消费金融呈现爆发式增长，互联网消费金融交易规模从2013年的60亿元猛增到2017年的4367.1亿元，年均复合增长率达到317.5%。与此同时，行业也暴露出诸多不合规经营问题。因此，2017年5月以来，监管部门先后出台了一些互联网消费金融的监管政策(见表6-6)，行业开始进入整顿洗牌期。

表6-6　2017—2018年互联网消费金融监管政策

发布时间及部门	监管政策	主要内容
2017年5月 中国银监会、教育部、人力资源社会保障部	《关于进一步加强校园贷规范管理工作的通知》	要求未经银行业监管部门批准设立的机构禁止提供校园贷服务，且现阶段一律暂停网贷机构开展校园贷业务，对于存量业务要制订整改计划，明确退出时间表。同时，杜绝公共就业人才服务机构以培训、求职、职业指导等名义，捆绑推荐信贷服务
2017年8月 银监会	《民营银行互联网贷款管理暂行办法(征求意见稿)》	监管机构应当将互联网贷款纳入监管重点，根据本办法全面评估辖内民营银行互联网贷款的管理情况和风险情况，提出监管意见，督促民营银行持续完善互联网贷款管理，有效防范风险

（续表）

发布时间及部门	监管政策	主要内容
2017年11月 互联网金融风险专项整治工作领导小组办公室	《关于立即暂停批设网络小额贷款公司的通知》	各级小额贷款公司监管部门一律不得新批设网络（互联网）小额贷款公司，禁止新增批小额贷款公司跨省（区、市）开展小额贷款业务
2017年12月 互联网金融风险专项整治工作领导小组办公室	《关于规范整顿"现金贷"业务的通知》	提高认识，准确把握"现金贷"业务开展原则；统筹监管，开展对网络小额贷款清理整顿工作；加大力度，进一步规范银行业金融机构参与"现金贷"业务等
2018年11月 银保监会	《商业银行互联网贷款管理办法(征求意见稿)》	异地放款上报到当地的中国人民银行分支机构进行备案；强力遏制暴力催收；对联合贷款出资比例做出新的规定；单户个人授信额度不能超过30万元
2020年5月 银保监会	《商业银行互联网贷款管理暂行办法(征求意见稿)》	单户用于消费的个人信用贷款授信额度应当不超过人民币20万元，到期一次性还本的，授信期限不超过1年；商业银行应当建立健全借款人权益保护机制，完善消费者权益保护内部考核体系
2020年7月 银保监会	《商业银行互联网贷款管理暂行办法》	同上
2020年11月 银保监会	《网络小额贷款业务管理暂行办法(征求意见稿)》	要求网络小贷公司通过银行借款、股东借款等非标准化融资形式融入资金的余额不得超过其净资产的1倍；通过发行债券、资产证券化产品等标准化债权类资产形式融入资金的余额不得超过其净资产的4倍；对网络小贷公司跨省经营做出规定；对借款人保护在多个方面均有明确要求

可以预见，在新监管形势下，一些不合规的消费金融机构将会逐渐被规范整顿，以商业银行和持牌消费金融公司为主的持牌经营机构将会成为消费金融行业主导。互联网公司也将通过获得相应牌照或借助已有牌照(比如网络银行、网络小额贷款公司等)，不断规范与健康发展。

▌ 二、互联网消费金融的运营主体和运营模式

基于互联网消费金融服务客群及场景分布的不同，可以将互联网消费金融市场的运营主体分为三类：商业银行、持牌消费金融公司和互联网平台。

（一）商业银行

商业银行开展互联网消费金融，即传统消费金融的互联网化。

目前，商业银行在我国消费金融市场仍然占据绝对的霸主地位，主要通过信用卡和消费贷款(含抵押消费贷款及信用消费贷款)两大产品为消费者提供服务。信用卡是商业银行较为成熟的消费金融产品，近几年各家银行在信用卡发卡和推广方面持续发力，行业格局较为稳定。自20世纪90年代商业银行开办消费贷款业务以来，经过多年发展，消费贷款逐步从线下往线上发展，业务形态也发生较大变化。基于互联网技术，消费贷款产品的申请门槛降低，流程更加便捷高效。但是，无法有效监控资金流向、确保客户真实消费用途成

为消费贷款的"痛点"，为银行风控带来不确定性。

商业银行以传统方式推进消费信贷业务，同时也积极拓展新的消费场景，并将金融服务嵌入到场景中，包括以下几种模式。

1. 自建电商平台，嵌入购物分期等消费金融产品或服务

2012年，建设银行推出"善融商务"商城，交通银行推出"交博汇"；2013年，农业银行推出"E商管家"；2014年，工商银行"融e购"正式上线。但相比互联网电商平台，商业银行在电子商务的品类管理、客户服务、用户体验、营销活动等方面都较为欠缺，依靠自建电商平台的方式来发展互联网消费金融的难度较大。

2. 开发基于互联网的消费金融产品

这类金融产品有工商银行的"逸贷"、建设银行的"快e贷"、招商银行的"闪电贷"、中信银行的"信金宝"等。以建设银行的"快e贷"为例，客户可以全流程线上自助贷款，包括实时申请、批贷、签约、支用和还款。银行开发的互联网消费金融产品在用户体验上虽然有所提高，但仍然延续了过去的高门槛，大量缺乏信用记录的用户仍然被排斥在外。

3. 银行与电商平台合作推出消费金融产品

例如，中信银行和京东合作推出的"小白卡"，打通京东和中信银行的产品体系、风控体系、用户体系，用户可以通过在网上消费、借助消费数据通过京东的审批模型，申请到"小白卡"，享受"京东白条+信用卡"的双重账期。

表6-7列出了部分商业银行互联网消费金融产品。

表6-7 部分商业银行互联网消费金融产品

金融产品	工商银行"逸贷"	建设银行"快e贷"	招商银行"闪电贷"	中信银行"信金宝"
额度	最高20万元	1000～5万元	1000～30万元	最高30万元
申请条件及流程	18～70岁；资信良好的优质客户；工行借记卡、存折、信用卡持卡人	25～60岁；信用状况良好；持有建行个人金融资产(包括存款、理财产品等)，或建行住房贷款客户等	招行收付易POS客户，或招行代发工资客户	23～60岁；代发工资客户，工资卡上每月收入大于3000元；工作城市在中信银行指定的城市范围内
还款方式	按月等额还款	到期还款；随借随还	等额还款；一性还本付息	按月还本付息；可提前还款，但需付罚金
利率	基准利率上浮10%	年利率通常4.5%左右	不超过0.05%／日	月手续费率0.85%
期限	6个月、12个月、24个月、36个月	最长1年，循环使用	12个月、24个月	12个月、24个月、36个月
放款时间	实时	实时	60秒	3天内

（二）持牌消费金融公司

自2013年《消费金融公司试点管理办法》发布以来，我国消费金融公司不断发展壮大，现已成立23家持牌消费金融公司。消费金融公司的运营模式主要是通过与线上线下商家建立合作关系，然后基于消费者在线上线下商家的消费需求，为消费者提供现金贷或者场景消费金融产品。相比传统银行的个人消费信贷业务，消费金融公司具有单笔授信额度小、审批速度快、弱化抵押担保、服务方式更加灵活等特点，在小额、分散和面向中低收入人群的消费金融服务方面进行有益探索，填补了商业银行服务空白。

消费金融公司分为银行系、零售系和互联网系3种模式。目前，23家持牌消费金融公司中，银行系消费金融公司占据九成以上。银行系消费金融公司依靠母行强大的资金优势和客户基础，面向中低收入人群的差异化消费金融需求，与线下商户积极开展合作，广泛采取电话直销、互联网金融服务平台等互联网渠道受理客户申请。零售系消费金融公司依托线下零售网点，线上申请，线下提款消费，开展互联互通的O2O消费新模式。互联网系消费金融公司更多发挥线上平台优势，贷款审批和客户资信审查主要依赖数据决策，短时间内即可完成贷款申请。

▶ 案例6-3

北银消费金融有限公司

北银消费金融有限公司成立于2010年3月1日，是经中国银行保险监督管理委员会(原中国银行业监督管理委员会)首批批准筹建、由北京银行发起设立的国内首家消费金融公司，是一家专为我国境内居民提供以消费为目的的贷款的非银行金融机构。主要股东包括西班牙桑坦德消费金融公司、利时集团、联想控股、大连万达等知名企业。

北银消费金融有限公司的产品包括轻松付和轻松贷两个系列，具体见表6-8。

表6-8　北银消费金融有限公司产品

产品类型	产品名称	申请方式
轻松付	教育e付、装修e付、租房e付、旅游e付、车险e付	线下/线上申请
	轻松e付	线上申请
轻松贷	居易贷、宅抵贷	线下申请
	尊享时贷	线下/线上申请
	轻松e贷	线上申请

资料来源：牛瑞芳.互联网金融[M].北京：中国财富出版社，2019.

（三）互联网平台

互联网消费金融业务依托于电商平台、分期购物平台、网络借贷平台等互联网平台开展，有的平台获得由中国银保监会批复的消费金融公司牌照，或者拥有网络小额贷款公司牌照、小额贷款公司牌照等，有的甚至无牌照从事同质消费金融业务。

1. 电商平台模式

随着互联网消费的崛起，电商平台交易额迅速增长。电商平台在聚集起庞大交易规模的同时也形成了一条比较完整的产业生态，以阿里、京东、苏宁为代表的电商平台开始依托这种优势推出互联网消费金融产品与服务。

电商平台依托自有线上消费场景，面向自营商品及开放电商平台商户的商品，提供分期购物及小额消费贷款服务。用户在电商平台(比如京东、天猫、淘宝等)基于消费目的提出消费信贷申请后，电商平台对用户申请进行审核，待电商平台批准通过后，用户就可以直接享受其消费金融产品或服务。电商平台模式在互联网金融、网络消费场景、用户大数据等领域均具有较明显的优势，故而在细分的互联网消费金融领域中，其综合竞争力也最强，引领互联网消费金融市场的发展趋势。

电商平台类消费金融产品主要包括两大类：直接贷款式的现金借贷(现金贷)和受托支付式的分期购物贷款(场景消费金融)。在直接贷款式中，消费者申请的贷款可以直接打入电商支付账户，并允许转账到银行卡，其使用范围不再局限于电商自身的平台，比如京东金条、蚂蚁借呗等。在受托支付式中，消费者在购买电商平台上的产品时，可以先行赊销购物，分期付款，如京东白条、蚂蚁花呗、唯品花等。

▶ 案例6-4

京东消费金融

京东金融于2013年开始搭建消费金融板块，并于2014年2月推出了首款产品"京东白条"。此后，又先后推出了场景类白条、小白联名卡、金条等一系列产品。目前，消费金融业务在京东金融体系内隶属于消费者金融事业部。

京东白条是京东消费金融板块的核心产品，推出于2014年2月，是国内首款面向个人的互联网消费分期产品。通过白条，消费者可以对在京东商场购买的商品进行分期，额度根据京东金融的风控体系授信得出。截至2016年12月，京东白条的平均授信额度为5000～6000元，最高分期24期，用户平均分期12期。

2015年初，京东金融进一步扩充人群与场景，使白条的适用范围覆盖校园、旅游、租房、装修与农村等场景。目前，白条业务已经走出京东体系，线下场景中的京东白条交易量逐步上升。此外，在白条客户中，京东金融会挑选出一部分优质用户，为其提供现金借贷服务——京东金条，给予其更高自由度的消费金融支持。

为了进一步满足消费者需求，覆盖更多的消费场景，京东金融于2016年9月推出白条闪付业务，这是白条功能上的拓展和延伸，依托银联云闪付技术和市场上NFC(非接触式移动通信)支付技术，使得用户可以在更多的线下场景使用白条进行小额消费。目前邀请优质的白条用户开通此功能，享受线下1900万家商户、800多万台银联闪付POS机上打白条分期消费服务。

与此同时，京东金融对外开放生态，与传统金融机构合作，分别与中信、光大银行合作，推出了"互联网+"属性的信用卡——白条联名信用卡(又名"小白卡")。通过风控模型、数据资源上的对外输出，京东金融帮助外部机构覆盖了更广泛的用户群体，提高了金融效率，同时也使得更多的年轻消费者享受到了信用卡服务。用户既可以在线下通过小白卡进行消费，也能够参与更多线上的优惠活动，享有"银行+互联网"的组合权益。京东消费金融主要产品见表6-9。

表6-9 京东消费金融主要产品

产品名称	上线时间	产品简介
京东白条	2014年2月	国内首款面向个人的互联网消费金融产品，用户在京东商城购物时能够实现"先消费，后付款"的分期服务
场景类白条	2015年4月	白条走出京东商城，覆盖旅游、租房、装修、买车、教育等场景
白条闪付	2016年9月	为白条用户推出的用于在线消费和线下POS消费的信用支付
金条	2016年3月	针对白条优质客户提供的现金借贷业务

产品名称	上线时间	产品简介
小白联名卡	2015年8月	与中信银行和光大银行合作，推出的互联网+信用卡业务
乡村白条	2015年7月	面向符合条件的乡村推广员所提供的一种短期赊销服务
京农贷	2015年9月	为农户提供的用于购买农业生产资料等的贷款服务
校园白条	2014年9月	京东商城面向在校大学生提供的消费分期服务

资料来源：京东金融官网. https://www.jdt.com.cn/finance/. 作者编辑整理.

2. 分期购物平台模式

互联网分期购物平台是对互联网巨头在细分领域布局缺口的垂直深耕，分期平台针对特定的消费场景或消费人群，将注意力放在消费金融产品设计上，市场定位更加精准，提供更加精细化的产品，与综合电商平台进行差异化经营。切入垂直细分领域是近年来消费金融的发展趋势，众多垂直分期平台从某细分领域做起，在时空上延展服务场景，不断渗透到房产后市场、汽车后市场、结婚、教育等场景，提供综合消费金融服务。

▶ 案例6-5

趣分期

趣分期是我国较早专门做大学生消费分期的公司，最初只针对3C产品。它的消费产品模式是首先搭建一个消费分期网站，大学生用户可以直接在分期网站选择商品分期购买，也可以从京东或者天猫上复制想要购买的产品链接到趣分期的网站上进行申请。之后，由线下风控人员上门审核借款人身份并与借款人签订借款合同。最后，趣分期将购买的商品邮寄到用户的地址，借款人按期还款。

趣分期主要有三类产品，除了最初提供的3C产品的分期，还增加了全品类的商品分期、现金贷产品以及为拿到单位录取通知的大学生提供的offer贷款(仅限211、985院校应届毕业生)。获得offer贷款的大学生可以在实习期间还付利息，正式工作后偿还本金。

资料来源：牛瑞芳. 互联网金融基础[M]. 北京：中国财富出版社，2019.

3. 网络借贷平台模式

网络借贷平台主要是指为用户提供现金借贷的网络借贷平台，如二三四五贷款王、现金巴士、永利宝等网贷平台。网贷平台提供消费金融业务的模式只有直接借贷式，即直接借钱给消费者去消费。由于网络借贷平台存在的问题较多，如高利贷、砍头息、平台坏账率高、风控弱、无放贷资质等，2017年12月，网贷监管部门正式下发《关于规范整顿"现金贷"业务的通知》，对现金贷、小额网贷进行清理整顿。经过一段时间的整顿，现金贷平台的乱象已基本被清除，部分现金贷平台已经停止运营，不合规的现金贷业务也已被取缔。对于部分虽然没有牌照但在数据、技术、规模等方面有一定积累的现金贷公司，将来可转型为更纯粹的助贷机构，把放款流程更多地交给持牌金融机构来完成。

（四）几种模式的对比分析

商业银行的优势在于资金成本较低，实力雄厚，能提供利率较低、额度较大的消费金融产品。同时，商业银行拥有丰富的金融资源，还能围绕用户提供除消费信贷外的其他金融服务。它的主要问题在于服务门槛较高，大量无资产、信用水平较低或者缺乏信用记录的人群无法覆盖，造成服务人群的断层，并且授信、定价、风控等仍然主要围绕用户综合信用水平展开，与消费场景结合的紧密度以及产品的精细化程度不高。

消费金融公司的优势主要在于牌照优势和股东资源优势。相对于银行来说，消费金融公司不吸收存款，在经营限制上相对宽松一些。因此，消费金融公司的消费信贷产品一般较银行申请手续简单，审批时间更短，用户门槛也有所降低。

电商平台具有以下几点优势：一是可以利用既有用户数据解决部分用户的征信问题，基于自有场景生态能够更好地控制资金流向以及用户状态，管理信用风险；二是可以低成本、大规模地快速获客；三是消费金融产品与消费场景可以无缝融合，用户体验更好。分期购物平台体量小，往往更加灵活、决策效率更高、调整更快，对新技术、新模式接受程度更高，并且更加注重产品创新。这类机构特点决定了其通常专注于某个垂直细分领域，做深做透并达到一定业务规模和品牌影响力后，再逐步进行产品业务扩展。

三、互联网消费金融的风险与防范

（一）互联网消费金融的风险

2018年上半年，互联网消费金融投诉量继续走高。在公益投诉平台21CN聚投诉公布的2018年上半年十大行业投诉排行榜中，互联网消费金融居首位，共受理互联网消费金融行业有效投诉约65 000件，占聚投诉上半年有效投诉量的61.2%。在上半年投诉量过百件的企业排名中，马上消费金融、捷信金融、招联金融3家持牌消费金融公司上榜。互联网消费金融投诉量不断增长的背后，折射出其野蛮生长的态势，给消费者和互联网消费金融机构带来较大的风险。

1. 消费者的风险

对于消费者来说，主要面临以下风险。

(1) 过度负债风险。互联网消费金融属于新生事物，用户以年轻人为主。年轻人好奇心强、乐于尝试，但是风险防范意识和金融消费经验不足，易被一些广告和虚假宣传所影响，加之互联网消费金融产品无抵押且手续便捷，容易导致消费金融产品的过多使用及过度负债。更有甚者，一些违规放贷机构的利息、罚金、手续费等还款成本畸高，轻则影响个人财务和信用，重则加重借款人负担，影响其正常工作、生活和学习等。

(2) 个人信息泄露的风险。互联网消费金融机构发展时间不长，内部信息防控机制不完善，存在较大的客户信息泄露风险。互联网消费金融机构在"授信"过程中，可能存在"诱导"客户提供信息，或者存在通过"大数据"和"人工智能"等金融科技手段窃取、滥用客户隐私信息，甚至多次倒卖客户信息的情形。2016年，全国公安机关共侦破网络侵犯公民个人信息案件数量2100多起，查获公民个人信息500多亿条，抓获犯罪嫌疑人5000多人。

专栏6-3

马上消费金融因违规被罚

马上消费金融股份有限公司(以下简称"马上金融")是一家为中国国内居民提供个人消费金融服务的互联网消费金融公司，成立于2015年，由重庆百货、中关村科金、物美控股、重庆银行、阳光保险、浙江中国小商品城共同发起设立，注册资本13亿元。

2017年3月27日，中国人民银行重庆营业管理部发布的渝银罚〔2017〕1号行政处罚决定书显示，马上消费金融股份有限公司违反规定，被中国人民银行重庆营业管理部罚款39万元。

渝银罚〔2017〕1号行政处罚决定书显示，马上消费金融股份有限公司违反《征信业管理条例》第四十条和第四十一条规定以及《个人信用信息基础数据库管理暂行办法》第三十九条规定，中国人民银行重庆营业管理部依法对该公司罚款39万元。做出行政处罚决定日期为2017年3月17日。

《征信业管理条例》第四十条涉及的违规行为包括：违法提供或出售信息；因过失泄露信息；未经同意查询个人信息或者企业的信贷信息；未按照规定处理异议或者对确有错误、遗漏的信息不予更正；拒绝、阻碍国务院征信业监督管理部门或者其派出机构检查、调查或者不如实提供有关文件、资料。第四十一条涉及的违规行为包括：向征信机构、金融信用信息基础数据库提供非依法公开的个人不良信息，未事先告知信息主体本人。

资料来源：网贷之家. https://www.wdzj.com/news/hydongtai/80925.html.

(3) 被不当催收的风险。互联网消费金融的借款额度小，催收成本相对较高，因此大部分机构在遇到消费者违约时以软催收(如电话、短信、邮件、社交平台)措施为主，看似温和，但由于生活网络化的加深，这些措施的过度使用同样会给消费者带来超过其应受惩戒的伤害。同时，部分机构因为掌握线下渠道，可以与消费者实地接触，或者委托当地机构实地催收，可能给消费者带来更大的直接伤害。

2. 互联网消费金融机构的风险

对互联网消费金融机构来说，除了面临互联网金融普遍存在的法律风险、网络安全风险、操作风险等风险外，还存在行业风险及产品同质化风险等。

(1) 行业风险。由于互联网消费金融的目标客户下沉，主要集中在没有央行征信记录的中低收入群体，还款能力与意愿较低，导致行业风险较大。数据显示，我国互联网消费金融行业的不良贷款率上升速度非常快，从2012年的0.56%，上升到2015年的2.85%，2016年的4.11%，2017年的6.62%，5年时间不良贷款率上升了10倍。

(2) 产品同质化风险。互联网消费金融产品的同质化非常严重。按照是否具有场景来划分，可分为两类：现金贷产品与场景分期产品(场景消费金融)。从现金贷来看，产品大同小异，产品设计与管理相似，不同的仅是综合利率的差异。场景分期产品也高度同质化，其产品主要集中在3C(计算机、通信、消费电子)场景、租房场景、教育场景、家装场景、汽车后市场场景等，导致一些场景领域竞争过度，但是在另外一些亟待普惠金融的场景，比如农村消费场景、蓝领消费场景等领域，却呈现短板甚至空白状态。这不但加剧了行业竞争，也脱离了消费金融发展的初衷——金融助推实体经济发展，消费促进经济升级与转型。

（二）互联网消费金融的风险防范

1. 完善互联网消费金融公司信息公开机制，保护金融消费者合法权益

互联网消费金融的核心是消费者金融，其落脚点是消费者，保护消费者权益应从以下几个方面做起。

（1）互联网消费金融公司应充分尊重消费者的知情权和自主选择权，完善其信息公开机制，履行告知义务，在了解消费者风险偏好及承受能力之后，提供与其真实需求和风险承受能力相符合的产品及服务。

（2）互联网消费金融公司应充分尊重消费者的个人金融信息安全权，采取有效措施加强对个人金融信息的保护，确保信息安全，在经消费者授权或同意的情况下，收集消费者个人信息或向第三方提供消费者个人信息，保护消费者信息安全权益。

（3）互联网消费金融公司应建立完善的金融消费者投诉受理、处理机制，切实维护金融消费者对金融机构侵害其权益的行为向金融机构投诉并提出赔偿请求和获得合理赔偿的权利。

2. 加强互联网消费金融的风控能力建设，完善全面风险管理

互联网消费金融主要为商业银行等传统金融机构无法触及的个人用户提供消费金融服务，其主要客户是缺乏中国人民银行征信、中低收入的"长尾"利基人群，具有单笔授信额度小、审批速度快、无须抵押担保、服务方式灵活、贷款期限短等特点。正因为如此，与传统金融机构相比，互联网消费金融公司具有明显的两面性特征：一方面是创新能力强，发展速度快，服务方式多样，用户体验好，展业获客能力强；另一方面是行业发展速度快，风险也很大，尤其是"现金贷"的无场景消费贷款，一旦形成不良贷款后，后续催收比较困难。

互联网消费金融行业要想获得更好的发展，务必要加强风险控制能力建设，具备良好的风险识别和防范能力。以大数据为代表的风控技术，以及线上、线下相结合的审核体系是互联网消费金融健康发展的重要保证。通过技术、文化、模式的创新，建立与完善由识别、评估、应对、监察和披露体系而构成的全面风险管理体系，不断降低不良率与坏账率，互联网消费金融才能走上可持续发展之路。

3. 加大场景消费金融的发展力度，助推实体经济发展，谨防现金贷风险

互联网消费金融行业需要回归行业本质，正本清源，助推实体经济发展。针对"现金贷"的过度发展，我们既要充分肯定"现金贷"在一定程度上满足了消费者之消费金融需求的积极作用，也要谨防无场景支持、无指定用途、无抵押担保的"现金贷"加大行业风险的消极作用。对此，我国要在传统消费金融的产品体系上，不断探索更多的消费场景，专注于细分场景开发与市场挖掘，推进在农村场景、蓝领场景、养老场景、教育场景、旅游场景、房产后市场场景(租房、装修等)、汽车后市场场景等领域的产品创新，加大场景消费金融发展的力度，从而助推实体经济稳健发展。

本 章 小 结

1. 可从两个维度理解互联网基金的概念：一种是指新型的基金销售模式，相对于传统基金线下销售这种方式，互联网基金是指运用互联网平台进行基金的理财活动。互联网仅是销售渠道，而基金才是真正的产品。另一种是指纯互联网基金，是指互联网公司对接由基金公司开发的货币基金，并通过互联网渠道进行销售的理财产品。

2. 按照推出及销售机构的不同，可将互联网基金分为4类：由基金管理公司直接发售的"基金系"，由银行推出的"银行系"，由电商等互联网平台推出的"互联网公司系"，由基金代销平台代销的"第三方基金代销系"。

3. 互联网基金有如下风险：投资风险、技术风险、流动性风险、法律风险等。

4. 互联网信托，即通过网络平台进行的信托业务。与传统信托一样，互联网信托也涉及三方当事人：委托人，受托人和受益人。具体来说，委托人基于对受托人的信任，将其财产权委托给受托人进行管理或者处置，获取固定投资收益回报，最终达到资产增值的目的。

5. 互联网信托主要有4种主要业务模式——互联网信托直销、互联网消费信托、基于互联网理财平台的信托受益权质押融资和信托拆分。从实际运营情况看，除了互联网信托直销外，其他三种模式在合法合规方面均存在一些争议，未能形成持续的成熟的商业模式。

6. 互联网消费金融是"互联网+消费金融"的新型金融服务方式，它以互联网等技术为手段，以小额、分散为原则，向各阶层消费者提供以消费为目的的贷款。根据互联网消费金融业务是否依托于场景、放贷资金是否直接划入消费场景中，可将互联网消费金融产品分为消费贷和现金贷。

7. 基于互联网消费金融服务客群及场景分布的不同，可以将互联网消费金融市场的运营主体分为三类：商业银行、持牌消费金融公司和互联网平台。

8. 互联网消费金融的风险可以从两个层面分析：一是对于消费者来说，主要面临过度负债风险、个人信息泄露的风险、被不当催收的风险；二是对于互联网消费金融机构来说，除了面临互联网金融普遍存在的法律风险、网络安全风险、操作风险等风险外，还存在行业风险及产品同质化风险等。

思考题 ▶▶

1. 什么是互联网基金？它与传统基金相比有何不同？
2. 简述互联网基金的类型。
3. 什么是互联网信托？它有哪些运营模式？
4. 简述互联网消费金融的几种运营模式。

实训题 ▶▶

1. 运用至少两个案例(非本教材提供)说明互联网基金存在的风险。
2. 找一款互联网基金产品(如余额宝)，完成在线开户、转账、申购、赎回等交易，并将交易流程截图到word中。

3. 调查本校大学生使用互联网消费金融的情况，并写一份调查报告。

消费金融2020：我们见证历史，也在创造历史

疫情还没有结束，2020年即将过去，消费金融市场仍然热火朝天，一些新模式不断涌现，监管政策密集出台，有些玩家正在离去，但无法阻挡新的力量进场。

在2020年年终岁尾之际，回头看看经历疫情"黑天鹅"袭击的这一年，似乎成了消费金融行业的一个转折点，我们在见证历史，同样也在创造历史。

2020年，消费金融的十大关键词已经产生。

一、疫情的影响

一场疫情，将消费金融行业隐藏的诸多风险提前暴露在大众面前。

在年初疫情爆发的影响下，线下消费金融机构受到极大影响，不良记录攀升，随之带来的催收政策调整、产品模式调整、人员优化等，让往后的消费金融市场呈现明显分化趋势。

在这场浪潮中，线下场景分期主力军捷信开启了全国范围内的减员优化，并启动"ALDI"2.0模式，进一步在业务环节中"去人工化"。

同样主要依靠线下业务的兴业消费金融，上半年新增放款量同比下降83%。

疫情，虽然暴露了风险，但也为各机构带来了突破传统、创新业务的好时机。

当然，一波中小银行在疫情驱使下，加大金融科技投入，布局"无接触贷款"等业务，从而为第三方金融科技公司带来了更多发展机会，同样值得市场关注。

二、商业银行互联网贷款新规

2020年5月发布的《商业银行互联网贷款管理暂行办法(征求意见稿)》正式为这些年银行的互联网贷款业务做了"正名"，且对助贷这一新兴的贷款合作模式开了正门。

此外，允许保险公司和担保公司向借款人收取合理的费用(银行业监督管理机构规定的其他情形除外)，也是极具突破性的规定。

第三方金融科技公司在这一新规中看到了更多与银行合作的可能性。

这份新规中，"单户互联网消费贷款额度不能超过20万元，且到期一次性还本的，授信期限不超过一年"的规定促使很多银行在本就艰难的疫情面前，做大余额新增。

为了突破这一规定，一些银行机构就需要将互联网消费贷款变成带有经营性质的抵押贷款。

不难发现，2020年下半年以来，许多银行，尤其是民营银行，开始加大布局房抵贷等业务，这不仅是为了争夺优质资产，也有可能是为了突破贷款额度的限制。

三、4倍LPR

2020年8月，最高人民法院修订《最高人民法院关于审理民间借贷案件适用法律若干问题的规定》，界定民间借贷利率的司法保护上限为一年期LPR(loan prime rate，贷款市场报价利率)的4倍，根据LPR市场报价计算，当前司法保护上限为15.4%。

尽管该规定针对民间借贷，民间借贷——自然人、法人和非法人组织之间进行资金融通的行为，而不是针对金融机构的借贷行为，但市场上仍然有人探讨——银行信用卡、持牌消费金融公司的产品利率没有理由高于民间借贷，银行和消费金融公司是否也应该遵守"4倍LPR"的规定？各地方法院针对是否按照民间借贷利率新规来判决持牌金融机构的案件，仍存在较大的分歧。

2019年的年终复盘中，新浪财经还总结了一个关键词"IRR36%"，2019年的《关于办理非法放贷刑事案件若干问题的意见》中明确在定罪量刑时以单次实际年利率超过36%的非法放贷为基准。一时间各大互联网贷款平台纷纷将年化利率压降到IRR36%，而持牌消费金融机构的年化利率更是趋向IRR24%。

如今再看消费金融市场上的产品，已经有消费金融公司在默默调整产品，储备年化利率在15.4%以内的资产。

从36%、24%、18%，再到15.4%……

市场在变化，唯有拥抱监管，方能长久发展。

四、助贷分润

长久以来，在助贷合作中，保证金兜底合作模式使得助贷平台压力重重。2020年，乐信、360数科等头部助贷平台纷纷力推"分润"合作，马上消费金融等持牌消费金融公司也在和银行合作中早已转变成分润合作。

所谓分润，即助贷机构和资金方以对客户的实收息费来进行按比例分润，一般资金方和助贷机构之间的分润比例是75%:25%，亦有65%:35%。这一模式中，助贷机构并不需要向融资担保公司缴纳保证金，但可能会设置一定的阈值。

今年一季度时，乐信采取分润模式的资金合作量占整体合作的26%，360数科按照余额口径计算，分润模式占比达到21.2%，两家均希望分润模式在年底能达到整体资金合作的一半以上。

从三季度的数据来看，360数科、乐信、信也科技的分润助贷规模分别为660亿元、483亿元和170亿元。

尽管一些中小银行风控实力不足，难以接受分润合作模式，但这仍然是助贷市场发展的大趋势。

五、信用支付

和助贷分润一样，信用支付成为2020年金融科技巨头争先布局的主要业务。

例如，乐信的乐花卡；360数科的微零花；小赢科技的摇钱花；平安消费金融的小橙卡；微众银行的We2000；美团的月付；滴滴的月付；字节跳动的放心花……

虽然花呗、白条这两大信用支付工具已经渗透无数消费场景，但似乎并不影响新玩家再挤入这个市场。降利率也好，补贴商家息费也罢，金融科技巨头无非希望通过信用支付连接更多场景，积累用户包括消费行为偏好、履约能力等信用数据。

只是，新兴的模式也要注意未来可能降临的监管。央行副行长范一飞曾公开谈到这类业务处理过程难以被穿透监管，极易引发风险跨市场传染蔓延。

六、网络小贷新规

蚂蚁集团暂缓上市和《网络小额贷款业务管理暂行办法(征求意见稿)》(以下简称《网络小贷新规》)发布,几乎可以评为本年度消费金融行业影响最深远的两件事,又因为这两件事几乎同时发生(《网络小贷新规》于11月2日发布,11月3日上交所暂缓蚂蚁集团上市,同日蚂蚁集团宣布暂缓在港交所上市),以至于微博热搜榜上密集出现对消费金融行业的热议。

多数分析认为,《网络小贷新规》中核心的两点——注册资本和联合贷出资比例,似乎都是在针对蚂蚁集团这个庞然大物——通过两张网络小贷牌照撬动万亿余额贷款,以及在与银行等金融机构合作联合贷业务时,出资比例极小。

但不可忽视的是,除了蚂蚁集团,还有无数的集团企业、互联网巨头,同样在近几年通过网络小贷牌照杀入消费金融行业,从而衍生出一些监管盲点。

《网络小贷新规》规定,10亿元的注册资本,跨省级小贷甚至要50亿元的注册资本——仅这一条规定就将曾经的网络小贷公司几乎全盘否决。能通过整改达到监管要求的机构,其实只会是蚂蚁集团这样的巨头。所以,还是那句话,愁蚂蚁,不如愁自己。

达不到注册资本要求的网络小贷公司,后续要以何种形式与银行合作?纯助贷模式又会遇到怎样的监管?这才是市场上多数玩家最应该焦虑的问题。

七、蛋壳爆雷(再议场景金融)

长租公寓爆雷并不新鲜,但今年的长租公寓爆雷出现在蛋壳这家美股上市且管理着超过40万间公寓的知名平台上颇让人觉得意外,其背后还牵扯着微众银行这样的知名大机构。一时间,消费金融行业针对场景分期的探讨再次被推向高潮。

最终,微众银行选择单方面向蛋壳追讨债务,租金贷客户在与微众银行签署新的协议后所产生的贷款损失将由微众银行承担。

回看近几年的教育分期、医美分期、二手车分期等市场,均曾爆出各种商户端风险。尽管如此,仍然有不少新玩家在入场。

比如医美分期市场,虽有乔融、米么、捷信等玩家退场,但美团、新氧却正在入场。

所以,小额贷款是否真的该做到场景归场景、金融归金融?

八、P2P清零

11月27日,银保监会首席律师刘福寿表示,全国实际运营的P2P网贷机构由高峰时期的约5000家逐渐压降,到2020年11月中旬已完全归零。

P2P从繁荣到归零,仅不到10年时间,其中诞生过一夜暴富的故事,但更多的是非法集资、诈骗等骗局丛生。

当前,虽然P2P已经清零,有平台已经顺利清退、转型,但还有上百亿的余额存量尚未处置,有更多的平台甚至还没有清退方案。

北京市互联网金融行业协会称,网贷平台风险处置是一项长期持续的工作,并不会随着特定时点而宣告终止。

P2P这场"游戏"，由于涉及的机构和投资人多、地域广泛、数据量大，可以预见，存量清理整顿还有一段十分漫长的路要走。

九、金融科技巨头上市

8月25日，蚂蚁集团在上交所/港交所递交招股书；9月11日，京东数科在上交所递交招股书；10月8日，陆金所在美国纽交所递交招股书；10月30日，陆金所在美上市；11月3日，上交所/港交所暂缓蚂蚁集团上市……

金融科技巨头走向上市，对于金融科技市场其他玩家而言，是一大利好。但同时也应该注意到巨头企业将强者愈强，市场将出现马太效应，行业资源向头部企业倾斜。

近段时间，监管又发声，金融监管要强化反垄断和防止资本无序扩张，坚持金融创新必须在审慎监管的前提下进行。

巨头的金融科技创新之路充满机遇，也伴随不可想象的挑战。

十、巨头收揽金融牌照

1月，拼多多通过收购付费通，获得支付牌照；

4月，平安消费金融开业；

5月，小米消费金融开业；

6月，360集团发布公告认购金城银行30%股份，成为其第一大股东，拿下银行牌照；

8月，阳光消费金融开业；

9月，唯品会和富邦华一银行的四川省唯品富邦消费金融有限公司获批筹建；

9月，江苏银行的苏银凯基消费金融有限公司获批筹建；

9月，字节跳动通过收购合众支付，获得支付牌照；

9月，携程通过上海国企东方汇融，获得支付牌照；

11月，快手通过收购易联支付，获得支付牌照。

……

金融市场，持牌为王。

监管层不止一次强调——既要鼓励创新、弘扬企业家精神，也要加强监管，依法将金融活动全面纳入监管，有效防范风险。

巨头争相将各类金融牌照收入囊中，是为了开展金融活动更加合规，且被监管。

拿到牌照之后的金融市场布局，值得想象。

十一、展望2021年

疫情结束后，消费金融市场很难立即恢复到此前的状态，后疫情时代的金融科技市场充满发展空间，对于消费金融市场的每一个参与者而言都是机会。

新兴的业务模式和新入场的玩家持续为消费金融市场注入活力，但新生的风险值得每一个参与者警惕。

对此，银保监会特别强调，应完善现代金融监管体系，强化反垄断和防止资本无序扩张，坚持金融创新必须在审慎监管的前提下进行；提高金融法治化水平，对各类金融活动和行为依法实施全面监管；深化"放管服"改革，发展监管科技，大力提升监管效能。

毫无疑问，2021年，消费金融行业会在更严厉的监管环境中前行。一切金融活动都要纳入监管，合规是重中之重。

资料来源：未央网. https://www.weiyangx.com/378360.html.

第七章
互联网金融监管

互联网金融：完善监管任重而道远

"互联网金融"一词已连续5年被写入政府工作报告。

2014年，互联网金融首次被写入政府工作报告。报告中提到，促进互联网金融健康发展，完善金融监管协调机制；让金融成为一池活水，更好地浇灌小微企业、"三农"等实体经济之树。

2015年，政府工作报告中有两处提及互联网金融。总结2014年工作时，报告提到"互联网金融异军突起"；在提到2015年工作时，明确"促进互联网金融健康发展"。

自2016年起，政府工作报告提出，对于互联网金融业务要以防风险为主，要加快改革完善现代金融监管体制，提高金融服务实体经济效率，实现金融风险监管全覆盖；规范发展互联网金融，大力发展普惠金融和绿色金融；扎紧制度笼子，整顿规范金融秩序，严厉打击金融诈骗、非法集资和证券期货领域的违法犯罪活动，坚决守住不发生系统性、区域性风险的底线。

2017年，政府工作报告中提到，当前系统性风险总体可控，但对不良资产、债券违约、影子银行、互联网金融等累积风险要高度警惕。稳妥推进金融监管体制改革，有序化解处置突出风险点，整顿规范金融秩序，筑牢金融风险"防火墙"。

2018年，政府工作报告中提出，强化金融监管统筹协调，健全对影子银行、互联网金融、金融控股公司等的监管，进一步完善金融监管。

从政府工作报告中关于互联网金融的措辞可以看出政府对行业发展的态度，也反映了互联网金融行业5年来经历的从高速发展到规范整治的历程。近两年来，一系列监管重拳密集出台，监管意图在于行业出清，为中国经济发展建立起一道安全防火墙。

对于互联网金融行业来说，完善监管任重而道远。

资料来源：百度. https://baijiahao.baidu.com/s?id=1594063562360669741&wfr=spider&for=pc.

第一节　互联网金融监管概述

互联网金融各业态的风险在前面的章节中已经有所介绍，本节再从总体的角度对互联网金融风险的类型和特征进行解析，在此基础上对互联网金融监管进行探讨。

一、互联网金融监管的定义和框架

（一）互联网金融监管的定义

互联网金融监管是针对互联网金融风险特征及监管要求，从互联网金融健康发展的角度出发，形成的对互联网金融风险进行管控的理念思路、制度框架、权责关系、操作流程、监测方法、技术手段的一整套系统及具体活动。监管理念是互联网金融监管的核心，制度框架是互联网金融监管的组织保障，权责关系是互联网金融监管的核心要素，操作流程是互联网金融监管的实施路径，监测方法是互联网金融监管的工具依托，技术手段是互联网金融监管的实现载体和支撑手段。互联网金融监管系统各个行为主体之间存在多元动态博弈关系，对这种关系的充分认识是有效实施互联网金融风险监管的基础。

（二）互联网金融监管的框架

互联网金融是利用互联网平台及其相关技术所开展的在线金融活动，其本质属性还是金融，人们对它的关注点仍然聚焦于金融风险防范和消费者权益保护，这与传统金融并没有本质的区别，因此，并不存在专门的互联网金融监管理论。在欧美国家，与我国"互联网金融"概念相近的称法是"金融科技"(fintech，即financial technology缩写)，两者包含的金融新业态多数相同，后者内涵范围略广。随着金融科技快速发展，金融新业态层出不穷，其中蕴含的金融风险也逐渐显露，如何平衡金融科技的创新和监管成为各国政府和金融监管机构面临的难题，针对各种具体互联网业态监管的政策和法律也陆续出台。结合发达国家的各种互联网金融业态监管政策和实践，运用现代金融监管理论可以对互联网金融监管进行一定深度的理论阐释。

按照一般的逻辑，当一种新的金融业态出现时，人们会首先考虑要不要对其进行监管，然后探讨如何监管的问题，这就构成了互联网金融监管理论发展演进的总体线索。互联网金融的大多数业态在国内外出现和兴起不过十余年，互联网金融监管理论仍在发展过程中。总体来讲，围绕如何实施互联网金融监管这一问题，可顺着这样一个不断深化的逻辑线条展开，即应该由谁来监管、监管目标的取向、监管的法制基础、监管的内容和监管的方式等。

1. 应该由谁来监管——监管主体的确定

确定监管主体是构架互联网金融监管体制的基本问题。鉴于互联网金融的金融本质属性，在现有金融监管体制之外新设监管者不切实际，互联网金融监管人只能来自现行监管体制的监管主体，具体选择取决于现行监管体制的特点。现行监管体制是统一监管还是分散监管，是机构监管还是功能监管，是中央一元监管还是中央、地方二元监管的安排，决定着互联网金融机构监管主体。例如，美国实行联邦地方共治的双元多头分散监管体制，也就是功能监管体制，因此，其互联网金融监管主体总体呈多元化特点，每一种互联网金融业态均有联邦和州的多个监管主体共管。以P2P网络借贷为例，美国证券交易委员会和州证券监管者作为证券功能型监管者，围绕投资者(放贷人)的发行注册、信息披露和投资者适宜资格，对P2P实施监管。同时，CFPB(Consumer Financial Protection Bureau，金融消费者保护局)对平台借款人的权益负责保护性监管,使其免受不公正待遇。而英国的情况却完全不一样,在其中央政府一元化统一监管体制下,2014年4月1日之前,P2P属消费者信贷规范的业务,由OFT(Office of Fair Trading,公平交易局)监管,2014年4月1日之后,由FCA(Financial Conduct Authority,金融行为监管局)监管。

2. 监管目标的取向——保护消费者和维护金融稳定

根据现代金融监管的理论,金融监管有两个基本目标,即保护消费者权益和维护金融稳定。互联网金融监管的需求不仅没有增添新的目标诉求,还将主要目标锁定在消费者保护方面。英国FCA将P2P网络信贷和众筹的监管目标明确表述为"使消费者获得恰当保护,并且在符合消费者利益的前提下促进(行业)有效竞争";而美国联邦证券交易委员会及州证券监管机构的互联网金融监管,更是强调了消费者保护目标的单一性。

互联网金融强调消费者保护目标的逻辑在于以下几方面。

(1) 互联网金融还处于发展的初级阶段,其市场规模和份额相对于传统金融还微不足道,其服务长尾客户的行业特点与传统金融交集不多,因此,互联网金融至少在可以预见的较长时间内不可能成为诱发系统性金融风险的主要因素。

(2) 互联网金融虽然通过大数据、云计算、人工智能、区块链等技术,大大弱化了小额金融交易中的信息不对称问题,但网络世界中非实名制带来的虚假信息、信用"刷分"等现象,又给互联网金融的征信增加了新的信息辨别难度,投资者由此而面临的网络欺诈风险也许会更加突出。

(3) 自从英国经济学家泰勒提出了盯住目标的双峰监管体制理论后,人们对维护金融稳定与消费者保护之间的目标冲突有了更为清晰的认识,即稳定目标的实现在相当程度上依赖监管当局与被监管者的合作,而保护消费者则把两者放在一个可能会产生激烈冲突的位置。稳定目标的实现,需要建立与金融机构之间的合作关系,通过设置一系列审慎经营标准和指标,监测金融机构遵守这些标准的情况,以督促其保持财务健康,实现稳健运营。与之不同的是,消费者保护目标的实现过程,使消费者与金融机构在很多利益关系中处于对立地位,消费者保护机构借助立法权规定金融机构在交易中应遵循的规则,并且通过行使权力约束和处罚违规机构。这种差异被形象地描述为审慎监管。

当然,互联网金融监管把保护消费者列为单一目标,并不是说互联网金融监管与防范系统性风险、维护金融稳定绝缘。事实上,金融消费者保护是金融机构稳健经营的重要条件:金融业是典型的服务行业,没有客户就没有业务。不难设想,大规模损害金融消费者权益的事件必然涉及一个国家的金融风险与金融稳定。

3. 监管的法制基础

监管的英文表达为regulation & supervision,前者意指立法,而后者有执法的含义。因此,现代金融监管就是立法和执法的统一,通常讲的依法监管原则,既是对金融监管立法和执法统一内涵的很好体现,又彰显了金融监管法制基础的重要性。英国互联网金融监管的法制基础比较薄弱,主要由消费信贷规制体系支撑。这是因为,互联网金融的实质可看成网络版的民间借贷,而英国的民间借贷受到以保护消费者权益和市场公平运作为主旨的《消费信贷法》规范。2014年2月,即将履职互联网金融监管的FCA颁布了其对消费信贷进行监管的详细规则。美国的情况要复杂得多,一方面,美国互联网金融引入了银行机构的参与；另一方面，美国将网络平台借方的权益保护纳入了信贷法规体系，而将贷方的权益保护归到了证券法规体系中。因此，美国对互联网金融监管的法制基础是在传统信贷法规叠加证券注册管理规则的基础上形成的，所涉信贷方面的具体法规有《诚实借贷法》《信贷机会均等法》《公正资信报告法》《公平债务催收法》《银行保密法》《电子资金转账法》《全球和国家电子签名商务法》《联邦贸易委员会法》《格雷姆-里奇-比利雷金融现代化法》和《现役军人民事救济法》等。在证券法规方面，《1933年证券法》《1934年证券交易法》《1940年投资公司法》和《1940年证券投资顾问法》等法规，对互联网金融中的贷方(即投资者)权益进行了保护。

4. 监管的内容——审慎监管和行为监管

根据现代金融监管理论，监管可分为审慎监管和行为监管两大类。前者是指围绕金融机构业务经营所实施的风险预防性监管，目标是促使其稳健经营、保护公众客户的资金安全，核心是保证金融机构的清偿力，广泛牵扯社会公众利益的银行和保险公司通常侧重于审慎监管；而后者区别于审慎监管对机构稳健运营和金融体系稳定的关注，出于保护消费者的目标，更多地通过行为监管，确保金融市场的公平、有效和透明。信息披露是行为监管的核心，证券行业通常以行为监管为主。

自从英国经济学家泰勒提出了"双峰"监管理论之后，审慎监管与行为监管成了解析或构筑金融监管结构的两大主线，这两大概念在现代金融监管理论体系中的地位越来越重要。过去10余年来，澳大利亚、荷兰、美国和英国等国家的金融监管改革实践，都无不深受其影响。虽然审慎监管和行为监管的适用对象各有侧重，但无论是沿着金融机构、业务还是产品线来看，事实上都存在同时实施两类监管的必要性。例如，以审慎监管为主的银行业或银行机构，其产品营销和信息披露方面的行为监管需求在金融危机之后也日益被重视起来。审慎监管和行为监管所具有的跨机构、跨市场和跨产品的性质，在金融混业背景下对构建有效金融监管尤其有意义。

然而，就美、英等国互联网金融监管而言，其政策实践折射出的是行为监管的单一理念，审慎监管基本上没有什么地位，这与其互联网金融监管注重保护消费者利益的单一目标相呼应。究其原因，一方面，互联网金融还处于初步发展阶段，相对于庞大的传统金融体系而言，互联网金融的规模比较小，影响非常有限，在可以预见的将来，互联网金融还不足以成为引发系统性金融风险的风险源，因此，美、英等国初步的互联网金融监管框架，只把关注点放在行为监管方面。另一方面，即使在互联网金融监管领域没有审慎监管的内容，也不等于仅存的行为监管对互联网金融以至整个金融体系的稳定没有贡献。首先，由于行为监管多采用主动和介入式的监管方法，可以帮助监管者甄别互联网金融产品服务和商业模式的变化对金融体系而言是否有严重的系统性风险。其次，互联网金融机构的产品、服务或商业模式的创新都具有很强的可复制性，这就意味着其中的问题往往具有群体效应，带有较大的系统性意义。基于这两个因素，行为监管的实施能帮助监管者预判互联网金融商业模式或销售行为中潜伏的系统性风险或影响。

5. 监管的方式——机构监管和功能监管

按照监管机构设置及监管权限划分的差异，金融监管可划分为机构监管模式和功能监管模式。在机构监管模式下，特定类型金融机构的所有监管事项均由相应监管机构统一负责；在功能监管模式下，同类金融业务由相同监管机构监管。

总结金融监管发展的国际经验，金融结构的变迁决定了监管方式的变迁方向。在以分业经营为主的发展阶段，机构监管是适宜的监管方式，如在大萧条后制定的《格拉斯·斯蒂格尔法案》确立了美国分业监管的框架。随着20世纪80年代后全球经济和金融一体化的发展，信息技术进步和金融创新活动使全球金融业呈现自由化趋势，分业经营的金融体系不断受到挑战，金融机构通过各种方式寻求跨行业渗透，各主要国家最终都允许金融混业经营，这种经营方式得到了监管当局的认可，进而改变了监管方式——监管从传统的机构监管向功能监管变迁。例如，在《1999年金融服务现代化法案》确立后，美国形成的双层多头的伞形监管模式，在不改变分业监管基础的前提下，实行功能监管，最大限度地促进了对金融控股公司监管的一致性和统一性。

互联网金融的发展不仅模糊了金融机构间的界限，互联网金融产品也模糊了银、证、保等行业的界限，加速了金融跨界和混业的趋势和特征，这在客观上要求监管方式从机构监管向功能监管转变。

二、互联网金融风险的再认识

（一）互联网金融风险的类型

金融和互联网都是高风险性行业。互联网金融是传统金融与互联网相融合的新型业态，兼具互联网和金融的双重特征。互联网金融在提升金融效率、带来金融创新红利的同时，不仅没有改变金融行业和互联网行业的高风险属性，反而使其风险变得更加复杂，传统金融的主要风险都有所体现，也蕴藏着互联网深度使用带来的新风险。梳理互联网金融各业态，其风险主要包括以下几个类型。

1. 传统金融风险

(1) 信用风险。信用风险又称违约风险，是市场经济社会中普遍存在的风险，一般指交易主体双方不愿或者不能履行原定双方的交易契约而导致的对资产所有者造成损失的可能性。

信用风险存在的起因，是由于信息不对称所导致的道德风险。对于传统金融活动来说，信用双方在交易前要互相进行详细的情况调查，在交易达成前还要进行抵押担保，以保证借款人能够按期偿还资金。尽管如此，传统金融交易中的信用缺失风险仍然频发。

互联网金融交易业务中的交易主体都是通过互联网虚拟空间产生联系，尽管节约了时间和交易成本，但交易双方的真实信息得到验证的难度在不断加大，交易双方的信息不对称的情况更加突出，投资者所面临的信用风险更大。互联网金融的信用风险常见于P2P网贷(目前P2P平台已清零)、互联网消费金融等业态中，在众筹、第三方支付、互联网基金等业态中也存在一定程度的信用风险。

(2) 流动性风险。在传统金融领域，流动性风险是指金融机构虽然有清偿能力，但无法及时获得充足资金或无法以合理成本及时获得充足资金以应对资产增长或支付到期债务的风险。

造成流动性风险的原因主要是期限错配、超出预期的资产损失(如大量不良贷款或大额保险理赔支出)、因市场恐慌导致的大规模集中提取/赎回(如银行挤兑、基金份额集中赎回等)。互联网金融领域，由于备付金制度的不完善、期限错配、资金被挪用以及技术因素引起的支付系统不能正常运转等也会产生流动性风险。由于无法参与银行间市场拆借，也得不到央行作为"最后借款人"的紧急支持，再加上互联网的瞬时性特点，互联网金融机构一旦遇到投资者大量同时撤资的情况，很难保持即时流动性，极容易引发支付危机。

(3) 操作风险。操作风险是指由于内部程序、人员和系统的不完备或失效，或由于外部事件而造成损失的可能性。

在互联网金融各业态中，由于人为操作不当、业务程序缺陷、信息系统不完善、内部管理与监管缺失等原因，均有可能导致操作风险。操作风险一旦发生，将会对互联网金融主体的利益产生重大影响，比如客户资金失窃、个人隐私信息泄露等。

(4) 市场风险。市场风险是指因市场价格包括利率、汇率、股票价格和商品价格等的不利变动而使市场主体发生损失的可能性，具体可以分为利率风险、汇率风险、股票风险和商品价格风险等。

互联网金融面临的市场风险基本上与传统金融类似，存在于互联网金融各业态中，其表现也更为复杂、传染性更强。互联网金融市场交易多为在线交易，具有更高的虚拟性和网络技术依赖性，相比传统金融其更容易受到市场因素或者市场事件的影响。此外，汇率、利率等外部市场条件的变动在互联网的网络辐射、扩大效应下，会迅速传导并影响互联网金融的线上交易，从而增加互联网金融资产价值变动的不确定性。

除上述风险，互联网金融领域的传统金融风险还包括声誉风险、经营风险等。

2. 特殊风险

(1) 技术风险。技术风险与互联网相生相伴，互联网在推动金融创新的同时，也带来了新的技术风险。技术风险包括内部安全风险和外部攻击风险。内部安全风险是指由互联网金融交易系统基础设施较差，以及内部工作人员采取一些手段攻入系统而造成损失的可能性。外部攻击风险主要来自黑客、竞争对手及平台提供商，一旦平台系统被外部攻击，最终可能给平台和客户带来损失。

(2) 政策法规风险。政策法规风险是指在交易过程中的行为不具有法律意义上的效力或者交易行为不受到法律保护，而遭受损失及受到处罚的可能性。

政策法规风险主要分为两种情况：一是交易行为本身违法违规导致的风险。例如，一些互联网金融平台在交易过程中非法设立资金池、涉嫌非法集资、违规发行理财产品、设立虚假投资标的、洗钱等诈骗行为。二是法规政策空白导致的风险。例如，一些交易行为在政策法规中没有依据，一旦在交易过程中出现问题，投资者无法通过法律来维护自身的权益。我国互联网金融业务由于发展起步较晚，相比西方发达国家，在完善市场准入机制、资金托管、消费者信息安全等方面缺少具体的法律规定，使得一些潜在的问题一旦爆发，无法保障消费者的权益。

(3) "长尾"风险。"长尾"风险是互联网金融所独有的风险。传统金融业信奉"二八定律"，而互联网金融的服务对象覆盖了大量未被传统金融服务的"长尾"人群，这部分人群具有以下特征：一是金融知识储备、风险识别能力和风险承受能力相对匮乏，极易受到误导、欺诈等不公平甚至非法的待遇；二是"长尾"人群的投资额度相对较小且分散，单独的个体参与者没有足够的精力和资源去监督自己所投资的互联网金融企业；三是这部分人群极易出现个体非理性和集体非理性的现象，一旦出现整个互联网金融市场的非理性现象，容易导致风险的传染，造成金融市场的动荡不安。从"长尾"涉及的人数来衡量，显然互联网金融的潜在风险对社会的负外部性更大。

（二）互联网金融风险的特征

1. 具有不同于传统金融风险的高隐蔽性

随着传统金融与互联网技术的高度融合，互联网金融的表现形式在不断丰富和演进之中，这使得互联网金融风险更加隐蔽。首先，互联网技术打破了传统金融的空间地域限制，带来了金融的虚拟化，使得互联网金融的交易都是基于"虚拟化"的数字信息。其次，这种虚拟化也使得交易对象、目的和过程更加不透明，在一定程度上增加了信息的不对称。此外，互联网金融交易所依赖的互联网信息系统的复杂性也使得交易背后的运行机制更加复杂和不透明。因此，在这样的环境下运作的互联网金融交易所产生的风险具有不同于传统金融风险的高隐蔽性。

2. 高隐蔽性导致突发性

互联网金融风险的隐蔽性导致其突发性的产生。网络借贷是互联网金融的主要业态之一，由风险引发的平台倒闭和跑路问题往往在发展初期毫无迹象，其背后原因就是经营者对于互联网金融风险的隐蔽性认识不清，导致针对平台建立之初的风险防范措施缺失，为风险的突然爆发埋下了隐患。

3. 风险的传导性更强、扩散传播速度更快

互联网金融风险的扩散性体现为在信息技术的高流动、无边界、跨时空等特性中，风险的传导性更强、传播速度更快。在互联网金融中，传统金融的物理隔离有效性减弱，曾经的"防火墙"也更加脆弱。业务流程中被忽视的细微风险漏洞在互联网平台的传导作用下会迅速传播，并不断放大。高科技网络技术支撑下的大数据金融、众筹平台、网络借贷等具有快速远程处理功能，在提供便捷服务的同时也加速了支付、清算等过程中的风险传导与扩散。互联网金融平台是一个高传导、高关联的体系，PC端、手机移动端的交易多元化使得金融业务打破了地理和时间界限，金融企业与支付平台、银行等都有着密切联系，任何一个环节的风险都会迅速传染其他环节，因此管控成本较高。

第二节　国外互联网金融的监管

互联网金融在欧美国家的发展相对较早，欧美发达国家不断加强与完善对互联网金融的监管，通过补充与创新相匹配的法律法规，使得原有的金融监管规则不断地适应互联网金融迅速发展的需求。本节以美国和英国为例，介绍其对互联网金融的监管实践。鉴于互联网金融各业态所实现的金融功能有较大差异，监管思路和适用法律也有所不同，本节主要对第三方支付、网络借贷、众筹融资这几个典型业态加以分析。

一、美国互联网金融监管实践

美国虽没有明确提出互联网金融这一概念，但相关业务和产品早在20世纪90年代就已出现。针对互联网金融这个新生事物，美国通过对现有的监管法律法规进行修改和完善，将其逐步纳入现有的金融监管框架中。美国对金融行业实行分业监管，设有联邦和州两级监管机构，实行"双线多头"监管模式，这一制度安排也沿用到互联网金融监管之中。

（一）第三方支付的监管

美国是较早出现互联网第三方支付的国家之一。但是在初期，美国相关法律规范并没有对其进行限制和监管。后来，随着第三方支付市场的不断壮大，用户数日益增多，从20世纪90年代开始，美国逐步制定并完善了对第三方支付的监管措施。

1. 监管主体

美国对第三方支付实行功能性监管，监管重点在于交易过程而非第三方支付机构。在美国，第三方支付被视为货币转移业务(其本质是传统支付服务的延伸)，因而没有专门针对第三方支付进行立法监管，而是将其纳入货币服务业务管理框架，在现有法规中寻找监管依据。依据《金融服务现代化法案》和《统一货币服务法案》，第三方支付机构被界定为非银行金融机构，就无须取得银行业务许可证，但须取得从事货币转移业务的营业许可证。

第三方支付的监管主体分为联邦和州两级，联邦层面由联邦存款保险公司(Federal Deposit Insurance Corporation，FDIC)负责监管，各州根据联邦法律制定本州监管标准，承担相应监管责任。

第三方支付平台的沉淀资金被明确定义为负债(而非存款)，必须存放于FDIC开立的无息账户中，产生的利息用于支付保险费。对于第三方支付业务中的消费者数据安全问题，如果第三方机构是金融机构的外包机构，由消费者金融保护局(Consumer Financial Protection Bureau，CFPB)依据《格雷姆-里奇-比利雷法案》实施监管；如果第三方机构是不涉及外包的非金融类机构，则由联邦通信委员会依据《公平贸易法案》实施监管。

2. 法律体系

(1) 注册。绝大部分州制定有《货币服务法案》(Money Services Acts)，根据该法案的规定，美国的第三方支付管理权归属于各州，同时绝大部分州有牌照的要求。第三方支付企业想要从事第三方支付业务必须先取得相应的牌照。

(2) 电子转账规则。电子转账规则主要由《电子转账法案》(Electronic Fund Transfer Act，EFTA)及《监管指令E》(Regulation E)等法律法规构成。电子转账规则系列法案主要适用范围包括从消费者的账户进行的支付。根据电子转账规则的要求，第三方支付企业在支付之前就应明确地向消费者揭示其拥有的权利和承担的相应义务，并且建立起争议解决机制。尤其对于那些未经授权的交易，第三方支付企业必须让消费者知晓需承担的最大损失额度。

(3) 消费信用规则。消费信用规则主要由《诚实借贷法案》(Truth in Lending Act，TILA)和《监管指令Z》(Regulation Z)等法案构成，其适用范围主要包括第三方支付业务消费者的信用支付类业务。与电子转账规则相类似，消费信用规则同样要求企业主动向消费者揭示其面临的信贷成本，并且建立起争议解决机制。

(4) 账单信息规则。账单信息规则主要由《诚实账单规则》(Troth-in-Billing)等法案构成，其适用范围包括各种无线网络运营商，其具体要求是无线网络运营商应当提供准确、清晰并且详尽的单据。账单信息规则的监管方一般是联邦通信委员会，而不是传统意义上的金融行业监管机构。

(5) 公平贸易规则。公平贸易规则具体包括《反不公平、欺诈和滥用法案》(Anti injustice，Fraud and Abuse Acts)(对金融机构)和《公平贸易法案》(Fair Trade Act)(对非金融类机构)等法律法规，其适用范围包括所有涉及第三方支付的业务和行为。对于金融类机构的第三方支付业务，由消费者金融保护局监管；而非金融类机构的第三方支付业务，其监管方则是联邦贸易委员会(Federal Trade Commission，FTC)。

(6) 消费者隐私保护规则。消费者隐私保护规则主要由《格雷姆-里奇-比利雷法案》(Gramm-Leach-Bliley Act，GLBA，亦称《金融服务现代化法案》)的隐私和数据安全保护等条款构成，其适用范围主要包括各类金融机构。根据消费者隐私保护规则，各类型的金融机构在与消费者签订合同的同时及每个会计年度都必须向消费者表明对其的隐私保护规则，允许消费者灵活地依据自己掌握的信息，自主选择个人信息的分享范围。同时，该法案还针对金融机构消费者的信息安全制定了明确的指引和规范。

(7) 存款保险规则。存款保险规则主要由《联邦存款保险法案》(Federal Deposit Insurance)(适用于商业银行)和《全国信贷联盟份额保险法案》(NCUA Share Insurance)(适用于信贷联盟)等法案构成，其适用范围主要包括各大商业银行一定额度内的存款，以及FDIC和全国信贷联盟监理署(National Credit Union Administration，NCUA)共同确定的账户。

(8) 反洗钱规则。美国政府一贯高度重视反洗钱，反洗钱规则的要求有：需要对客户进行身份识别；对金额较大的交易应主动提供可疑交易报告；交易记录最少保存5年；企业应当拟定书面的合规方案，至少包括针对反洗钱的内部控制机制，同时对企业内部员工开展持续的培训来培养企业员工的反洗钱意识；如发现洗钱行为应当主动向有关部门检举揭发。

专栏7-1

美国的监管实践：PayPal

PayPal最初是1998年在美国加州成立的一家非银行第三方支付公司，目前能够在包括美国在内的全球100多个地区进行支付，只不过在有些地区被明确视为银行，而不是单纯的第三方支付公司。

在消费者保护方面，2006年，美国28个州的检察官曾对PayPal发起诉讼，要求PayPal对消费者澄清：网络购物时，是否与信用卡消费一样享受《监管指令Z》的保护。PayPal不得不明确表示，因为自己不是信用卡机构，所以，不会承诺与《监管指令Z》完全一致的条款，但会明确揭示自己版本的消费者权利和纠纷解决机制条款。但与此同时，PayPal明确承诺完全遵守《监管指令Z》的要求，特别是对未经授权交易损失，PayPal承诺客户最高只用承担50美元。

在存款保险方面，PayPal一直主动征询FDIC的看法，最终在2012年2月得到了FDIC的回复：PayPal受客户委托代理客户存入经FDIC认可的无息账户(FBO account)中的资金，可以获得FDIC的存款保险。

在反洗钱方面,在PayPal发展之初,客户只需要提供一个电子邮件地址就可以成为其会员。到了2003年,PayPal因在处理非法离岸赌博业务时,被控掩盖非法货币转移,触犯了《美国爱国者法案》,最后不得不花费1000万美元来用于诉讼和解。此后,PayPal为满足反洗钱要求,管理变得更加严格。比如,在客户身份识别方面,除电子邮件地址外,还要求提供信用卡、贷记卡或银行账户的信息;在对可疑交易额处理方面,PayPal会对发现的可疑交易账户进行冻结,除非客户能够逐项说明资金的来龙去脉,否则,甚至会关闭其账户;PayPal还明确规定,信托机构不能持有PayPal账户;此外,PayPal还明确提醒,不要与他人共享账户,不要代替他人转账,以免造成麻烦。

尽管上述规定给客户造成诸多不便,引起客户抱怨,甚至导致客户流失,但为了满足监管要求,PayPal仍不得不严格加以执行。

资料来源:搜狐网. https://www.sohu.com/a/7456360_116173. 作者编辑整理.

(二)网络借贷的监管

美国将网络借贷纳入证券业监管,侧重于市场准入和信息披露方面。

1. 监管主体

2008年以前,美国P2P网络借贷监管中对借款人资格的限制较少。金融危机后,这种情况发生了改变。P2P网络借贷平台开始接受美国证券交易委员会(United States Securities and Exchange Commission,SEC)的监管,需要遵守《美国证券法》和《证券交易法》。由此,美国针对P2P网络借贷业务的多部门、分领域监管框架成型,主要涉及证券监管、电子商务监管和消费者保护监管三方面。其中,证券监管强调市场准入与信息披露,电子商务监管侧重保护信息与交易安全,而消费者权益监管旨在保护消费者合法权益。

除此之外,美国P2P网络借贷监管框架还具有联邦与州并行的双重监管机制,即除遵守联邦机构监管规定外,P2P平台还需遵守各州的相关法律法规。美国P2P网络借贷监管机构如表7-1所示。

表7-1　美国P2P网络借贷监管机构

监管机构	监管范围
美国证券交易委员会(SEC)与州一级证券监管部门	对投资者进行保护,要求P2P平台完整、透明、无误地披露应披露的信息
联邦存款保险公司(FDIC)与州一级金融机构部门	对借款人进行保护,主要为存款进行保险、检查和监督,维护金融体系的稳定和发展,对于P2P相关公司关联银行承保,检查和监督流经银行款项
美国消费者金融保护局(CFPB)	对P2P平台的金融消费者的权益进行保护和监督
联邦贸易委员会(FTC)	监督管理P2P平台在法律意义上的"不公平或者欺骗性"行为,对P2P行业的消费者投诉具有执法权力

2. 法律体系

迄今为止,美国并未制定专门针对P2P网络借贷的监管法律。不过,美国完善的基础性法案体系已经可以对P2P网络借贷形成较全面的覆盖。根据Chapman & Cutler LLP 2018

年4月的报告，与P2P网络借贷监管相关的法律体系包括几十项法律、法案和法规，如表7-2所示。

表7-2 美国P2P相关法律、法案及法规

监管职能	涉及主要相关法律、法规
证券监管方面	《1933年证券法》《1934年证券交易法》《投资公司法》《投资顾问法》以及506规则、风险保留要求规定、资产证券化规定等
消费者信贷保护	《真实借贷法案》《信贷机会平等法案》《公平信用报告法案》《隐私法》《债务催收法案》
结算环节所涉及的金融机构以及收款环节	《银行保密法》《格雷姆-里奇-比利雷法案》等
电子商务相关	《资金电子转账法案》《电子签名法案》
破产相关	破产隔离相关法案(针对无偿还能力风险、转债权等的相关法案)
税收相关	非美公民投资P2P税收规定，针对借款人、P2P平台、出资人的证券收益所得税等的不同税法规定

3. 监管内容

(1) 市场准入。为了保护投资者和借款人，美国联邦政府对P2P网络借贷平台制定了一系列标准，只有符合标准的平台才能进入市场。例如，缴纳数百万美元的登记费用，提供大量证明文件等。这些标准有效提高了准入门槛，让美国P2P网络借贷行业呈现寡头垄断的格局。此外，除了需要满足美国联邦政府的要求外，平台还需同时满足其业务经营所在州的相关运营要求，才可以展业。

(2) 以证券方式进行监管。与英国按照金融借贷活动监管网络借贷行业的方式不同，美国将P2P网络借贷平台视为证券发行者加以监管，要求网络借贷平台在联邦和州进行正式的证券登记，而且必须每年执行。

以Lending Club为例，由于其平台上的投资人与借款人之间并不存在直接的债权债务关系，而是通过购买平台发行的会员偿付支持债券成为平台的无担保债权人，这些P2P债务的实质属于证券，而这也是美国P2P网络借贷行业的主要业务模式，如图7-1所示。

图7-1 Lending Club贷款发放机制

在此模式下，平台通过与美国联邦存款保险公司(FDIC)担保的州特许银行合作，由

州特许银行向通过审核的借款用户放贷，州特许银行再将贷款本票以凭证形式卖给平台。平台和州特许银行不承担贷款违约的风险。投资者获得的收益完全取决于所投资贷款的表现。

(3) 设定较高投资人资格限制，并要求登记注册。由于美国网络借贷监管的思路是证券监管，P2P网络借贷被认定为高收益债券，因此网络借贷机构需要持有经纪人执照，平台借款合同参与者(借款人、投资人)均需通过平台在SEC登记，而美国证券交易委员会(SEC)对于投资人的资格和注册有着严格的要求。例如，投资人持有净资产必须超过100万美元，不包括居所价值，或者上一年的个人收入超过20万美元等。这些严格的限制促使P2P网络借贷的投资人不再是中小散户，而集中在机构投资人。

(4) 信息披露。SEC要求平台注册时提供风险措施等全面信息，并要求网络借贷平台定期甚至每日数次披露财务状况及重大事项，及时向投资人披露借款人的信息，包括借款人的年龄、工作、学历、收入范围、信用等级等。此外，SEC要求平台每天多次提交贷款信息列表，并对外公布，从而形成一种"持续的信息公开披露机制"。对于由于平台的发行说明书存在遗漏、错误、误导而引致的损失，投资者可以对平台进行追责。

(5) 借款人信息保护。《金融服务现代化法案》对金融机构向第三方披露非公开个人信息有着严格的规定，要求平台以匿名的方式公布借款人包括信贷报告数据在内的个人信息，并且采取措施阻止借款人上传过多的可鉴别身份的个人信息。这是因为平台需要将相关信息包含在提交给SEC的发行说明书附属材料中，而这些材料将通过EDGAR数据库公之于众。

(6) 破产隔离或后备计划。美国是一个证券化产品市场较成熟的国家，其法律特性使P2P网络借贷被监管定义为"证券化产品"。鉴于"证券化产品"特征，美国监管部门允许网贷平台设立特殊目的公司(special purpose entity，SPE)以实现破产隔离，使平台面对的破产程序受影响的可能性降到最低。同时，当平台运营公司面临破产时，SPE作为第三方机构可以接管、继续经营，从而使投资者的投资不受损失。

(三) 众筹的监管

为了保护投资者利益，美国证券法要求公开发行的证券注册并进行公开持续的信息披露，虽然对小企业的公开融资活动给予了一定程度的豁免，但是众多小企业依然承担不起信息披露等监管成本，因此不能有效利用资本市场进行公开融资，不利于资本形成。2012年，乔布斯法案将众筹这一融资方式纳入监管，成为合法融资行为。美国对众筹融资的监管平衡了中小企业融资便利(促进资本形成)和投资者保护之间的冲突，为我们提供了资本市场监管的新思路。

1. 监管法律

在美国原有证券法律框架下，股权众筹平台进行的证券发行与股权转让都是违法的。面对众筹融资的实践发展，美国进行了积极的立法尝试，为股权众筹的合法地位与规范化发展提供了法律框架和依据。

2011年11月，美国众议院通过了《企业融资法案》，为众筹获得联邦证券监管的豁免提供法律保证。该法案对众筹企业的融资总额、融资者义务、合格投资者标准等方面都进行了限制性规定，保护了投资者。

2012年4月，乔布斯法案颁布，该法案第三章又称为众筹法，为众筹创建了法律框架。乔布斯法案使小企业尤其是新兴成长型企业可以通过众筹方式获取股权资本，明确了融资者、投资者、众筹平台三方的权利与义务，确立了众筹平台的合法性，为众筹行业的发展提供了监管指引。作为证券市场的主要监管者，美国证券交易委员会(SEC)负责乔布斯法案的落实及法规、监管细则的制定。众筹法授予了SEC对集资门户网站的检查、执法和其他规则制定权，以及对发行人和中介机构的各种法定监管权力。另外，州一级的机关保留对辖区内的发行人或中介机构从事欺诈或非法行为的司法权。

2013年10月，SEC依据乔布斯法案发布了关于众筹融资的指导规则，对众筹平台行为规范、投资限制、发行要求、信息披露等方面做出了详细的规定，力图在投资者保护与融资便利之间进行平衡。

2. 监管内容

众筹法针对小公司融资和普通投资者投资的两方面特点，提供了新的监管思路，特别是从强制信息披露重点转向设定投资者投资上限。

众筹法要求证券发行人每年众筹最多不能超过100万美元。众筹交易不能直接在发行人和投资者之间完成，而是必须要通过在SEC注册的金融中介机构来执行。中介可以注册成经纪自营商，或者为众筹新创设的专项中介牌照"集资门户"。这些金融中介机构一方面承担了投资者教育的责任，另一方面要负责对发行人做必要的尽职调查。

(1) 对发行人的要求。由于众筹主要针对小公司的公募，对发行人的要求有两个核心原则：应采用措施(信息披露分层)切实降低发行成本，并尽可能简单明了。

① 信息披露分层。信息披露要求不再一刀切，而是根据发行规模，要求相关企业对财务状况进行不同层次的披露。对于10万美元或以下的发行，在过去财政年度的所得税纳税申报表和未经审计的财务报表，只需由主要行政人员确认无误即可；对于10万美元到50万美元的发行，财务报表需要一个独立的会计师审阅；而对于50万美元到100万美元的发行，财务报表需要经审计。

② 规则简单明了。众筹排除了上市公司、投资公司等类型的发行人，只对小企业、初创企业以及其他不常与监管者打交道的实体开放，因此SEC所起草的规则必须足够简单明了。

(2) 对中介机构的要求。众筹法的监管重点在于对中介机构的监管。这种监管思路是合理的，因为中介机构是这个市场的重复参与者，能够有效地应对SEC的监管和分散监管成本。

① 注册和披露。众筹法规定中介机构必须在SEC注册为经纪自营商或集资门户。除了注册，中介机构还必须提供包括风险披露、投资者教育等SEC要求的其他材料。

② 投资者教育。根据众筹法，中介机构有教育众筹投资者的责任。该责任分为三个组成部分：首先，确保每个投资者阅读了按照SEC标准制定的投资者教育资料；其次，确保每个投资者正面肯定他理解自己可能损失所有投资；最后，确保每个投资者回答各种问题，以表明他理解投资企业的风险和众筹证券的低流动性。

③ 减少欺诈风险。根据众筹法，中介机构有责任采取SEC规定的各项措施以降低欺诈风险，包括对发行人高管、超过20%的股东进行背景调查和相关证券监管执法历史记录的核查。但这种事前的尽职调查如果过于复杂，容易推高众筹融资的发行成本，因此SEC

主要依靠事后执法和年度投资上限的结构性制度安排来保护投资者利益。另外，还可以采取其他市场手段，如类似电商的信誉评价机制，来减少证券欺诈风险。

④ 确保投资额度合规。确保投资者的投资额度合规是实行众筹的核心，SEC要求从事众筹业务的中介机构完成这一工作。

⑤ 对中介行为的限制。众筹法要求中介机构不能持有投资者的资金或者证券，不能提供投资建议，不能劝诱或通过他人劝诱购买所提供的众筹证券等。

另外，中介机构还承担了一系列责任：向SEC和潜在投资者发布发行人的披露文件和财报；当众筹发行未达到目标金额时，帮助投资者取消投资并收回本金；对投资者收集信息的隐私保护等。

(3) 对投资者的要求。众筹最有争议的地方在于可能存在证券欺诈，因此对于投资者保护进行有效的制度设计就成了整个众筹法的核心所在。

① 投资上限。众筹法规定了投资者被允许投资的上限。如果一个投资者的净资产或年收入在10万美元以下，他可以在众筹证券上投资2000美元或年收入的5%；如果一个投资者的净资产或年收入在10万美元以上，他将被允许投资其年薪的10%。上述规则对于大多数人的影响就是他们被允许投资所有众筹产品的总额度不能超过每年5000美元。

② 二级市场转让。众筹法规定，众筹证券自购买日起，一年内禁止转让或出售，除非转让对象为发行人、合格投资者、原投资者的家庭成员或该证券在SEC注册发行的一部分。另外，在实际操作中，对于任何给定的众筹证券，流通在外的股份很少，缺乏一个如纽约证券交易所这样的正式市场，因此众筹证券难以形成有流动性的二级市场。

▎二、英国互联网金融监管实践

（一）网络借贷的监管

1. 监管主体

英国是P2P网贷的发源地，世界上首家P2P网贷平台Zopa率先在英国成立。虽然英国宽松的法律政策环境认可P2P网贷的合法地位，但在其发展初期也存在监管模糊的问题，没有一个权威机构对其进行监管。英国公平交易办公室根据《消费者信贷法》将网络借贷认定为消费信贷范畴，要求网贷平台向公平交易办公室申请信贷许可证并接受其管理。2008年次贷危机之后，英国对本国的金融监管体制进行了改革，取消金融服务管理局(Financial Service Authority，FSA)，在英格兰银行下成立了金融政策委员会(Financial Policy Committee，FPC)、审慎监管局(Prudential Regulation Authority，PRA)、金融行为监管局(Financial Conduct Authority，FCA)。

成立于2010年的FPC主要对互联网金融系统风险进行监管，保护整体经济体系。

2014年4月，FCA接替英国公平交易办公室对消费信贷领域进行监管，成为网络借贷和众筹行业的主要监管机构。

2017年3月，审慎监管委员会(Prudential Supervision Committee，PRC)成立，取代PRA，开始对金融机构、互联网理财业务进行监管。

英国网络借贷的监管可分为三个层次，分别是行业协会自我监管、政府监管、FCA的专门监管。

(1) 行业协会自我监管。P2P在英国起步时间早，刚开始运行的时候并没有相关的政府部门对其进行监管，基本上没有法律法规的保护和监督。为了让消费者接受和信任，P2P行业自主建立自律组织。英国的P2P协会成立于2011年8月15日，由三家领头P2P公司成立，它们分别是Zopa、Rate Setter、Funding Circle。

(2) 政府监管。除行业自律以外，英国还施行政府对P2P行业进行专门监管，对于P2P平台的最低资本要求、客户资金、信息披露等进行规范。在英国，对于具有重要作用的银行、保险公司、投资公司等，均由PRA和FCA进行双重监管，但是由于P2P现阶段并没有发展到与银行等同样需要如此大的监管的程度，暂时不归属这两个监管局同时管理，仅仅受控于金融行业监管局。

(3) FCA的专门监管。英国的FCA成立于2013年，作为一个独立的机构承担保护消费者的职能。FCA从三个方面着手，首先是确保对金融消费者的适度保护，其次是提升整个金融市场的诚信度，最后从消费者出发促进金融市场的合理竞争。

2. 法律体系

英国网络借贷行业法律体系是比较完善的，2014年颁布了《关于网络众筹和通过其他方式发行不易变现证券的监管规则》(以下简称《众筹监管规则》)。英国P2P行业监管的法律法规主要由国家宏观金融法律法规、行业监管法律法规、行业自律规章构成，如表7-3所示。

表7-3 英国网络借贷行业监管法律体系构成

法律法规类别	相关法律法规
国家宏观金融法律法规	《2012年金融服务法案》《新的金融监管措施改革蓝图》白皮书、《金融监管的新方法：判断、焦点及稳定性》白皮书、《2009年银行法》《改革金融市场》白皮书、《电子商务条例》
行业监管法律法规	《关于网络众筹和通过其他方式发行不易变现证券的监管规则》
行业自律规章	P2P协会规定了10项"协会原则"

3. 监管内容

(1) "协会原则"。为了建立更加有序的市场，保护消费者权益，英国P2P行业协会要求必须履行"8个必须"和10项"协会原则"。在"协会原则"中，要求公司的董事会必须有一位以上符合金融服务管理局规定的认可代理人；公司最低营运资本是2万英镑和3个月营运费用之中的较高值；公司必须将客户资金和自营资金分离，存在单独的银行账户里；公司必须要遵循反洗钱和反诈骗政策；公司要对客户的贷款期限、风险、收益等进行披露；公司内部需要明确投诉处理政策，使客户的投诉可以有效解决；公司需要提前对可能的破产情况做出安排。这些规定的推行在一定程度上填补了法律的空白，也为之后建立法律体系打下了基础，为全世界P2P行业的发展做了模范作用。

(2) 《众筹监管规则》。为了适度保护消费者以及促进有效竞争，2014年FCA颁布实施了《众筹监管规则》，将纳入监管的众筹分为两类：借贷型众筹与股权型众筹，并制定了相应的监管标准。FCA认为，不管是个人对个人的借贷(P2P)，还是个人对企业(P2B、

P2C)的借贷，都属于借贷型众筹。

对P2P网络借贷型众筹的监管规则主要有以下内容。

① 最低资本要求。《众筹监管规则》规定以静态最低资本和动态最低资本孰高法来确定最低资本。静态最低资本在2017年4月1日前为2万英镑，在2017年4月1日后为5万英镑。动态最低资本是指P2P网络借贷企业要根据平台借贷资产总规模的情况，采取差额累计制，达到最低资本限额的要求。

② 客户资金。网络借贷平台如果破产，应当继续对已存续的借贷合同实施管理，对贷款管理做出合理安排。

③ 争议解决及补偿。如果网络借贷平台没有二级转让市场，投资者可以有14天的冷静期，14天内可以取消投资而不受到任何限制或承担任何违约责任。投资者在向公司投诉无法解决的情况下，可以通过金融申诉专员投诉解决纠纷。需要注意的是，虽然众筹公司取得FCA授权，但投资者并不被纳入金融服务补偿计划(financial services compensation scheme，FSCS)范围，不能享受类似存款保险的保障。

④ 信息披露。网络借贷平台必须用通俗易懂的语言告知消费者其从事的业务，不得有所隐瞒。在与存款利率进行对比说明时，必须公平、清晰、无误导。在平台上，任何投资建议都被视为金融销售行为，需要同时遵守金融销售的相关规定。

⑤ 报告。网络借贷平台要定期向FCA报告相关审慎数据、客户资金情况、客户投诉情况、上一季度贷款信息等。

(二) 众筹的监管

如前文所述，自2014年起，FCA开始对英国各种类型的众筹活动进行统一监管，明确了以FCA为主要监管机构、以《众筹监管规则》为全国性监管办法的统一监管模式。相比借贷型众筹，股权型众筹的投资成功率更低、回报时间更长、风险更高，因此在借贷型众筹监管规则的基础上又强调了股权众筹合格投资者的准入门槛，对股权型众筹投资者的投资额度、年财富收入进行限定，并通过个人信息申报和在线问卷调查等方式判别合格投资者，加强对投资者的保护。英国也是最早拥有众筹行业协会实施自律监管的国家。

《众筹监管规则》对股权型众筹的要求主要有以下几方面。

1. 投资者限制

投资者必须是高资产投资人，指年收入超过10万英镑或净资产超过25万英镑(不含常住房产、养老保险金)，或者是经过FCA授权的机构认证的成熟投资者。

2. 投资额度限制

非成熟投资者(投资众筹项目2个以下的投资人)，其投资额不得超过其净资产(不含常住房产、养老保险金)的10%，成熟投资者则不受此限制。

3. 投资咨询要求

众筹平台需要对项目提供简单的说明，但是如果说明构成投资建议，如星级评价、每周最佳投资等，则需要再向FCA申请投资咨询机构的授权。

(三)"监管沙箱"——针对金融科技创新产品监管的新模式

"监管沙箱"由FCA于2015年11月最先提出。"监管沙箱"是指监管机构构建的一个不受当下金融监管体制监管的"真实的、较小的安全市场空间"。在此市场空间之中,获准测试的公司不仅能对自身的金融科技创新产品进行试验性经营,而且能对其金融创新服务和模式进行试错,以便及时发现自己的金融科技创新产品的缺陷及其存在的风险,并在此基础上积极寻找更为系统化、成熟化的解决方案。同时,监管机构也能借助这项测试有效进行风险分析,并预判这项金融科技创新产品是否符合大范围市场推广的条件,如果无法进行大范围市场推广,应该做出何种调整,或者应该对金融监管规则做出怎样的改变,监管机构也会给出相应的意见和建议。

英国"监管沙箱"于2016年5月正式开放申请,截至2018年7月,已经成功进行了4批沙箱测试,从276个测试申请中接受99个项目。英国推出"监管沙箱"之后不久,多个国家和地区也接连开展了针对金融科技创新产品监管的沙箱模式试验。

三、美国和英国互联网金融监管的经验总结

美、英两国对互联网金融监管政策既有差异,又有共同特征。应当看到,美、英两国监管实践中的共同特征越来越多。即便是那些差异性特征,也并非截然对立、互不相容。这些差异性特征,或者是因为各国对于互联网金融监管的侧重点有所不同,或者是由于各国的金融监管体制存在差异,各国在将本质上相似的互联网金融监管理念贯彻到本国现行金融监管框架的过程中,形成了差异化的外在特征。下面我们对美、英两国在互联网金融监管实践中的主要经验加以归纳和总结。

(一)依托既有金融监管制度,构建互联网金融监管框架

在对互联网金融进行监管时,美、英两国并不是另起炉灶,而是依托已有的金融监管制度,利用已有的金融监管法规,运用已有的金融监管方法,在充分尊重互联网金融行业自身发展规律的前提之下,因地制宜、因时制宜,构建适合本国实际情况的互联网金融监管框架。

美国对金融业实行分业监管模式,不同金融业务的监管分别由不同的监管机构负责实施,这一制度安排也被沿用到互联网金融监管之中。例如,第三方支付在美国被纳入货币转移业务监管框架,主要由FDIC实施监管;而P2P网络借贷和众筹融资则被纳入证券交易监管框架,主要由SEC实施监管。除了接受联邦一级机构的监管之外,在美国"双线多头"的监管体制下,互联网金融业务还需接受州一级机构的监管。

英国对金融行业实行集中监管体制,将包括互联网金融在内的金融业作为一个整体统一进行监管。在早期,英国金融市场由FSA负责实施统一监管,互联网金融行业也被纳入FSA的监管职责中。金融危机之后,英国为了加强审慎监管,对金融监管体制进行了全面改革,在中央银行之下新设FPC,并新设PRA和FCA替代FSA,分别承担审慎监管职能和行为监管职能。互联网金融行业的业务行为由FCA负责监管,系统重要性金融机构则由PRA实施监管,涉及宏观审慎监管的事项,PRA和FCA都接受FPC的指导。

（二）功能监管和机构监管共存，功能监管越来越受到重视

按照监管机构设置及监管权限划分的差异，金融监管模式可划分为机构监管模式和功能监管模式。在机构监管模式下，特定类型金融机构的所有监管事项均由相应监管机构统一负责；在功能监管模式下，同类金融业务由相同监管机构监管。美、英关于互联网金融监管的总体思路可以归纳为，按照互联网金融各个业态的实质功能和风险特征进行差别化监管。具体监管工作中，机构监管与功能监管并存，监管重心依照业态特点各有侧重。在一些情形下，即使是针对相同的互联网金融业态，不同国家的监管思路也有差异。应当看到，无论是在理论上还是在各国的监管实践中，机构监管与功能监管都不是非此即彼的关系，而是相互补充、协调配合的有机整体。

面对互联网金融带来的综合化、全能化趋势，功能监管更有利于金融监管的专业性和针对性；同时，针对互联网金融所带来的金融创新，更关注金融产品与服务基本功能的功能监管能够更为有效地解决金融创新产品的监管权责归属问题，因此也更有利于推动金融创新。但功能监管也有局限性，即无法从整体上把握金融机构所面临的风险，难以很好地实现审慎监管目标。相比之下，机构监管在监管整体性及风险防范和控制方面更具优势，更能适应审慎监管的要求。

（三）行为监管与审慎监管框架日渐清晰

金融危机之后，行为监管和审慎监管越来越受到各国重视，上述监管理念也被贯彻到互联网金融监管实践之中。行为监管包括对互联网金融基础设施、互联网金融机构及相关参与者行为的监管，其目的是使互联网金融交易更为安全、公平和有效。在互联网金融机构监管方面，美国证券交易委员会要求众筹融资平台登记为经纪商或"集资门户"，并且禁止平台与发行人有利益关联。在客户资金保护方面，英国FCA要求平台类互联网金融机构一旦持有客户资金即向客户承担信托义务，且仅能为履行信托职责需要使用资金；同时要求平台将客户资金存放于合适的机构，以使平台资金与客户资金有效隔离。美国也要求第三方支付平台将沉淀资金存放于FDIC开立的无息账户中。

互联网金融可能给社会带来负外部性，审慎监管的目标是通过引入监管限额管理等风险管理手段，规范互联网金融机构的风险承担行为，控制互联网金融的负外部性。例如，英国FCA对P2P网络借贷企业提出了最低审慎资本要求，目的是避免平台借贷规模过度膨胀，保障平台正常运营和发展，并确保其在出现倒闭时能够以自有资本吸收风险。FAC要求静态最低资本至少为5万英镑(2017年4月1日前为2万英镑)，同时根据平台借贷资产总规模采取差额累计制计算动态最低资本，最终取其中的较高值作为最低审慎资本要求。为确保借贷平台符合审慎资本标准，FAC还对合格的审慎资本工具的范围做了说明。

（四）多措并举，实施金融消费者保护

互联网金融产品在利用其信息优势拓展交易可能性边界、为传统金融无法覆盖的长尾人群创造投资机会的同时，也把风险承受能力最差的人群和风险最高的项目连接在一起。受到专业知识的限制，金融消费者对互联网金融产品的收益和风险的认识远远落后于互联网金融机构，处于信息劣势，消费者权益面临严重的侵害风险。美、英的监管机构都非常

关注互联网金融交易中的消费者权益保障问题，主要做法如下所述。

(1) 美、英等国家借助其完善的信用制度，对投资人进行资产认证和阶梯式风险管理，按照投资人资产的高低对其投资额度做出了相应限制，在吸引更多社会闲散资金进入小微企业的同时，又避免给投资者的资产安全带来过大冲击。

(2) 美、英监管当局要求互联网金融机构加强信息披露，充分履行风险告知义务，并用普通消费者能够理解的语言加以表述，使金融消费者明确知晓产品的风险和收益。

(3) 在消费者隐私保护方面，美、英监管当局要求互联网金融机构揭示对消费者的隐私保护规则，并制定了违规时的惩罚性措施。

(4) 美、英监管当局为互联网金融消费者建立了较为完善的维权渠道。

（五）发挥行业自律组织的作用

美、英两国都通过行业自律的方式引导行业规范发展。行业自律的优势在于行业内的自我监督管理效果更明显，行业成员参与性、自觉性更高。例如，在英国互联网金融发展早期，政府部门还没有专门出台有关网络借贷和网络众筹行业的监管政策时，英国的网络借贷行业与网络众筹行业就成立了自己的行业协会，制定了指导性的监管意见并做出详细的规定，建立了自我约束机制。

第三节　我国互联网金融的监管

▌一、我国互联网金融的监管历程

在过去10余年间，我国互联网金融市场经历了初期快速发展、中期市场风险频发以及现阶段去伪存真的发展历程。相应来说，互联网金融监管大致也可分为三个阶段。

第一阶段：2007—2013年包容性监管

2007年，我国首家 P2P 网贷平台拍拍贷在上海成立，标志着互联网金融在中国的正式起步。2011年7月，"点名时间"上线，将众筹融资模式引入中国。

在这一阶段，为支持互联网金融的创新发展，中国互联网金融监管政策主要以包容性监管政策为主。包容性监管是实践"金融包容"理念的金融监管新范式。包容性监管更加突出柔性监管制度环境的塑造和监管机构与监管对象的互信沟通，对于改善传统金融监管过度刚性和监管手段单一性、片面强调金融安全而忽视金融公平和金融效率的平衡的困境具有积极作用。

第二阶段：2013—2015年原则性监管

金融业本身就是一个进行风险传递和风险交易的行业。互联网金融在实现迅猛发展的同时，行业自身积累的信用风险、流动性风险和法律风险也在不断叠加。自2013年底以来，互联网金融市场中的违约事件频发，P2P网贷平台虚假借贷、平台跑路、股权众筹虚构筹资项目等风险事件逐渐显现，给金融市场秩序和金融消费者利益带来了严重影响，倒逼金融监管部门采取相应的监管措施。自2013年起，在"一行三会"(中国人民银行、银监会、证监会、保监会)分业监管模式下，各监管部门针对互联网金融市场中属于自己监管的部分出台了相应的监管政策，主要有中国人民银行颁布的《非银行支付机构网络支付业务管理办法》、原银监会颁布的《网络借贷信息中介机构业务活动管理暂行办法》及原保监会颁布的《互联网保险业务监管暂行办法》等。这些监管政策对互联网金融市场中的具体业务规范进行了规定。2015 年 7 月，中国人民银行联合十部委发布《关于促进互联网金融健康发展的指导意见》(以下简称《指导意见》)，确立了"依法监管、适度监管、分类监管、协同监管、创新监管"的互联网金融五大监管原则以及互联网金融各具体子行业的监管部门，构建了具有中国特色的互联网金融"原则性监管"模式。

根据英国FSA的表述，原则性监管是"更多地依赖于原则并以结果为导向，以高位阶的规则用于实现监管者所要达到的监管目标，并较少地依赖于具体规则"的金融监管模式。原则性监管的灵活性虽然有利于金融创新，但其不确定性也为部分互联网金融企业的违法业务创设了制度空间，导致了金融风险的积聚。

第三阶段：2016 年至今运动式监管型

监管实践表明，原则性监管并未真正解决互联网金融市场乱象问题。2015年以来，大规模的平台跑路、虚假借贷、平台违规搭建资金池等现象在全国范围内陆续曝光，集资诈骗、非法吸收公众存款等事件接连发生。例如，在e租宝事件中，相关犯罪嫌疑人运营的网络平台打着"网络金融"的旗号上线运营，以高额利息为诱饵，虚构融资租赁项目，持续采用借新还旧、自我担保等方式大量非法吸收公众资金，累计交易发生额700多亿元，涉及投资人约90万名，受害投资人遍布全国31个省、自治区、直辖市(不含港澳台地区)。互联网金融市场乱象引起了监管层的密切关注。从2016年起，互联网金融监管进入快车道。2016年4月14日，国务院组织14个部委召开电视电话会议，决定在全国范围内启动互联网金融领域为期一年的专项整治行动。2016年10月13日，国务院正式公布《互联网金融风险专项整治工作实施方案》(以下简称《实施方案》)，要求集中力量对P2P网络借贷、股权众筹、互联网保险、第三方支付、互联网资管等重点领域进行整治。随后，金融监管部门相继发布了6个细分领域的整治方案，全面开启了规范整治互联网金融、防范系统性金融风险的大幕。至此，中国互联网金融正式进入强监管大幕下的"运动式监管"阶段。客观而言，互联网金融风险专项整治行动对于尽快化解此前因为低准入门槛和宽松监管而累积的行业风险具有正向促进作用，有利于维护互联网金融市场秩序并保障金融消费者利益。但互联网金融专项整治行动毕竟是一种国家强制力主导的、短期的、阶段性的金融治理运动，在专项整治行动结束之后，此前被强力压制的互联网金融乱象有可能会复燃，导致互联网金融监管陷入又一轮整治。因此，从长远看，应不断完善互联网金融监管，建立防范互联网金融风险的长效机制。

▍二、我国互联网金融的监管现状

我国在2017—2018年进行了金融监管体制改革，逐步形成了宏观审慎管理与微观审慎监管相结合、机构监管与功能监管相结合的监管理念。同时，也在监管手段上尝试走出传统金融监管的藩篱，结合互联网金融特性，创新监管思路，革新监管技术。从互联网金融的特殊业态属性出发，明确提出"穿透式"监管的理念，针对互联网金融采取实质监管手段，以填补金融创新监管空白，消除监管重叠现象。

（一）现行互联网金融监管体系

1. 中央政府层面——"一委一行两会"

2015年7月18日，中国人民银行等十部委发布《关于促进互联网金融健康发展的指导意见》(以下简称《指导意见》)，确立了互联网金融主要业态的监管职责分工，落实了监管责任，明确了业务边界。《指导意见》明确了互联网金融监管部门"一行三会"——中国人民银行、银监会、证监会、保监会。"一行三会"在作为中国传统金融业监管部门的基础上继续履行中央政府层面对互联网金融的监管职责，将互联网金融的监管融入了原有监管体系。《指导意见》被视为互联网金融"基本法"，2015年也被称为我国互联网金融监管元年。

按照《指导意见》，互联网支付业务由人民银行负责监管；网络借贷业务、互联网信托业务、互联网消费金融业务由银监会负责监管；互联网基金销售、股权众筹融资业务由证监会负责监管；互联网保险业务由保监会负责监管，互联网金融确立了"分业、多头、动态"的监管模式。

2017年7月，第五次全国金融工作会议决定设立国务院金融稳定发展委员会。2018年3月，十三届全国人大一次会议审议通过国务院机构改革方案。我国将不再保留中国银行业监督管理委员会和中国保险监督管理委员会，组建中国银行保险监督管理委员会。该委员会将整合银监会和保监会的职能，并作为国务院直属事业单位。上述举措是我国金融监管体制的重大调整，中国金融监管格局从原来的"一行三会"转变为"一委一行两会"。其中，金融委承担统筹协调金融政策和监管机构，中国人民银行负责制定货币政策和宏观审慎政策及部分微观审慎管理，银保监会和证监会通过机构监管、功能监管和行为监管，保护消费者权益。

"一委一行两会"这一新的金融监管格局的形成有助于克服分业监管体制存在的缺陷，包括"监管割据""监管套利""各自为政""监管不足"以及宏观审慎政策和监管缺失等，补齐金融监管的短板，保障金融业稳定运行。在"一委一行两会"监管格局下，我国互联网金融监管体系如图7-2所示。

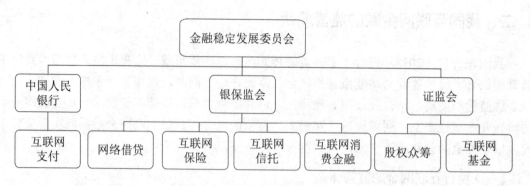

图7-2　我国互联网金融监管体系

2. 地方政府层面——地方金融管理局

互联网金融将很多民间非正规金融活动转移到了互联网平台，这在缓解地方中小企业融资难的同时，也为区域金融体系带来了新的风险，地方金融监管部门对辖区内互联网金融负有监管职责。2018年，机构改革将各省、直辖市金融办改成地方金融监管局，由原来的社会服务机构上升为具有国家管理权限的部门，可以对辖区内类金融机构进行准入、监管和处罚。由"办"到"局"，职能由"服务+协调"转向"服务+协调+管理"，具体内容如下所述。

(1) 组织、协调或配合有关部门打击辖区内各类非法金融活动，防范化解地方金融风险，处置地方金融突发事件和重大事件。

(2) 负责对"7+4"类机构实施监管，7类机构即小额贷款公司、融资担保公司、区域性股权市场、典当行、融资租赁公司、商业保理公司、地方资产管理公司；4类机构即投资公司、开展信用互助的农民专业合作社、社会众筹机构、地方各类交易场所。

(3) 拟订地方资本市场培育发展规划(计划)，组织协调、培育、推动企业改制上市。

(4) 拟订地方金融业发展规划，起草金融地方性法规，规章草案和规范性文件。

(5) 承担与辖区中央金融监管部门和金融机构的联系、协调、服务工作。

3. 行业自律组织

相比政府监管，行业自律组织更熟悉本行业的实际情况，其在制定和执行行业内管理条例的过程中，更具有灵活性和预防性，且行业自律内含伦理道德的约束，作用空间较大，又能更好地与业内各金融机构沟通。行业内自我管理、自我规范、自我约束，可以有效地避免各金融主体之间的不正当竞争，规范金融主体自身的行为，促进它们彼此协作，使它们自觉维护金融秩序，从而与政府金融监管机构共同维护金融体系的安全与稳定。因此，互联网金融监管有必要有效发挥行业协会的自律作用，加强对互联网金融的自律管理，促进形成互联网金融的活力和合力。

从国际经验来看，作为金融创新的互联网金融在各国发展的初期都未受到正规监管部门的监管，而自律规范、行业监督大多是由行业自律组织完成的。在监管细则尚未明确、互联网金融行业处于自发成长阶段时，行业自律组织在互联网金融运营中发挥了重要的监督作用，直接影响行业发展的方向与质量。

在我国，随着互联网金融的发展，各互联网金融业态内的领先企业陆续发起成立了一些区域性的自律性组织，在互联网金融行业规则和标准的制定中也进行了初步的尝试。

2012年12月，国内首个网络借贷行业企业自律性组织"网络信贷服务业企业联盟"在上海成立；2013年12月，上海信贷服务业企业联盟发布了网络信贷行业准入标准；2015年1月，国内首家众筹行业组织"深圳市众筹同业公会"成立，并发布了众筹行业自律公约。这些自律组织和规则标准在对本地区的互联网金融行业进行自律管理，引导行业有序健康发展等方面发挥了一定的作用和影响力。但是这些区域性的自律组织结构较为松散，参与的企业机构不够广泛，自律作用不强。随着互联网金融行业的快速发展，有必要建立全国范围内的自律协会组织，制定统一的自律性规范，以提高整个行业的风控能力。

(1) 全国性行业自律组织。中国互联网金融协会是按照2015年7月18日中国人民银行等十部委发布的《关于促进互联网金融健康发展的指导意见》的要求，由中国人民银行会同银监会、证监会、保监会等国家有关部门组织建立的国家级互联网金融行业自律组织。2015年12月31日，经国务院批准，民政部通知中国互联网金融协会准予成立。2016年3月25日，中国互联网金融协会在上海黄浦区召开成立会议暨第一次全体会员代表大会，会议签署了《中国互联网金融协会会员自律公约》《互联网金融行业健康发展倡议书》。

协会单位会员包括银行、证券、保险、基金、期货、信托、资产管理、消费金融、征信服务以及互联网支付、投资、理财、借贷等机构，还包括一些承担金融基础设施和金融研究教育职能的机构，基本覆盖了互联网金融的主流业态和新兴业态。

专栏7-2

中国互联网金融协会职责

1. 组织、引导和督促会员贯彻国家关于互联网金融的相关政策方针，遵守相关法律、法规以及监管部门发布的规章和规范性文件，规范经营行为。

2. 制定并组织会员签订、履行行业自律公约，提倡公平竞争，维护行业利益。沟通协商、研究解决互联网金融服务市场存在的问题，建立争议、投诉处理机制和对违反协会章程、自律公约的处罚和反馈机制。

3. 协调会员之间、协会及其会员与政府有关部门之间的关系，协助主管部门落实有关政策、措施，发挥桥梁纽带作用。

4. 组织开展行业情况调查，制定行业标准、业务规范，提出本行业中、长期发展规划的咨询建议。收集、汇总、分析、定期发布行业基本数据，开展互联网金融领域综合统计监测和风险预警，并提供信息共享及咨询服务。研究互联网金融行业创新产品和创新业务。

5. 积极收集、整理、研究互联网金融服务领域的风险案例，及时向会员和社会公众提示相关风险。

6. 制定互联网金融领域业务和技术标准规范、职业道德规范和消费者保护标准，并监督实施，建立行业消费者投诉处理机制。

7. 根据行业发展需要，对从业人员进行持续教育和业务培训，提高互联网金融从业人员的素质。

8. 发挥行业整体宣传推广功能，普及互联网金融知识，倡导互联网金融普惠、创新的理念。

9. 组织会员业务交流，调解会员纠纷，检查会员业务行为。

10. 代表中国互联网金融服务组织参与国际交往，加强国际交流与合作。

资料来源：中国互联网金融协会. https://www.nifa.org.cn/nifa/2955644/2955646/index.html.

（2）地方性行业自律组织。在中国互联网金融协会成立以前，很多省市就先行先试，在辖区内建立了地方性互联网金融行业协会，为互联网金融行业自律做了一些有益的尝试。在中国互联网金融协会成立以后，各地方协会继续发挥地方行业自律的优势，推动了地方互联网金融生态的构建。作为较早成立的地方行业协会之一，广东互联网金融协会成立于2014年5月，协会成员涵盖了互联网金融机构、传统金融机构、金融研究教育机构等，以期聚集民间互联网金融智慧，助力互联网金融发展。随后，上海、江苏、浙江、北京等互联网金融发展较为发达的地区相继成立互联网金融协会，以期发挥协会职能，建立有序的市场环境，助推互联网金融行业的健康发展。

（二）监管理念——"穿透式"监管

互联网金融的"穿透式"监管最早是在2016年3月25日举办的中国互联网金融协会成立大会上，由央行副行长潘功胜提出的。他表示要透过互联网金融产品的表面形态看清业务实质，将资金来源、中间环节与最终投向穿透连接起来，按照"实质重于形式"的原则甄别业务性质，根据业务功能和法律属性明确监管规则。10月份国务院公布的《实施方案》中正式提出互联网金融监管领域引入穿透式监管。在2017中国互联网金融论坛上，人民银行金融市场司司长纪志宏表示，要实施穿透式监管，落实"所有金融业务都要纳入监管，任何金融活动都要获取准入"要求，建立互联网金融的行为监管体系、审慎监管体系和市场准入体系。

1. "穿透式"监管溯源

"穿透式"监管最初是在基金监管实践中提出的。20世纪初，美国的证券投资业务发展迅猛，基金公司在基金管理模式不断创新的过程中，出现了恶意规避人数限制，事实上架空合格投资人制度的问题。为应对这一乱象，美国在《1940年投资公司法》中首次规定了"看穿条款"，允许对基金投资者实施市场主体的"穿透"，以确定最终投资者是否符合合格投资者的要求及对投资人人数的法定限制。但在此后相当长一段时间里，在以美国为首的多国金融监管实践中，"穿透式"监管始终未得到充分重视和应用，也未形成相对成熟的理论框架，仅作为一种监管辅助措施局部使用。直到2008年金融危机爆发后，各国方意识到金融市场乱象源于现有的监管手段无法应对跨市场、跨行业的金融创新，也无法防控层层嵌套、紧密互联的金融产品风险。这促使"穿透式"监管在实践中的应用得以扩展，由以前仅限于对主体的"穿透"，逐渐衍生出对资金和产品结构的"穿透"等多种"穿透"方式，适用范围也从最初的证券投资领域扩展到包括保险、银行、互联网金融在内的多种金融业态。

"穿透式"监管理论普遍被认为源于功能监管。在"后危机时代"，为应对跨市场、跨行业趋势日益突显的金融创新，世界金融监管体制不断进行变革，各国纷纷摒弃国际金融危机前所采取的分业监管、机构监管等监管方式，转而实施功能监管、行为监管等监管方法。包括英国在内的诸多国家迅速选择了审慎监管与行为监管相统合的"双峰"监管体制，以此消除监管壁垒，避免监管套利。"互联网+"的兴起使全球经济紧密互联，进而使爆发系统性金融风险的隐患持续加大。从产品到产业、从商业模式到资金结构，金融市场的各类业务间的高度互联、深度嵌套、交叉创新，使市场透明度越来越低。面对实践挑战，传统功能监管理论也不断完善，进而衍生出"穿透式"监管理论。

2. 互联网金融"穿透式"监管的必要性

近年来，我国互联网金融迅速崛起，但面临的风险敞口也更大。互联网金融具有混业经营特征，本身是交织的，一般涉及或嵌套多项金融业务，形态多样易变，不容易准确辨识业务实质。有些业务和工具分段看可能符合监管要求，但综合看其本质和效果，则会发现挪用、误导、违规或关联交易。"穿透式"监管方式，就是要透过表面现象看清业务实质，把资金来源、中间环节与最终投向穿透连接起来，综合全流程信息来判断业务性质，并执行相应的监管规定。因此，我国借鉴国际金融监管实践中的"穿透式"方法，在互联网金融领域实施"穿透式"监管。

事实上，我国在2018年初进行了金融监管体制改革，逐步形成了宏观审慎管理与微观审慎监管相结合、机构监管与功能监管相结合的监管理念。同时，也在监管手段上尝试走出传统金融监管的藩篱，结合互联网金融特性，创新监管思路，革新监管技术。为平衡金融效率与秩序，一方面，从金融市场整体出发，明确了"三位一体"的发展核心，创立了由"一行"负责宏观审慎监管、"两会"负责微观审慎监管、"一委"承担协调和统合职能的"准双峰监管"体系；另一方面，从互联网金融特殊业态属性出发，明确提出"穿透式"监管的概念，针对互联网金融采取实质监管手段，以填补金融创新监管空白，消除监管重叠现象。

从实践来看，互联网金融"穿透式"监管的机制和框架也正被积极构建和完善。有些地方(如北京)建立了跨行业、跨领域的"穿透式"监管平台。2018年4月9日，国务院办公厅下发《关于全面推进金融业综合统计工作的意见》，提出建立由央行牵头、金融监管部门信息共享、口径统一的资管产品信息系统。这标志着金融统计全覆盖时代的来临，被视为针对全面实施"穿透式"监管所做的基础工作。但互联网金融行业"穿透式"监管远未成形，未来亟须加强全国性互联网金融统一的"穿透式"监管。

（三）现行监管政策

2016年以来，针对互联网金融领域的监管政策密集出台，在前面的章节已有所介绍，主要法规如表7-4所示。

表7-4 2016—2021年我国互联网金融主要法规

互联网金融业态	发布机构	发布时间	法规名称
互联网保险	保监会	2016年1月	《关于加强互联网平台保证保险业务管理的通知》
网络借贷	教育部办公厅 银监会	2016年5月	《关于加强校园不良网络借贷风险防范和教育引导工作的通知》
互联网金融	国务院办公厅	2016年10月	《关于印发互联网金融风险专项整治工作实施方案的通知》

（续表）

互联网金融业态	发布机构	发布时间	法规名称
网络借贷	银监会	2016年10月	《P2P网络借贷风险专项整治工作实施方案》
互联网保险	保监会	2016年10月	《互联网保险风险专项整治工作实施方案》
股权众筹	证监会	2016年10月	《股权众筹风险专项整治工作实施方案》
网络借贷	银监会	2017年2月	《关于印发网络借贷资金存管业务指引的通知》
网络借贷	银监会	2017年6月	《关于进一步加强校园贷规范管理工作的通知》
网络借贷	银监会	2017年8月	《网络借贷信息中介机构业务活动信息披露指引》
互联网保险	保监会	2017年9月	《关于在互联网平台购买保险的风险提示》
网络借贷	互联网金融整治办公室	2017年11月	《关于立即暂停批设网络小贷公司的通知》
网络借贷	互联网金融整治办公室	2017年12月	《关于规范整顿"现金贷"业务的通知》
互联网金融	中国人民银行银保监会、证监会	2018年10月	《互联网金融从业机构反洗钱和反恐怖融资管理办法(试行)》
互联网保险	银保监会	2019年11月	《关于银行保险机构加强消费者权益保护工作体制机制建设的指导意见》
互联网银行	中国银保监会	2020年7月	《商业银行互联网贷款管理暂行办法》
互联网金融	中国人民银行	2020年9月	《中国人民银行金融消费者权益保护实施办法》
网络借贷	中国银保监会中国人民银行	2020年11月	《网络小额贷款业务管理暂行办法(征求意见稿)》
互联网保险	中国银保监会	2020年12月	《互联网保险业务监管办法》
互联网银行	中国银保监会中国人民银行	2021年1月	《关于规范商业银行通过互联网开展个人存款业务有关事项的通知》
互联网支付	中国人民银行	2021年1月	《非银行支付机构客户备付金存管办法》
互联网消费金融	中国银保监会	2021年1月	《消费金融公司监管评级办法(试行)》
互联网金融	中国人民银行	2021年1月	《征信业务管理办法(征求意见稿)》
互联网银行	中国银保监会	2021年2月	《关于进一步规范商业银行互联网贷款业务的通知》

▍三、我国互联网金融监管探索

（一）理清互联网金融监管模式

1. 功能监管与机构监管相结合

互联网金融普遍具有"跨界、跨领域"的特性，从国际实践看，应处理好机构监管和功能监管的关系，在以机构监管促进单个机构审慎合规经营的同时，强化功能监管，维护市场统一秩序。同时，完善行为监管，规范信息披露，严厉打击恶意欺诈等行为。众所周知，功能监管的核心是根据互联网金融的业务和风险来实施监管，其主要是针对风险的监管，基础是风险识别、计量、防范、预警和处置。而互联网金融兼具"互联网"和"金融"的双重基因，这决定了其风险远比互联网和传统金融本身的风险更为复杂。互联网金融风险主要是流动性风险、信用风险、操作风险、信息技术风险等，互联网金融也存在误导消费、夸大宣传、欺诈等问题。因此，对于互联网金融，功能监管和机构监管的主要监管方式也都适用，监管部门可以在借鉴的基础上加强协同，形成合力，通过部门间的协作配合，促进监管信息交流和资源共享，提高监管透明度和监管效率。

2. 审慎监管与行为监管相结合

审慎监管分为微观审慎监管和宏观审慎监管两大类。前者是指针对单个互联网金融机构安全和稳健发展的监管，后者是指针对互联网金融对金融系统安全和稳健发展及实体经济的影响的监管。审慎监管的目标是控制互联网金融的外部性，保护公众利益。审慎监管的基本方法论是，在风险识别的基础上，通过引入一系列风险管理手段(一般体现为监管限额)，控制互联网金融机构的风险承担行为及负外部性(特别是在事前)，从而使外部性行为达到社会最优水平。目前来看，互联网金融的外部性主要表现为信用风险的外部性和流动性风险的外部性，对这两类外部性，可以借鉴银行监管中的相关做法(风险准备金拨备、资产损失准备金、不良资产拨备覆盖率、资本充足率、流动性覆盖比率、净稳定融资比率等监管指标)，按照"内容重于形式"的原则，采取相应的监管措施。

行为监管就是对互联网金融的运营优化，其主要目的是使互联网金融交易更加安全、公平和有效，具体包括对互联网金融基础设施、互联网金融机构及相关参与者行为的监管，主要内容如下：第一，加强对互联网金融机构的股东、管理者的准入审查监管，严格控制持续经营阶段的关联交易，防止其通过资产占用等方式损害互联网金融机构或者客户的合法权益。第二，对互联网金融有关资金及证券的托管、交易和清算系统的监管。第三，要求互联网金融机构有健全的组织结构、内控制度和风险管理措施，并有符合要求的营业场所、IT基础设施和安全保障措施。第四，要求规范互联网金融机构提供互联网金融产品或服务的合同条款，并就重要条款或免责条款对消费者做出解释说明。第五，要求互联网金融机构在收集、保存、使用、对外提供消费者个人信息时，严格遵守法律规定，采取有效措施加强对个人金融信息的保护，防止信息泄露和滥用。第六，要求互联网金融机构做好消费者教育工作，增强其投资和借贷的能力及诚信意识。

(二)加强互联网金融立法工作

目前，我国对互联网金融的监管，主要依据的法律有《中华人民共和国民法典》《中华人民共和国公司法》《中华人民共和国商业银行法》《中华人民共和国证券法》等，尚缺乏一些专业性较强的符合互联网金融特点的法律作为监管依据。虽然我国针对互联网金融领域暴露的问题出台了许多规范性文件，但大部分都是由国务院、中国人民银行、银保监会、证监会等部委发布的行政法规和部门规章，其位阶较低，无法完全覆盖互联网金融的范围。因此，有必要加强互联网金融立法工作，逐步建立完备的互联网金融监管法律法规体系，同时完善各项配套措施，构建我国互联网金融监管的制度基础。

1. 补充完善金融领域的基础性法律

中国现行的金融法律，如《中华人民共和国商业银行法》《中华人民共和国证券法》《中华人民共和国保险法》《中华人民共和国民法典》《支付结算法》等，其立法基础是传统金融行业和传统金融业务，很少涉及互联网金融相关内容，应该尽快将互联网金融纳入法律监管的视野。

2. 更新完善原有的互联网金融法规

原有的法规如《电子银行业务管理办法》《电子银行安全评估指引》《电子签名法》等，由于设立的时间较早，可操作性不强，与新出现的一些业务形态产生了冲突和摩擦，已不能适应互联网金融发展需要，应加以更新完善。

3. 制定《互联网金融法》

目前，我国虽在互联网支付、互联网保险、网络借贷、股权众筹等领域颁布了一些业务规范和管理办法，但尚无针对互联网金融行业的法律法规。应系统总结监管实践经验，在条件成熟时制定一部《互联网金融法》，对业务规则与风险管理、信息披露、监督管理和法律责任等做出规定，并与现行法律法规做好衔接。

（三）完善互联网金融准入监管和退出制度

对监管机构而言，由互联网金融发展所形成的虚拟金融服务市场是一个信息高度不对称的市场，容易产生道德风险和逆向选择。互联网金融又以互联网的传播方式开展创新金融业务，其覆盖范围较广、社会影响较大，若发生恶性事件，社会危害性大。因此，需要制定监管规则，设立规范的互联网金融行业准入门槛，以实现市场良性竞争。

优胜劣汰是市场机制配置资源的重要法则，只有引入退出机制，及时清除不合格企业，才能促进互联网金融产业的良好发展。由于互联网金融涉及金融相关服务，牵连公众利益，其市场退出机制也应该有其特殊规则(如注重对公众投资人的保护等)，尽量化解互联网金融企业退出市场对市场的冲击，降低普通民众的投资损失。

（四）实施严密的互联网金融运营过程监管

1. 严格的内控制度

对于互联网金融业务的公示、信息披露和系统设计等要有制度性安排，对于互联网金融机构开展的业务，必须具备完善的风险识别、鉴定、管理、风险弥补和处置方案。

2. 完善各类交易操作规程

对客户申请开立账户、客户授权声明、一般交易程序等拟定细则，防止违法交易和侵害互联网金融交易系统的违法犯罪活动。

3. 完善互联网金融信息披露制度

互联网金融发展所形成的虚拟金融服务市场是一个信息高度不对称的市场，信息披露是解决信息不对称问题的主要途径，也是"穿透式"监管的核心。我国监管部门应要求互联网金融企业按照法律要求，遵循公开、公平、公正的原则，以投资者的利益为核心，制定比传统金融业务更为严格的信息披露制度，规范信息披露的内容、格式、频率等，完善相关数据分析系统，以增加业务运营管理的透明度，让监管机构和相关投资者充分了解相关互联网金融企业具体运营信息，如风险信息、财务信息、管理信息等，从而增加互联网金融行业的透明度。

4. 实行全方位的互联网金融数据的监测和调控

为了避免互联网金融监管漏洞，防止出现监管"黑洞"，应对互联网金融企业数据信息进行全方位的实时监测，基于监测到的海量交易数据，根据监管对象的主要特征，对大数据进行整体评估，确定互联网金融业务的风险状况。监管部门应根据互联网金融风险形成的基本机理和过程，制定监控标准(包括确定数据类别、定义监控指标、划分统计范围、确定监控频率等)。通过监控精准发现与锁定目标，真正实现"穿透式"监管。

(五) 切实保护金融消费者权益

互联网金融消费者是互联网金融市场的重要参与者，也是互联网金融业持续健康发展的推动者。随着我国互联网金融行业专项整治工作的完结和深化创新发展，互联网金融产品与服务日趋丰富，在为互联网金融消费者带来便利的同时，也存在提供互联网金融产品与服务的行为不规范，互联网金融消费纠纷频发，互联网金融消费者权益保护意识不强，识别风险能力亟待提高等问题。加强互联网金融消费者权益保护工作，是防范和化解互联网金融风险的重要内容，对提升互联网金融消费者信心、维护互联网金融安全与稳定、促进社会公平正义与社会和谐具有积极意义。

在借鉴国外互联网金融消费者权益保护经验的基础上，结合国内行业发展实践，国内互联网金融消费者权益保护可以从完善互联网金融监管体系架构、加强互联网金融消费者保护立法、建立互联网金融纠纷处理机制、推动互联网金融消费者教育活动、发挥行业协会的自律引导功能5个方面着力推动，从而培育公平竞争和诚信的互联网金融市场环境，切实保护好互联网金融消费者的合法权益，防范和化解金融风险，促进互联网金融业持续健康发展。

本 章 小 结

1. 互联网金融风险包括：一是传统金融风险，主要有信用风险、流动性风险、操作风险、市场风险和政策法规风险；二是特殊风险，主要有技术风险和"长尾"风险。互联网金融风险的特征：具有不同于传统金融风险的高隐蔽性；高隐蔽性导致突发性，风险的传导性更强，扩散传播速度更快。

2. 互联网金融监管是针对互联网金融风险特征及监管要求，从互联网金融健康发展的角度出发，形成的对互联网金融风险进行管控的理念思路、制度框架、权责关系、操作流程、监测方法、技术手段的一整套系统及具体活动。

3. 互联网金融监管的一般框架包括：监管主体的确定、监管目标的取向、监管的法制基础、监管的内容、监管的方式。

4. 纵观美、英两国互联网金融监管实践，取得的经验有：一是依托既有金融监管制度构建互联网金融监管框架；二是功能监管和机构监管共存，功能监管越来越受到重视；三是行为监管与审慎监管框架日渐清晰；四是多措并举，注重金融消费者保护；五是发挥行业自律组织的作用。

5. 我国现行的互联网金融监管体系由 "一委一行两会"、地方金融管理局和行业自律组织组成。

6. 互联网金融的 "穿透式" 监管是指要透过互联网金融产品的表面形态看清业务实质，将资金来源、中间环节与最终投向穿透连接起来，按照 "实质重于形式" 的原则甄别业务性质，根据业务功能和法律属性明确监管规则。

7. 对我国互联网金融监管的探索包括以下几个方面：理清互联网金融监管模式，功能监管与机构监管相结合，审慎监管与行为监管相结合；加强互联网金融立法工作；完善互联网金融准入监管和退出制度；实施严密的互联网金融运营过程监管；切实保护金融消费者权益。

 思考题

1. 简述互联网金融的风险类型及特征。
2. 简述互联网金融监管的一般框架。
3. 美、英两国互联网金融监管取得哪些经验？
4. 列举我国现行互联网金融监管体系。
5. 为什么要对互联网金融实施 "穿透式" 监管？

 实训题

1. 查找资料分析我国互联网金融的监管趋势。
2. 如何借鉴英国 "监管沙箱"，创新我国互联网金融监管？

 拓展阅读

关注新型 "大而不能倒" 风险

一、中国金融科技应用取得很好成绩

近年来，金融科技在中国迅猛发展。金融机构数字化转型持续推进，产品和工具应用日益丰富，金融服务的效率和包容性大幅提高。

(1) 随着电子支付特别是移动支付的普及，中国已实现基本金融服务城乡全覆盖。即使在偏远的农村地区，大部分成年人也有自己的银行账户。中国的移动支付普及率和规模位居全球首位，存款、取款和汇款几乎都实现了实时到账。网上消费蓬勃发展，城乡居民生活更加方便。

(2) 数字信贷从根本上改善了金融业对小微企业、个体工商户和农户的贷款服务。银行等机构利用大数据开展智能风控，减少对抵押物的依赖，大大提高了融资的可得性。截至2020年10月末，中国银行业服务的小微企业信贷客户已达到2700万，普惠型小微企业和个体工商户贷款同比增速超过30%，农户贷款同比增速达14.3%。

(3) 数字保险显著拓宽了保险覆盖范围。中国基本养老保险已覆盖近10亿人，基本医疗保险覆盖超过13亿人，并已实现跨省结算。保险机构运用视频连线和远程认证等科技手段，实现业务关键环节线上化。2020年上半年，互联网人身险保费收入同比增长12.2%，互联网财产保险公司保费收入同比增长44.2%。

(4) 金融数字化为脱贫攻坚做出了巨大贡献。由于有多种数字化工具的支持，金融机构可以精准帮扶贫困户发展适宜产业。截至2020年9月末，全国扶贫小额信贷累计发放5038亿元，支持贫困户1204万户次。同时，银行搭建网络供应链平台，建立产销对接机制，通过线上营销、征信、担保、支付，帮助贫困户将农副产品销往各地。

(5) 金融科技有力地支持了中国的防疫抗疫。金融机构加速优化手机App等"非接触式"服务，提供安全便捷的"在家"金融产品，保障了基本金融业务不中断。不少金融机构通过互联网开辟绿色通道，大幅提高金融服务时效，支持各类企业迅速复工达产。

二、应对金融科技挑战的经验教训

中国金融科技应用整体上在法律规范和风险监管等方面是"摸着石头过河"，遇到过不少问题，也积累了一些经验教训。

(1) 全面整治P2P网贷机构。P2P网贷机构本来定位为金融信息中介，但在实践中，绝大多数机构事实上开展了信贷和理财业务。据统计，过去14年里先后有1万多家P2P上线，高峰期同时有5000多家机构运营，年交易规模约3万亿元，坏账损失率很高。近年来，我们持续清理整顿，到11月中旬实际运营的P2P网贷机构已经全部归零。

(2) 规范第三方支付平台投资功能。过去一个时期里，一些第三方支付公司对客户网络购物备付金附加投资理财功能。投资收益远高于同期银行存款利率，而且可以随时赎回，对银行存款和正常资管市场带来很大冲击。这种投资方式类似于货币市场共同基金(MMMF)，但没有受到同等性质的监管，存在违法违规(包括洗钱)等隐患。现在，第三方支付公司已将备付金统一缴存至央行，附加的投资理财产品回归货币基金本源。

(3) 推动互联网金融机构审慎经营。一些互联网金融机构通过各类消费场景，过度营销贷款或类信用卡等金融产品，诱导过度消费。有的机构甚至给缺乏还款能力的学生过度放贷，出现违约之后进行强制性催收，引发一系列社会问题。对此，我们坚持对同类业务统一监管标准，坚决制止监管套利。

(4) 弥补数据隐私保护制度漏洞。一些科技公司利用市场优势，过度采集、使用企业和个人数据，甚至盗卖数据。这些行为没有得到用户充分授权，严重侵犯企业利益和个人隐私。为此，《中华人民共和国民法典》明确了个人信息受法律保护，国家层面制定《个人信息保护法(草案)》，监管部门正在研究制定金融数据安全保护条例，构建更加有效的保护机制，防止数据泄露和滥用。

三、有待深入研究和解决的问题

面对金融科技的持续快速发展，我们将坚持既鼓励创新又守牢底线的积极审慎态度，切实解决好面临的新问题、新挑战。

(1) 重视网络安全问题。目前，中国银行业务离柜交易率已超过90%，金融服务对网络高度依赖。相对传统风险，网络风险扩散速度更快、范围更广、影响更大。突发性网络安全事件也对金融机构的应急管理提出了更高要求。

(2) 促进更公平的市场竞争。金融科技行业具有"赢者通吃"的特征。大型科技公司往往利用数据垄断优势，阻碍公平竞争，获取超额收益。传统反垄断立法聚焦垄断协议、滥用市场、经营者集中等问题，金融科技行业产生了许多新的现象和新的问题。我们可能需要更多关注大公司是否妨碍新机构进入，是否以非正常的方式收集数据，是否拒绝公开应当公开的信息，是否存在误导用户和消费者的行为，等等。

(3) 关注新型"大而不能倒"风险。少数科技公司在小额支付市场占据主导地位，涉及广大公众利益，具备重要金融基础设施的特征。一些大型科技公司涉足各类金融和科技领域，跨界混业经营。必须关注这些机构风险的复杂性和外溢性，及时精准拆弹，消除新的系统性风险隐患。

(4) 明确数据权益归属。中国政府已明确将数据列为与劳动、资本、技术并列的生产要素，数据确权是数据市场化配置及报酬定价的基础性问题。目前，各国法律似乎还没有准确界定数据财产权益的归属，大型科技公司实际上拥有数据的控制权。需要尽快明确各方数据权益，推动完善数据流转和价格形成机制，充分并公平合理地利用数据价值，依法保护各交易主体利益。

(5) 加强数据跨境流动国际协调。2020年9月8日，中国提出《全球数据安全倡议》，呼吁各国尊重他国主权、司法管辖权和对数据的安全管理权。我们将坚持发展和安全并重原则，与各国加强协调合作，构建更加开放、公正、非歧视性的营商环境。

资料来源：郭树清. 未央网. https://www.weiyangx.com/376727.html.

参考文献

[1] 谢平. 金融互联网化——新趋势与新案例[M]. 北京：中信出版社，2017.

[2] 张建华. 互联网金融监管研究[M]. 北京：科学出版社，2016.

[3] 廖理. 全球互联网金融商业模式[M]. 北京：机械工业出版社，2018.

[4] 张惠兰. 互联网金融运营实务[M]. 北京：中国人民大学出版社，2019.

[5] 谭玲玲. 互联网金融 [M]. 北京：北京大学出版社，2019.

[6] 青岛英谷教育科技股份有限公司，吉林农业科技学院. 互联网金融概论[M]. 西安：西安电子科技大学出版社，2018.

[7] 郭福春，陶再平. 互联网金融概论[M]. 北京：中国金融出版社，2015.

[8] 杨岭. 互联网金融基础[M]. 北京：经济管理出版社，2018.

[9] 谢平，邹传伟. 互联网金融风险与监管[M]. 北京：中国金融出版社，2017.

[10] 牛瑞芳. 互联网金融基础[M]. 北京：中国财富出版社，2019.

[11] 程龙宇. 电商平台农业供应链金融的创新模式探究——以京东农业供应链金融为例[D]. 南昌：江西师范大学，2020.

[12] 江周全. 我国互联网金融"穿透式"监管法律问题研究[D]. 武汉：华中师范大学，2020.

[13] 许恋天. 互联网金融"穿透式"监管研究[J]. 金融监管研究，2019(03).

[14] 吴庆念. 互联网金融基础[M]. 北京：机械工业出版社，2018.

[15] 中国支付清算协会. 中国支付清算行业运行报告2018[M]. 北京：中国金融出版社，2018.

[16] 彭明强，马春晓. 互联网金融[M]. 北京：中国财政经济出版社，2018.

[17] 何平平，车云月. 互联网金融[M]. 北京：清华大学出版社，2017.

[18] 胡世良. 互联网金融模式与创新[M]. 北京：人民邮电出版社，2015.